JN080372

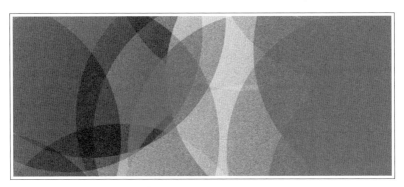

社会保障の
原理と政策

アドミニストレーションと社会福祉

伊奈川秀和
Hidekazu Inagawa

法律文化社

はじめに

　本書は、社会福祉を社会保障全体の中で位置付けながら、持続可能な制度構築に不可欠な原理と政策を論じる概説書である。前著『〈概観〉社会福祉・医療運営論』（信山社、2020年）では、福祉・医療サービスの経営主体に着目してマネジメントを論じた。本書では、政策のマネジメントを軸に据える。サービスの管理・運営論に対して、政策の管理・運営論（アドミニストレーション）ということになる。この場合、政策を担う主体に国や地方公共団体の行政機関が入るのは当然だが、政策は国や地方公共団体の独占物ではない。多様なステークホルダーの関与があって、政策は初めて実効性を高め、「生ける法」となる。従って、社会保障は考察の対象であると同時に、自らの問題として行動を起こす対象である。

　筆者は、これまで社会保障法の解釈論を論じてきたが、政策論については、努めて謙抑的な立場をとってきている。これは、社会保障法が実定法学であることからも当然の学問的態度である。しかし、行政法に行政学、刑事法に刑事政策があるように、社会保障法学に社会保障政策があってこそ、社会保障の発展も期待できる。法制度が人々に受容され「生ける法」となる上でも、そのアドミニストレーションが車の両輪として必要である。

　更に社会福祉や医療の分野では、行政以外の主体との連携、協働等があって、政策の実を挙げることができる。多様な関係者との間で展開する社会福祉・医療サービスを一種の有機体と捉えるならば、個別主体が効率的・効果的に役割を果たすにはアドミニストレーションが不可欠となる。経済学者マーシャル（A. Marshall）は、1885年の"*The Present Position of Economics*"（Macmillan and Co., 1885）の中で「冷静な頭脳と温かい心（cool heads but warm hearts）」と述べたが、温かい心で政策を実現しようとしたとき、冷静な頭脳によるアドミニストレーションが必要となる。

　社会保障に関しては、保健医療、社会福祉等の各分野に専門の学部・学科等が存在する。このことは、一面では学問の専門分化として望ましいとしても、

地域包括ケアシステム、地域共生社会、全世代型社会保障など横串の政策が増える現在、学問的にも全体を俯瞰するアプローチが必要な時代に入っている。本書は、このような背景と思いから、社会福祉や医療等の社会保障政策とそのアドミニストレーションを論じる試みである。

　なお、本書は、社会福祉士国家試験の「社会福祉の原理と政策」にも対応するが、社会保障の他の分野を付け足しにしていない。何故なら、介護保険に象徴されるように、真に社会福祉を理解するには、医療保険その他の社会保障分野の知識が前提だからである。定年を控える身ではあるが、本書が幅広い関係者（特に次代を担う若者）のニーズに対応するための一助となることを願っている。

　　2021年7月

伊奈川秀和

目　　次

第 I 部　社会保障政策総論

第 II 部　社会保障政策各論

凡　例

1. 法令の略称等

　本書では、必要な場合に限り、法律の条文を引用した。その際、以下のような略称を用いている。また、条文に枝番がある場合には、「○○条の△」ではなく「○○-△条」と表記している。

介保法　介護保険法
健保法　健康保険法
厚年法　厚生年金保険法
高確法　高齢者の医療の確保に関する法律
行手法　行政手続法
行組法　国家行政組織法
国年法　国民年金法
自治法　地方自治法
社福法　社会福祉法
障支法　障害者の日常生活及び社会生活を総合的に支援するための法律
身障法　身体障害者福祉法
精福法　精神保健及び精神障害者福祉に関する法律
地財法　地方財政法
知障法　知的障害者福祉法
労基法　労働基準法
老福法　老人福祉法

2. 参考文献について

　必要に応じて注に挙げている。社会保障給付の金額等は改定があり、本書での言及は必要最小限に止めている。また、制度改正も頻繁である。直近の制度の状況については、厚生労働統計協会が厚生の指標の増刊として編集・発行する『保険と年金の動向』『国民福祉と介護の動向』『国民衛生の動向』が有益である。

　また、社会福祉等の社会保障制度に関しては、伊奈川秀和『〈概観〉社会福祉法［第2版］』（信山社、2020年）、古橋エツ子編『新・初めての社会保障論〔第2版〕』（法律文化社、2018年）、増田雅暢・小島克久・李忻編著『よくわかる社会保障論』（法律文化社、2021年）等がある。

3．本書の構成

　社会福祉等の社会保障は、膨大な体系をなしており、その原理と政策を理解するには、ある程度の制度に関する知識が不可欠である。ところが、制度を理解しようとすると、その数とボリュームのために、多くの時間と労力を割かねばならないことになる。この結果、抽象度の高い原理や政策と規律密度の高い制度の狭間で学習者は戸惑うことになる。

　講義であれば、社会保障の原理と政策の説明の際に、制度の説明も適宜織り交ぜることが可能である。しかし、書物の場合には、そのような行ったり来たりが難しい。物事の順序としては、制度に内在する原理・原則や共通事項から入り、次に具体的な制度を説明することが考えられる。自然と違い人為的な制度である社会保障には、設計思想とでも言うべき原理・原則等が存在しており、そのような演繹法的なアプローチが理に適っている。本書が、総論と各論に大きく分かれるのは、そのためである。

　総論では、まず歴史的展開も含めた社会保障政策の原理（第1章）を概説する。その上で、立法事実としての社会問題を制度に結実させるための思想・哲学、理論、手法など、多岐にわたるアドミニストレーションの問題（第2章）、次に制度としての社会保障の骨格とも言える法律等の各種政策手段（第3章）を概説する。更に社会保障政策が当事者関係の中で政策が形成され実現していくことに鑑み、社会保障の当事者（第4章）と政策の実現過程（第5章）についても、最後に論じることにしたい。

　各論では、全体観が必要との認識から、社会保障の現状と改革（第6章）を概観した後に、個別の制度に関係する政策を概説する。順序としては、セーフティネットとしての公的扶助政策等（第7章）から始め、普遍的な福祉・医療サービスへのアクセスの基礎となる所得保障の柱である年金政策（第8章）を扱った上で、医療政策（第9章）及び社会福祉政策（第10章）を検討する。最後に、社会保障である労働保険以外でも関係性を強めている労働政策（第11章）について、触れることにしたい。

第Ⅰ部　社会保障政策総論

第1章　社会保障政策の原理

第1節　社会保障の意義[1]

1．社会保障とその原理

　原理とは、物事の本質であり根本規範である。一見、複雑な物事であっても、原理と言う以上は、そこには全体を貫く普遍性が存在する。それに対して**原則**は、根本となる規則である。そこには例外があり得る点で、原理に比して普遍性が劣ることになる。従って、社会保障政策の原理とは、社会保障制度を支える概念、理念・価値や哲学・思想等の静態的側面のみならず、政策手段・手法及びその選択、政策形成及びその実現過程等の動態的側面から抽出される普遍的な本質部分ということになる。そこで社会保障政策の原理を論じるに当たっては、制度を貫く普遍性が何かが重要となる。

　ところが、原理の探求の前提となる社会保障の概念定義は、意外と難しい。もともと社会保障とは、英語の「ソーシャル・セキュリティ（social security）」の邦訳である。何も付かないセキュリティ（security）が安全保障や警備を意味することからすれば、社会保障というより社会安全かもしれない。

　しかし、セキュリティには安心、安定、信頼などの意味もある。そのことも踏まえると、**社会保障**とは、国民のニーズのうち「社会」的に対処することが必要又は適当なものを制度化し、国として「保障」することを目的とする仕組みと言える。具体的には、人々の生活を脅かす病気、怪我、障害、死亡、失業等の困難（**社会的リスク**）に対して、国の責任でもって生活の安定を回復・維持・増進する仕組みや制度を意味する。なじみのあるところでは、年金、医療保険、社会福祉、介護保険、生活保護、雇用保険、労災保険などである。**国際労働機関**（ILO）の『社会保障への途』（1942年）によれば、社会保障とは「社会がしかるべき組織を通じて、その構成員がさらされている一定の危険に対して与える保障であ」り、社会的危険として「労働不能、失業、医療に対するニー

ド、等々」を挙げている[2][3]。これは、要保障事由としての各種社会的リスク、そ
れに起因するニーズに対する**生活保障**に社会保障の本質を見出す捉え方であ
る。注意すべき点は、生存権が「向上及び増進」を包含するように、社会保障
には人々が能力を発揮し、生き生きと暮らせるようにするという積極的な側面
があることである。

2. 社会保障の必要性

　人生には、将来何がどの程度の確率で起きる分からないという意味での不確
実性がある。自助努力でもって対処できる場合もあるが、病気や怪我、障害、
死亡、老齢、失業等の不測の事態は、支出の増大や稼得能力の低下をもたら
す。お金を必要とするときに限って、お金を稼げなくなる。そのような場合、
つまり個人の自助努力だけでは乗り越えることができない事態に遭遇した場合
に、社会全体で対処するのが社会保障ということになる。

　もちろん、自助努力は大事であるし、中には本人や誰かの責任を問うべき場
合もあるかもしれない。ところが、社会保障が対象とする事態は、そのような
自助努力や責任問題で解決できないことが多い。そもそも病気や怪我の多く
は、誰の責任でもない。労働災害（労災）の場合であっても、事業主の責任を
追及しても、賠償能力がなければ救済されない。老後生活の所得という点で
は、貯蓄等による資産形成は重要である。しかし、寿命が事前には分からない
以上、亡くなるまでの必要な資産を計算することが難しい。もし個々人が必要
以上に所得を貯蓄に回せば、消費に回るお金が少なくなり、経済が停滞する可
能性もある。病気や怪我の場合も含め、個人ではリスクが予見できないことが
多い。ところが、社会全体では病気や怪我の発生確率、平均寿命等は統計的に
把握できる。つまり、個人にとっては不確実であっても、社会全体では計算可
能である。そこで、社会保障により必要な資金をプールした上で、必要な時に
必要な人に給付を行えば効率的である。

　自助努力としては、民間保険の活用が考えられる。ところが、民間保険の保
険料はリスリスクが高い人ほど高いため、病気がちで働けないために所得が低
い人ほど、保険に入るのが難しくなる。つまり、保障が必要なリスクが高い
人、低所得の人の方ほど保険に入りにくいという限界が民間保険にはある。

自助努力以外に家族、親族等の身近な助け合いも考えられる。その重要性は否定されないが、核家族化、非婚化、過疎化等が進む現在の社会で親族扶養等に過度に依存することはできない。保育所の待機児童、介護離職、老老介護等の問題を考えれば、社会保障抜きに現在の社会経済は成り立たない。このような必要性の観点から見ると、社会保障は、個人の**自助**の存在を前提としつつも、それだけでは対処できない事態に対する**共助**や**公助**の仕組みと言える。

　経済的な視点に立つと、**市場の失敗**（market failure）も関係してくる。自由競争による市場では、需給関係により価格が決まり、そのような価格競争を通じて資源が効率的に配分されるのが市場メカニズムである。ところが、現実には効率的な資源配分が実現しないという市場の失敗が存在している。典型的には、寡占や独占、**外部不経済**（費用を負担しないほど利潤が増加する公害等の問題）である。社会保障も、この市場の失敗と関係する。傷病、老齢、障害等により、競争が支配する市場に参加できないような場合、市場では問題は解決しない。また、市場に参加しても、専門知識の欠如による専門家との間の情報格差（**情報の非対称性**）により、必要なモノやサービスを獲得できないこともある。仮に獲得できても不利な条件かもしれない。社会保障は、市場への介入、所得再分配等を通じて市場の失敗を是正する側面があることになる。

3．社会保障のニーズ

　(1)　**ベヴァリッジの5大巨悪**　　社会保障の必要性は、人々に何らかのニーズが存在するからである。英国のベヴァリッジ（W. H. Beveridge）が1942年に第二次世界大戦後の社会保障の青写真として取りまとめた「社会保障及び関連サービス（Social Insurance and Allied Services）」（ベヴァリッジ**報告**）は、社会保障のニーズを**5大巨悪**（Five Giant Evils）として提示している。これらは、①所得保障及び生活保護が対処すべき欠乏（Want）、②医療保険が対処すべき疾病（Disease）、③教育が対処すべき無知（Ignorance）、④公衆衛生及び住宅政策が対処すべき不潔（Squalor）、⑤雇用政策が対処すべき無為（Idleness）に対応する。

　このようなリスクとニーズに即した分類としては、国際労働機関（ILO）の「機能別社会保障給付費」がある。そこでは、社会保障給付は、①高齢、②遺族、③障害、④労働災害、⑤保健医療、⑥家族、⑦失業、⑧住宅、⑨生活保護その

他に分類されている。

(2) **要保障事由**　社会保障のニーズは、その原因と結果、それへの対応するための手段に分けることができる。しかし、原因と結果の因果律は単純でなく、そもそも相関関係を因果関係と錯覚することもある。また、バタフライ効果（ブラジルの蝶の羽ばたきがテキサスの竜巻を引き起こすような事象である。わずかな羽ばたきが初期値鋭敏性を有するがために、誤差が存在する限り、長期的な予測が不能となる）に喩えられるような事象も、歴史や社会問題には多い。例えば、子どもの貧困や貧困の再生産である。生活困窮の原因が傷病、失業等であるとしても、傷病、失業等にも原因があり、因果を辿れば最終的な第1原因に到達するかもしれない。しかし、因果を辿る過程には、多くの誤差が存在するであろう。更に、社会保障が第1原因を特定することで、それに対処することが適当又は可能かとなると別である。特に第1原因が怠惰にある場合の**劣等処遇の原則**（principle of less-eligibility）の問題である。[6] そもそも怠惰の原因は、本人が置かれた社会環境にあるのかもしれない。仮に困窮の原因が個人の属性や社会体制にあったとしても、社会保障が対応できる範囲を超えるかもしれない。

その点で、社会保障では、原因又は結果の因果律の中のある部分を何らかの基準で切り出し、**要保障事由**に位置付けた上で政策手段を講じることがある。制度に即して見ると、政策手段には、原因に着目するものと結果に着目するものがある。例えば、普遍主義に立つ現行の生活保護は、生活困窮という結果に着目しており、それより前の原因は要件とはしない。しかし、フランスのように貧困には原因があるとの確信の下、専門性の原則（principe de spécialité）に則り、生活困窮の原因別に制度を設計してきた例もある（このため、普遍的な最低所得保障制度の登場が遅れた[7]）。確かに日本の場合も、傷病、障害、老齢、死亡、多子、要介護状態、失業等の原因別に社会福祉や社会保険は制度設計されてきた。ただし、それら要保障事由の前段階にある原因は問わないのが基本である。[8] 実際に行われる給付は、これら要保障事由に対応する所得喪失、支出増加等のニーズである。その点では各種社会保障ニーズは、要保障事由という原因に対する結果として捉えることができる。

更にニーズを充足するための手段を①金銭の支給である**現金給付**（金銭給付）と②サービス等の提供である**現物給付**に二分するならば、それに対応してニー

ズも分類できる。三浦文夫がいうところの現金給付に対応する貨幣的ニード、現物給付に対応する非貨幣的ニードである[9]。この分類は、ニーズを原因とすれば、その政策上の結果に着目する分類である。実際、非貨幣的ニードの場合には、現金給付と異なり、実際にサービス等がそれを必要とする人に届き、適切なサービスが提供されるための基盤が必要となる。その点で、この二分法に政策的にも意味がある。

社会保障の機能を貧困の予防と救済の側面から見ると、制度には防貧制度と救貧制度が存在する。**防貧**は、社会保険のように事前の保険料拠出に対する給付により、所得喪失又は支出増のリスクを社会全体で分散する仕組みとなる。それに対して、**救貧**は、生活保護のように貧困を事後的に救済する仕組みとなる。因果律の観点からは、防貧は原因、救貧は結果に対応する。

何れによるにしても、社会保障が対象とするニーズは、社会的リスクという言葉に象徴されるように社会全体で対応すべきものである。換言するなら、要保障事由は個人の問題であると同時に、個人と社会との間の社会関係で捉えるべきニーズである。この社会関係が特に重要となるのが社会福祉である［第10章参照］。障害が保健医療の問題であると同時に、社会福祉の問題である所以も、問題の社会性にある。岡村重夫は、社会保障制度等が充足すべき個人が社会生活の基本的要求として、経済的安定、職業的安定、医療の機会、家族的安定、教育の機会、社会的協同、文化・娯楽の機会を挙げている[10]。これはニーズを社会との関係で生じる状態、つまり結果として捉えるアプローチと言えよう。

(3) **ニーズの多様性・多義性**　「衣食足りて礼節を知る」又は「衣食住」と言われるように、ニーズには基礎的から高次のものまで段階がある。**マズロー**（A. H. Maslow）によれば、欲求には段階があり、①生理的欲求、②安全・安定の欲求、③所属・愛情の欲求、④承認・尊重の欲求、⑤自己実現の欲求に向かって高次になる[11]。これを**欲求5段階説**という。また、**ブラッドショー**（J. Bradshaw）によれば、ニードには、①規範的ニード（専門家の機運により判定されるニード）、②感得されたニード（当事者により感得されたニード）、③表明されたニード（当事者が表明したニード）、④比較ニード（他人等との比較によるニード）がある[12]。社会には多様なニーズが存在しており、捉え方も一様ではない。

ニーズは①必要（ニーズ）原則と②貢献原則があるという形でも登場する。この場合の**必要原則**とは、ニーズに応じて給付を受けることであるのに対して、**貢献原則**は、拠出等の貢献に応じて給付を受けることを意味する。これが社会保険において組み合わさる時、保険料は能力に応じて、給付は必要に応じてとなる[13]。これは、応能負担の保険料に対して、給付は必要原則によることを意味する。しかし、現実の制度では、このことは必ずしも、貫徹しない。

　必要原則と貢献原則の相克は、併給調整にも表れる。**併給調整**とは、複数の社会保障給付の受給要件に該当する場合に、法律上又は選択によりある給付を不支給、支給停止、減額支給等にする仕組みである［第8章第1節3及び第4節2参照］。これは、過剰給付を防止するため、貢献原則より必要原則を優越させる仕組みである。

　ニーズは、社会保険に限らず社会福祉でも頻出する概念である。その場合の**ニーズ**とは必要であり、ディマンド（需要）とは区別される[14]。経済学で使用される需要と供給のうちの需要を意味する**ディマンド**（demand）が個人が感じる欲求や欲望であるのに対して、ニーズは本人の必要性とともに客観的・社会的な必要性である[15]。その点で、ニーズの場合には、必要性の判断に何らかの基準、価値等が伴う。このため両者に乖離が発生することがある。ニーズがあっても、ニーズが潜在的であるがために、本人のディマンドがない事態や、その逆の事態である。ブラッドショーに即して言えば、規範的又は比較ニードはあったとしても、それが感得されたり表明されたニードになるとは限らないことを意味する。また、社会関係の不調や欠損、社会制度の欠陥により社会生活の基本的要求が充足されないところにニーズが発生する[16]。

　ニーズがもつ客観性は、社会保障の給付や手続き等にも反映する。社会保障（特に社会保険）の給付には、要保障事由として類型化されたニーズに対して定型的な給付がなされること多い。もちろん事務処理上の定型化の必要や受給者間の公平性の確保の観点もあろうが、ニーズが元来客観的・外在的であることも関係している。また、社会保障の給付の多くは申請主義をとるが、職権主義により給付が開始されることがある。これは、ニーズを感じない（潜在的）受給権者がいる場合に必要となる対応である。

　以上からニーズを分類するならば、因果関係に即して、①要保障事由のよう

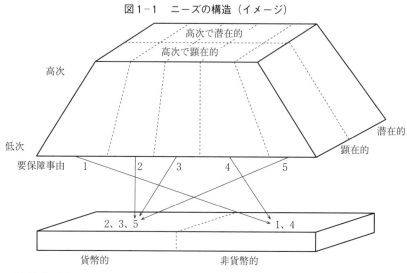

図1-1　ニーズの構造（イメージ）

（出典）筆者作成

に権利発生の機序のうちの原因に着目する方法、②貨幣的・非貨幣的のような結果としての政策手段に着目する方法のほか、ニーズの状態に即して、③低次から高次までの段階の違いに着目する方法、⑤潜在的・顕在的等の位相の違いに着目する方法などに整理することができる［図1-1］。従って、同じニーズを議論しながらも、何に着目するかによって捉え方も変わってくることになる。

第2節　社会保障の体系

1．生存権保障としての社会保障

　社会保障は、人間らしい生活を営む上での不可欠な権利である**生存権**を体現する。憲法（25条）は、国民が「健康で文化的な最低限度の生活」を営む権利を有すること、そして「国は、すべての生活部面について、社会福祉、社会保障及び公衆衛生の向上及び増進に努めなければならない」ことを規定する。この結果、全ての国民が健康で文化的な最低限度の生活を営み得るように国政を

運営すべき義務が国家にはあり、社会的立法の制定及びその実施を通じて生活水準の確保・向上を図るという国家の任務が生存権ということになる。

留意すべきは、憲法25条は、**教育権**（26条）、**労働権**（27条）並びに**労働基本権**（28条）である団結権、団体交渉権及び団体行動権という社会権の総則規定として、これら権利の解釈を基礎付けることである。[17] 社会保障政策の観点からは、これらの分野が社会保障と密接な関係を有することを憲法も示唆している。

２．社会保障制度の体系

憲法（25条2項）の規定では、「社会福祉、社会保障及び公衆衛生」が並列的に書かれている。これからすると、社会福祉と公衆衛生は社会保障とは別のようにも読める。しかし、社会福祉と公衆衛生も社会保障を構成する分野とも捉えられる。更に社会保障の概念は国によっても異なっており、社会保障が年金等の所得保障の意味で使われることもある。このため、我が国の社会保障の射程範囲を明確にしておく必要がある。

この点に関して、第二次世界大戦後の社会保障の体系化に大きな役割を果たしたのが、内閣総理大臣の諮問機関であった**社会保障制度審議会**である。[18] 同審議会は、1950年に「**社会保障制度に関する件**」（勧告）を出している。それによれば、「いわゆる社会保障制度とは、疾病、負傷、分娩、廃疾、死亡、老齢、失業、多子その他困窮の原因に対し、保険的方法又は直接公の負担において経済保障の途を講じ、生活困窮に陥った者に対しては、国家扶助によって最低限度の生活を保障するとともに、公衆衛生及び社会福祉の向上を図り、もってすべての国民が文化的社会の成員たるに値する生活を営むことができるようにすること」である。

このうち「保険的方法」とは、保険料の拠出を前提とする社会保険方式であるのに対して、「公の負担において」とは、国又は地方公共団体による一般財源（税財源）からの負担を意味する。従って「経済保障」とは、現在の制度で言えば、保険料の拠出を条件とする社会保険と保険料の拠出を給付の条件としない社会手当等無拠出制給付を意味することになろう。次の「国家扶助」とは、原因を問わず最低生活水準以下の生活困窮になった場合に不足する分を金銭給付で支給する生活保護のような公的扶助が該当する。最後の「公衆衛生及び社

会福祉」は、疾病予防、障害者対策など、金銭でない様々な役務（サービス）の提供が入ってくる。

　国立社会保障・人口問題研究所「平成12・13年度版社会保障統計年報」によれば、社会保障制度審議会の勧告に即して、狭義の社会保障として社会保険、公的扶助、社会福祉、公衆衛生及び医療、老人保健が、また、広義の社会保障として狭義の社会保障と恩給、戦争犠牲者援護が挙げられている。更に関連制度として、住宅対策と雇用対策が挙げられている。しかし、その後介護保険や高齢者医療制度が登場したことから、現時点で狭義の社会保障を再整理すると、次のようになろう［制度の変遷については、本章第4節］。

　　①社会保険：医療保険、年金保険、雇用保険、労働者災害補償保険、介護保
　　　　　　　　険
　　②公的扶助：生活保護　等
　　③社会福祉：障害者福祉、高齢者福祉、児童福祉、母子及び父子並びに寡婦
　　　　　　　　福祉　等
　　④公衆衛生及び医療：結核、感染症、精神保健、難病　等

第3節　社会保障の方法と機能

1．社会保険と社会扶助

　社会保障制度審議会の分類には、社会保障の分野と方法の視点が混在する（例えば、高齢者福祉と介護保険）。社会保障の中核は、医療、年金、社会福祉等の分野で見られる現金又は現物の給付である。その給付の方法に着目して分類するなら、社会保障の方法は、社会保険と社会扶助に分かれる[19]。

　このうちの**社会保険**は、保険の技術を社会保障に応用した仕組みである。従って、保険料を予め拠出し、予期できない偶発的なリスク（**保険事故**）が発生した場合に保険給付が行われることになる。つまり、保険事故としての定型性と偶発性を有することが保険の前提となる。また、リスクをプールすることによる危険分散の仕組みであることから、保険集団として規模が大きくなければ、財政は安定しない（**大数の法則**）。更に保険料により給付を賄うことから、収入と支出が均衡するように保険料が設定される必要がある(**収支相等の原則**)。

このように民間保険と共通点もあるが相違点も多く、それが「社会」保険の特徴となる。まず、民間保険が加入者のリスク（保険事故の発生確率）に応じたリスク別保険料であるのに対して、社会保険の典型は、定額又は所得や報酬に比例した保険料である。民間保険の場合には、強制加入でないため、加入者毎に保険料と給付が均衡するよう、保険事故の発生確率から計算される給付の期待値（給付と保険料＝保険給付額×保険事故発生確率）に見合う保険料を設定する必要がある（**給付・反対給付均等の原則**）。もちろん民間保険においても、個々の加入者の保険料と給付が常に一致するわけではない。しかし、保険集団全体としては、保険事故が発生する加入者とそうでない加入者がおり、財政は均衡する。強制加入の社会保険の場合には、リスクに見合わない高い保険料であっても加入を義務付けることができることから、リスク別保険料でなくとも制度として成り立つ。その代わり、要件に該当すれば、本人の意思にかかわらず加入する義務が発生し（**強制加入**）、保険料が未納の場合に本人の意思に反してでも強制的に徴収される（**強制徴収**）ことが社会保険制度にとって必須の要素となる。逆に言えば、民間保険は任意加入による契約関係であるため、リスクの高い場合には加入できない可能性がある。この結果、牛乳からクリームを分離するように、リスクが低く利益の上がるものを選択するという意味での**クリームスキミング**（cream skimming）が起きることにもなる。

　いずれせよ社会保険にとって、拠出なければ給付なしという意味で、保険料の拠出が不可欠である。これに対して**社会扶助**は、保険料拠出を前提とせず、保障すべき事由に該当した場合に、公費（税）を財源に給付が行われる仕組みである。従って、社会扶助の場合には、財源に保険料がないことと、保険事故の概念が存在しないことになる。逆に社会保険の場合であっても、保険料以外に国庫負担等の公費が投入されることがある。

　社会保険と社会扶助の何れを採用するかは、最後は政策判断である。とはいえ、そもそも社会保険になじむ制度とそうでない制度がある。例えば、対象者が低所得者のみであれば、保険料拠出が困難であることから、生活保護のような低所得者対策は社会保険にはなじまない[20]。また、対象者の置かれた状況に応じて、きめ細かな対応が必要なサービスは、社会保険になじみにくい。社会福祉のソーシャルワークのような分野が典型である。社会保険が成り立つために

は、保障すべき要保障事由が保険事故として定型化可能で、その発生確率も統計的に計算可能でなければならない。また、給付も定型的な給付となる傾向がある。この点、介護について社会保険方式が実現した背景としては、要介護状態等の概念が定型化され、その発生確率も統計的に把握できること、年金受給者が増えたことで高齢者に保険料拠出能力が備わったことがある。

　社会保障には、給付以外の方法も存在している。例えば、給付するのではなく、それに相当する金額を税金から控除する方法である。ただし、低所得者は税金を納めないことから、税の控除のみで給付と常に同じ目的を実現できるわけではない。[21]

2．現金給付と現物給付

　社会保障を給付面から見ると、①金銭の給付である**現金給付**（金銭給付）と②モノ又はサービスの給付である**現物給付**に分かれる。何れの形態によるかは、前述のようにニーズとの関係、給付の目的や性格、受給者の状況等を踏まえる必要がある。医療等サービスは、傷病の治療が実際に行われることが不可欠であり、現物給付に適している。[22] ただし、保険あってサービスなしとならないよう、サービス提供体制を構築する必要が生じる。これに対して、年金、社会手当等の場合には、貨幣が交換の媒介手段として流動性を有していることからすれば、現金給付に適している。

　このほか、現金給付の形態をとりながら、**法定代理受領**という法技術を用いることにより、給付費がサービス提供者に直接支払われる仕組みが社会保険には存在する。法定代理受領は、利用者に代わってサービス提供者が給付費を受け取り、利用者に対する費用請求を帳消しにする仕組みである。この**現金給付の現物給付化**の場合には、現金給付でありながら、実質的に現物給付と変わらなくなる。現物給付の場合には、必要なサービスは保険給付として完結し、それ以外の給付を組み合わせる横出しや上乗せが禁止される。現金給付であれば、サービスに要した費用の一定部分を保障するだけであるから、現物給付のような制約はない。このため、保険給付と保険外の給付の組合せを許容するための工夫として、給付自体は現金給付とした上で現物給付化する仕組みが用いられる。

3．社会保障の機能

　社会保障には、①所得再分配、②リスク分散、③社会的セーフティネット（社会的安全網）、④社会的安定化装置（社会経済の安定化及び成長促進）等の機能がある。これらの点を敷衍する。

　まず、社会保障による現金給付又は現物給付は、国民の社会保障ニーズや所得水準の違いから、結果的に給付からの受益に差が生じる。このことは、社会保障給付を通じて**所得再分配**が起きることを意味する。その際、所得が高い層から低い層への所得の再分配が**垂直的所得再分配**であり、所得が同じでもリスクが低い層から高い層への所得の再分配が**水平的所得再分配**である［図1-2、1-3、1-4参照］。また、社会保障の給付は、社会保険の保険事故はもちろん、そうでないリスクも含め、予期せぬ事態としての社会的リスクに対する給付である。社会的リスクは、国民に同じように発生するわけでない偶発性があることから、社会保障には**リスク分散**機能があることになる。

　これらの点とも関係するが、社会保障があってこそ国民は安心かつ安定的な生活を送ることができる。更には、国民がリスクを乗り越え物事に挑戦できるという積極的な意義も、社会保障にはある。まさに、いざという時の備えという意味での**社会的セーフティネット**（社会的安全網）としての社会保障の機能である。最後に、社会保障を社会経済全体からマクロ的に見ると、社会保障は社会や経済の安定化にも資することになる。例えば、高齢者の多い地域における年金給付、不況時の失業手当や生活保護は、消費の下支えとして需要を喚起することになる。景気変動を緩和するという点では、社会保障には**ビルトインスタビライザー**（自動安定化装置）としての機能もあると言える。

　このビルトインスタビライザーのような平準化機能は、社会保障の他の場面でも見られる。その一つが、人々の消費は現在の所得だけで決まるのではなく、将来得られるであろう所得に依存するという**ライフサイクル仮説**である。この考え方に従えば、人は将来を見越して、一時点ではなく人生を通じて収入と消費が平準化するよう行動することになる。これは、一種の自助である。ただし、将来に不測の事態の中には、個人の準備能力を超えるものがあり得ることから、そこに社会保障のような集団的な対応が必要となる契機がある。

　社会保障の果たす機能には、重複が存在する。例えば、人々が直面する病

気、怪我、障害等の事態に対して行われる給付は、第一義的にはリスク分散であるが、結果的に所得再分配効果が発生する。これをマクロ的に見れば、社会的安全装置として社会保障が機能し、それによって社会経済の安定や成長が実現されるといった具合である。

　以上とは異なり、社会保障が本来の役割を果たさない次のような場合が存在する。

　①貧困の罠（poverty trap）　就労による賃金等には税及び社会保険料が賦課され可処分所得が目減りすることとも関係し、社会保障給付を受けていた方が可処分所得が高いために、就労による経済的自立（就労のインセンティブ）が阻害される現象である［図1-5］。低所得者や失業者向けの給付で問題になることが多い。この貧困の罠が発生しないよう、生活保護や雇用保険では就労のインセンティブが働くように制度的な工夫施されている。[24]

②フリーライダー（free-rider）　対価を支払わず社会保障サービス等の受益を享受するただ乗りの問題である。公共財には、他者の受益を排除できない場合があり、例えば児童福祉や教育の便益は、学卒者を採用する企業にも還元されることになる。介護保険の場合には、被用者保険に加入する第2号被保険者

図1-2　垂直的所得再分配

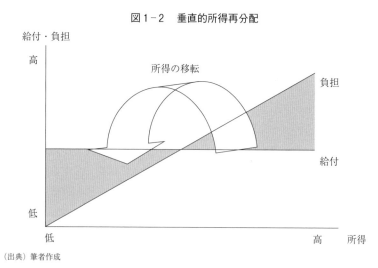

（出典）筆者作成

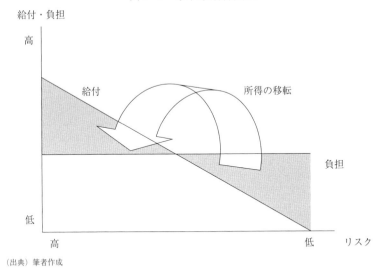

図1-3　水平的所得再分配

給付・負担

高

給付

所得の移転

負担

低

高　　　　　　　　　　　　　　　低　リスク

（出典）筆者作成

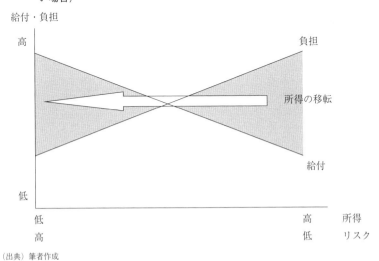

図1-4　垂直的所得再分配と水平的所得再分配の同時発生（低所得者ほどリスクが高い場合）

給付・負担

高

負担

所得の移転

給付

低

低　　　　　　　　　　　　　　　高　所得
高　　　　　　　　　　　　　　　低　リスク

（出典）筆者作成

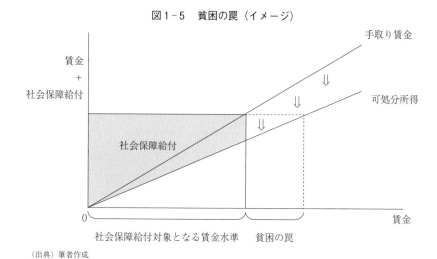

図1-5　貧困の罠（イメージ）

賃金
+
社会保障給付

手取り賃金

可処分所得

社会保障給付

0

賃金

社会保障給付対象となる賃金水準　　貧困の罠

（出典）筆者作成

　の保険料を事業主が折半する理由には、被保険者の親の介護の負担軽減が事業
主にとってもメリットがあることが関係している。

第4節　社会保障の生成と発展

1．社会保障の誕生

　社会保障が現在のような制度になるには、歴史上の必然と偶然があった。また、各国が異なる道を歩みながらも、世界の制度には共通部分（歴史の同時代性）もある。そこで本節では、歴史的及び国際的視点から社会保障への接近を試みる。この視点は、次章で扱う政策選択とも関係する。唯一の解答がない政策の世界においては、政策の経緯と国際比較が政策選択にとって重要であるからである。特に社会保障の二大潮流である社会保険と社会扶助の原点となるドイツと英国が重要である。また、社会保障という用語の関係では、米国の社会保障法も重要である。

　(1)　**英国の救貧法とナショナルミニマム**　　社会扶助の源流は、1601年の英国のエリザベス**救貧法**（Poor Law）にある。これは、それまでの救貧法を国家的な制度として集大成したものである。その後、18世紀に産業革命に到達した英国

では、貧困にあえぐ労働者層が出現する。まさにプロレタリアート（無産階級）である賃金労働者の登場である。

20世紀初めブース（C. J. Booth）やラウントリー（B. S. Rowntree）が行った貧困調査を通じて、かかる労働者階級の貧困原因が怠惰等に起因する個人責任というよりも、雇用、疾病等の社会的要因に起因する社会問題であることが認識されるようになる。これを「**貧困の発見**」という。こうした中、貧困地区で貧困者とともに生活を営むというセツルメント等の活動も19世紀には展開されている。また、漸進的な社会改革を目指すフェビアン協会が1884年には創設されている。その中心人物であった**ウェブ夫妻**（The Webbs）が国民に保障されるべき最低水準を意味する**ナショナルミニマム**（national minimum）を提唱したのも、この時代である。その著作である『産業民主主義』は、産業の発展の一方において存在する貧困な労働者が最低限の生活も維持できないことへの問題意識から、衛生・安全、賃金、休息、教育等を通じた対応の強化を主張している[25]。このように英国においては、救貧法の伝統の中で、現在にもつながる最低生活保障の考え方が登場したことになる。

(2) **ドイツの社会保険とのその拡大**　社会保険は、1871年に国家統一を成し遂げた後、急速に産業化が進むドイツにおいて登場した。その中心人物である首相ビスマルク（O. von Bismarck）は、1883年の疾病保険、1884年の労災保険、1889年の障害・老齢保険と**労働者保険**を制度化した。飴と鞭と言われるように、1878年の社会主義鎮圧法が社会主義運動に対する鞭であるとすれば、ビスマルク3部作とも言われる労働者保険は飴であった。その後1911年には、ライヒ保険法により社会保険が一本化された。同時に対象者も、ブルーカラー（労働者）のみならずホワイトカラー（職員）が加わることになった。

フランスは、1871年の普仏戦争の敗北により、国境を接するアルザス・ロレーヌ地方をドイツに割譲することになった。その影響から、フランスでは、当時の敵国ドイツの社会保険に対する嫌悪感が強かった。しかし、第一次世界大戦の勝利により、既に社会保険が導入されていたアルザス・ロレーヌ地方が返還されたこともあり、社会保険に対する嫌悪感が弱まった。この結果、1928年と1930年の法律により、フランスにも社会保険が導入されることになった。社会保険は、そのほかベルギー、オーストリア等のドイツの隣国をはじめとす

る大陸諸国に拡大していくことになった。

(3) **社会保障法の登場**　社会保障という言葉は、米国の「**社会保障法**（Social Seurity Act)」（1935年）が嚆矢である。同法は、世界大恐慌後のニューディール政策の一環として制定された。米国においては、現在でも医療は民間保険が中心であるが、年金は社会保障法により国の制度として運営されている。また、医療の場合にも、高齢者向けの制度であるメディケア（Medicare）は社会保険であるし、低所得者向けの医療としてのメディケイド（Medicaid）も存在している。ただし、これら制度でカバーされない構造的な保険未加入者が存在してきた。このため、2010年の改革（オバマケア）により、全ての国民の医療保険への加入が義務化されることになった。アメリカに続きニュージーランドでも、1938年に社会保障法が制定されている。その後も各国は、現在の社会保障の原点となる制度を創設していくことになる。

社会保障が意味する制度の範囲は、国によって違う。例えば、米国では、連邦政府が運営する老齢・遺族・障害年金（OASDI）のような年金が社会保障を意味することがある。また、英国では、拠出制の社会保険と無拠出制の補足給付の両方を含めた所得保障の意味で社会保障が用いられることが多い。このほかフランスでは、社会保障は実態的には社会保険の意味で使用される。このような概念の違いもあり、近年、社会保障に関係する隣接分野も含めた広義の社会保障の意味で、「**社会的保護**（仏語 protection sociale、英語 social protection)」が使用されることがある。

2. 社会保障の発展

(1) **国際的展開**　国連の専門機関である**国際労働機関**（ILO）からは、多くの労働関係の条約や勧告が出されてきたが、活動は社会保障にも及ぶ。第二次世界大戦までの戦間期にも、疾病、年金、失業等に関する社会保険条約が採択されている。その後1942年に ILO が出した「社会保障への途（Approach to Social Security)」では、労働者だけではなく、全ての人のニーズに応じた保障という、より高次の理念に根差した社会保障への飛躍を提示している[26]。それが、社会保障による**社会扶助と社会保険の接近**であり、社会保障は両者を統合した概念として位置付けられている。

ILO は、1944年に所得保障に関する勧告（67号勧告）と医療保障に関する勧告（69号勧告）を出す。そこから、ILO が戦前の社会保険条約と異なり、制度を社会保険に限定せず、所得保障と医療保障に分けていることが分かる。これは、多様な制度の存在を前提としながら、制度の方法ではなく、到達すべき保障水準を設定するという戦後の ILO 条約の方向性を示唆していた。実際、1952年には、9つの社会保障分野（医療、疾病、失業、老齢、業務災害、家族、母性、廃失、遺族）にわたり社会保障のあるべき最低水準を規定する社会保障の最低基準に関する条約（102号条約）が作られている。

(2) **戦後社会保障の青写真**　戦後の社会保障の進むべき方向は、第二次世界大戦中に青写真として描かれている。例えば、英米首脳による1941年の大西洋憲章では、労働基準の改善及び経済的向上とともに社会保障の確保が明記されている。

また、1942年の英国の「**ベヴァリッジ報告**」では、社会保険、国民扶助及び任意保険を組み合わせることによりナショナルミニマムを実現することが提言されている。中でも、社会保険は所得保障の中心となる制度であり、均一額の最低生活費給付及び均一額の保険料拠出（均一拠出・均一給付）を基本原則とする。これは、ドイツの社会保険が貢献原則により、報酬比例の拠出と給付を原則としているのと対照的である。なお、英国では、医療、福祉等のサービスは、**社会サービス**（Social Service（s））と言われ、医療は医療保険ではなく公営医療である**国民保健サービス**（NHS）により提供されている。

3．福祉国家の成立と発展

(1) **福祉国家の成立**　社会保障は、社会経済の変化と切り離して考えることができない。例えば貧困問題である。貧困の存在は、現代に限った話ではない。しかし、産業革命以降の貧困は、個人の怠惰による個人責任というよりも、急速な工業化がもたらした過酷な労働に従事する無産階級（プロレタリアート）問題と結びついている。そのような下層労働者が一度傷病に見舞われたり、高齢で働けなくなれば、貧困に陥るのは必然である。

19世紀を反映する自由主義は、自由放任（レッセフェール）による自由競争を押し進めた。このような19世紀的な資本主義社会では、「**夜警国家**」（nightwatchman state）という言葉が象徴するように、国家の機能を警察・司法を通じた治安の維持等の最小限の機能に絞る消極国家の考え方が強かった。しかし、社会主義運動の高まりもあり、労働力の再生産を維持する上でも、貧困等の社会問題を放置するのではなく、貧困対策、労働者保護施策等を通じて対応することの必要性が認識されていった。

こうした動きを資本主義を維持するための経済合理性だけで説明することはできない。社会に存在する連帯、博愛等の理念に結実する利他的な感情も、社会政策立法の登場には重要であった。社会福祉と関係が深い慈善も、資本主義より昔から存在しており、民間主導による活動が制度化を促進した。

社会保障を支える国家装置は、法制度である。1919年に敗戦国ドイツで制定されたワイマール憲法は、労働者の団結権等の社会権規定とともに、生存権につながる規定も含んでいた。つまり、それまでの所有権に代表される自由権が国家の関与を最小に抑える意味で「国家からの自由」であったとすれば、国家の積極的な関与による社会権の保障を通じた「国家による自由」という考え方である。また、フランスでは、1936年に人民戦線よる政権が、労働者の休暇制度や労働時間規制を導入しており、戦後の社会法の発展につながる。

このように20世紀初頭は、19世紀的な消極国家から積極国家への転換の時代であり、福祉国家の萌芽が両大戦の戦間期に見られたことになる。

(2) **福祉国家の形成**　　国家の積極的関与による社会政策を通じて、国民の福祉の向上・増進を目指す国家を「**福祉国家**」（Welfare state）という。もともと「戦争国家」（Warfare state）に対する言葉であった。国家の関与という点では、消極国家に対する積極国家、また、ドイツでいう社会国家も似た意味である。

戦前に既に登場していた社会保険等の社会政策立法やベヴァリッジ、ILO等の取組が戦後の福祉国家の制度的・理論的基礎となった。ただし、社会保障には財源が不可欠であり、福祉国家の機動力は経済成長であった。その点では、戦後の国際社会において東西冷戦はあったものの、先進国にとっては比較的平和な時代であり、ドルを基軸とする固定為替相場制等により経済成長を謳歌することができた。景気変動に対して、ケインズ政策による積極的な公共投資等による有効需要創出も有効に機能した。

このように社会保障の発展は、福祉国家の理念だけでなく、それを支える制

度と経済成長があって実現したことになる。

(3) **福祉国家の見直し**　社会保障は、1973年の第一次オイルショックを契機とする高度成長の終焉により、見直しを迫られることになる。そのことを端的に表現するのが、1981年に経済協力開発機構（OECD）がまとめた「福祉国家の危機」という報告書である。²⁷⁾この時期、先進各国は、一本調子の経済成長に支えられた福祉国家は見直しの時期を迎えることになる。実際、先進国が経済成長を謳歌していた時代に少子化と高齢化は進んでおり、人口構造面でも社会保障の見直しは必然化してくることになる。

そうした中で台頭したのが、1970年代から1980年代にかけての新自由主義であった。これは、市場原理を重視した自由主義経済への原点回帰とも言える動きであり、規制緩和、減税等を進めると同時に、財政支出の削減、社会保障の見直しを実施していくことになる。それ以降、世界はグローバリゼーション、高齢化等の影響もあり、社会保障は常に見直しを迫られている。

(4) **福祉国家の類型**　制度は一度導入されれば、社会や人々の生活に組み込まれることで既得権(的利益)を生む。このため、制度改革の際には、期待権(的利益) に配慮する必要がある。それだけに社会保障の制度改革は、白地に絵を描くようなわけにはいかない。

このことも、世界には多様な制度が存在することの遠因である。現在、各国共通の制度はなく、何らかの視点から類型化ができるだけである。代表的な福祉国家論者である**エスピン‐アンデルセン**（Gøsta Esping-Andersen）の福祉レジーム論は、脱商品化と脱階層化の切り口でもって、福祉国家を3類型に分類する。²⁸⁾①米国、英国等のアングロ・サクソン諸国における**自由主義レジーム**、②スウェーデン、デンマーク等の北欧諸国における**社会民主主義レジーム**、③ドイツ、フランス等のヨーロッパ大陸諸国における**保守主義レジーム**の3類型である。

このうち自由主義レジームは、個人の責任（自助）や市場メカニズムを重視する。そこでの政府の役割は、生活困窮者、高齢者等の他では対応困難な層への対応など、残余的な部分が基本となる。これに対して社会民主主義レジームの場合には、国家が中心となり社会的に社会保障給付を提供していくなど普遍主義の特徴が見られる。中間的な保守主義レジームでは、社会保険が社会保障

制度の中核となっており、その運営を国ではなく労使による金庫等が担うといった特徴が見られる。

　財政的には、社会民主主義レジームが高福祉高負担（大きな政府）、保守主義レジームが中福祉中負担、自由主義レジームが低福祉低負担（小さな政府）となる傾向がある。ただし、社会民主主義レジームであっても、福祉国家の見直しの例外ではない。近年では、職業訓練等を通じて各人の雇用能力（エンプロイアビリティ）を高めることも重視されるようになっている。

　このほかの類型化も存在する。例えば、ティトマス（R. Titmuss）の福祉モデルである。彼は、①残余的モデル、②制度的再分配モデル、③産業的業績達成モデルを提示している。[29] このうち①残余的モデルは、自助を基本とし、自ら生活できない人々のみ福祉の対象とする。これに対して、②制度的再分配モデルは、再分配を通じて不平等を是正し、必要な領域全般を社会的責任で福祉の対象とする。③産業的業績達成モデルは、社会保険のように経済成長のパイを福祉を通じて分配するモデルと言える。

　フランスでは、社会学者のポーガム（S. Paugam）が社会的紐帯の形態と強さから4つのレジームを提示している。[30] 彼によれば、社会的紐帯には、①親族関係に由来する親族の紐帯、②選択による夫婦、友人、知人等の間の選択的参加の紐帯、③労働組合のような職業生活の当事者間の有機的参加の紐帯、④国民国家のような同じ政治的共同体の構成員間のシチズンシップの紐帯がある。それぞれに対応するレジームが、①家族主義型レジーム、②主意主義型レジーム、③有機体型レジーム、④普遍主義型レジームである。この類型は、エスピン－アンデルセンの3類型との関係では、①家族主義、②自由主義、③保守主義、④社会民主主義に対応する。

　これらの類型化は、理念型として各国の社会保障の特徴を抽出している。しかし、現実の社会保障は各国の歴史に依存しており、個々に見ると類型化では割り切れない面がある。我が国で言えば、社会保険はドイツ及びフランスの影響から大陸ヨーロッパの要素が強いが、社会福祉は米国、英国、北欧の影響を受けてきている。このような評価さえも、細部を捨象した割切りであり、各国の制度を日本風にアレンジしているというのが現実に近い。[31]

4．日本の社会保障の生成と発展

(1) **戦前の社会保障**　社会保障は、憲法の生存権保障の基礎の上に立つ制度であり、社会保障という名称もそこに由来する。しかし、現在につながる制度の中には、戦前に起源をもつものも多い。従って、社会保障における戦前・戦後の断絶は、憲法と比べれば緩やかで連続的（普遍性の証左）でもある。

　ヨーロッパより遅れて近代化を迎えた日本ではあるが、殖産興業の産業の発展のひずみは、社会政策立法の必要性を高める。特に大正デモクラシー、関東大震災を経て迎えた昭和恐慌までの時代には、多くの社会政策立法が登場している。その時代の重要課題は、貧困と結核への対応であった。例えば、貧困対策としては、1874年に**恤救規則**が制定されていたが、限定的な対象者、不十分な給付等の問題を抱えていた。このため、1932年に**救護法**が制定される。また、民間社会事業の興隆や活動展開もあり、1938年には**社会事業法**が制定されている。³²⁾これらは、戦後の生活保護法、社会福祉事業法につながることになる。そのほか社会福祉関係では、非行少年対応のための感化法（1900年）、母子家庭施策である母子保護法（1937年）等も、戦後の児童福祉法の源流となる。

　戦前の社会政策立法の中心は、内務省の**社会局**である。組織的には変遷があるものの、現在の社会保険、労働政策等の形成にも中心的な役割を果たす。産業発展の負の側面である過酷な労働条件の問題は、内務省から分離された農商務省の「職工事情」（1903年）で浮き彫りになる。³³⁾1911年制定の**工場法**は、現在の労働基準法等にもつながる。また、社会保険についても、工場労働者向けの**健康保険法**が1922年に制定されている。これは、ドイツ、フランス等のヨーロッパ諸国も19世紀末から20世紀初めに社会保険が立法化されたことと比べても遅くない。当時、国民の多くを占めた農民との関係では、1938年に**国民健康保険法**が制定されている。そのほか、1939年に**船員保険法**が制定されるが、医療のみならず年金、労災、失業も含めた総合保険であった。年金制度は、恩給等を別にすれば、1939年の**労働者年金法**が男性工場労働者等を対象に制定される。これらは、戦後の医療保険及び年金制度の源流である。しかし、農民、自営業者等の年金、労働者一般を対象とする労災保険や失業保険は、戦後を待つ必要があった。世界的にもそうであるが、ほぼ医療、年金、労災、失業といった順番で社会保険が整備されてきたことになる。

医療提供体制関係では、1874年の**医制**が、現在の医療法、医師法等の衛生法規の原点となっている。

(2) **戦後の社会保障制度構築**　戦後の社会保障は、GHQ（連合国軍最高司令官総司令部）の指令等を通じた指導の下で再出発した。当時の優先課題は、外地からの引揚者・失業者等に関する生活困窮者対策、戦災孤児・浮浪児等の要保護児童対策、傷痍軍人・戦争傷痍者等の障害者対策、劣悪な食糧事情に対応する栄養改善、結核・コレラ等の伝染病予防等であった。このことは、戦後の復興期の**福祉三法**（児童福祉法、身体障害者福祉法、生活保護法）の制定に反映している。同時に憲法の生存権保障が制度設計にも反映することになる。最初が、1947年の児童福祉法であった。同法は、戦前の要保護児童対策である少年救護法、児童虐待防止法や母子保護法の一部を取り込むのみならず、一般児童の健全育成も含めた児童の福祉の積極的増進を目的とする法律となった。続く身体障害者福祉法（1949年）は、生活困窮者として救貧制度の対象となっていた戦前と異なり、全ての身体障害者を対象として、その更生・保護を目的とする法律となった。公的扶助については、1946年に旧・生活保護法が一旦制定されたものの、怠惰者や素行不良者の適用除外（欠格条項）、民生委員の補助機関化等の問題があった。つまり、これらの規定は、1946年にGHQから出された「社会救済に関する覚書」（SCAPIN775）の無差別平等、国家責任、公私分離等の原則にそぐわない面があった。このため、一般扶助主義に立脚し、無差別平等の保護請求権等を明記した新・生活保護法が1950年に制定された。

社会福祉に関しては、その後1960年に精神薄弱者福祉法（現：知的障害者福祉法）、1963年に老人福祉、1964年に母子福祉法（現：母子及び父子並びに寡婦福祉法）が制定され、**福祉六法**体制が整うことになった。また、戦前から続く社会事業に関しては、1951年に社会福祉事業法（現：社会福祉法）が制定されている。これにより、社会福祉事業（第1種社会福祉事業、第2種社会福祉事業）、強い規制・監督に服する社会福祉法人といった社会福祉の共通事項が規定されることになった。

これら社会福祉制度の基本となっていたのが、行政庁の決定（**行政行為**）に基づくサービス提供の仕組みである**措置制度**であった。ただし、行政は、自ら措置を実施するのみならず、措置委託を通じて社会福祉法人等にサービス提供

を委託することが許容されていた。また、その際の費用は措置費で支払われることになっていた。従って、戦後の措置制度とは、措置、その受け皿としての社会福祉法人、その費用保障としての措置費が三位一体となった制度であると言える。なお、戦後の復興期、防貧制度として重要な医療保険や年金は、全ての国民を対象としておらず、救貧制度としての生活保護の比重の大きさも特徴である。

⑶ **国民皆保険・皆年金体制の確立**　昭和30年代に入ると、日本は復興期から高度成長期に入っていく。「昭和31年年次経済報告」（経済白書）は、そうした状況を捉えて、もはや「戦後」ではないと述べている。その一方、昭和31年版「厚生白書」では、果たして「戦後」は終わったかどうかを、事実に即して、冷静に考えてみる必要性を述べており、時代認識の差が見られる[37]。

　確かに医療については、結核患者が多く存在し、医療保険の未加入者が数多く存在していた。また、年金については、厚生年金や共済組合は存在するものの、農民、自営業者等は対象外であった。このため、1958年には、現在の国民健康保険法が成立し、農民、自営業者等も同制度に加入することになった。年金についても、厚生年金の対象外であった農民、自営業者等を対象とする国民年金法が1959年に成立している。両制度は、1961年に完全実施され、ここに国民全員に公的医療保険及び公的年金を保障するという意味での**国民皆保険**及び**国民皆年金**体制が確立した。これにより、社会保険を医療保障及び年金の中核とする**社会保険中心主義**の基礎が整うことになった。

　社会福祉については、児童福祉法から分離する形で1965年に母子保健法が制定されている。この時期、社会手当が登場していることも重要である。1961年には、母子年金の対象とならない離婚等を原因とする母子家庭等に児童扶養手当を支給する児童扶養手当法が制定されている。また、1964年には、障害児の福祉増進を目的とする特別児童扶養手当法が制定され、児童の保護者に特別児童扶養手当が支給されることになった。ところが、世界的には比重の大きい家族手当に相当する児童手当は、戦後直ぐから各種提言や検討が行われてきたにもかかわらず、創設は大きく遅れ1971年となった。

⑷ **高度成長の終焉と福祉元年**　社会保障にとって好環境であった高度成長は、1973年のオイルショック（石油危機）を契機として終焉を迎えた。それよ

り前の高度成長期に、高齢化社会の到来を見越して、医療保険や年金の改善が図られた。しかし、年金の成熟化及び高齢化の顕在化には年数を要するため、政策立案者と国民意識との間には乖離があり、その後の改革に影響を与えることになった。

　1961年の国民皆年金は、高齢化対応の意味をもっていた。また、1963年に生活保護法の養老施設等から分離する形で制定された老人福祉法にも、そうした高齢化を先取りする政策意図があった。このため、年金については、早期成熟化措置がとられることになった。例えば、厚生年金では、1965年に「１万円年金」が実現したのに続き、1969年には「２万円年金」が実現した。また、国民年金についても、1966年に「夫婦１万円年金」が実現し、1966年には「夫婦２万円年金」となった。

　医療保険においても、この時期給付改善が図られている。例えば、国民健康保険の給付率は、1963年に世帯主の給付が５割から７割となり、1968年には世帯員の給付も７割となった。ところが、このような給付改善は、医療費の急騰を招くことになる。特にＫで始まる健保（政府管掌健康保険）は、国鉄（分割民営化によりＪＲになる前の日本国有鉄道）及び米（米の政府買上げ制度による逆ざや）とともに「３Ｋ赤字」として政治問題にもなった。

　更に地方では、革新系の首長（革新自治体）の誕生により、老人医療費の無料化が進み、1973年に老人医療費無料化（**老人医療費支給制度**）が老人福祉法の改正により実施されることになった。この結果、高齢者医療費の増大に拍車がかかることになる。また、年金についても、厚生年金の「５万円年金」、国民年金の「夫婦５万円年金」がこの時期実現したのに加え、1973年には物価スライド制が導入されている。[38]

　このような重要な改革が実施された1973年は、「**福祉元年**」と呼ばれている。しかし、同時期にオイルショックが起き、その後経済が安定成長に転換したことを踏まえると、1973年は社会経済の転換点であったことになる。実際、狂乱物価の中で大量の公債発行が行われ、累積する赤字国債は国家財政を圧迫するようになる。

(5)　**臨調行革路線の中での社会保障制度見直し**　　社会経済の転換の中で、政治的には、「増税なき財政再建」を掲げた第二次臨時行政調査会が1980年に設置

され、社会保障改革が実施されていった。また、財政面では、1983年度予算で
マイナスシーリングが採用され、歳出抑制が図られるようになった。

　ところが、社会保障分野では、老人医療費無料化、高齢化、医療技術の進歩
等が医療費の増大を招き、その中での老人医療の割合を押し上げることになっ
た。この背後には、増大する高齢者の介護ニーズが、措置制度による高齢者福
祉では吸収されず、フリーアクセスの医療で吸収されるという制度構造の問題
もある。こうした中で、老後の健康の確保と老人医療費の負担の公平化を目的
として1982年に制定されたのが**老人保健法**であった。更に医療保険について
は、1984年に法改正が行われ、退職者医療制度の創設、被用者保険の本人定率
負担の導入などが規定された。これに続き、1985年には、基礎年金の導入を盛
り込んだ年金制度改革が実施された。

　これらは、制度の枠組みを変えることにより、財政基盤が脆弱で高齢化の影
響が集中しやすい国民健康保険や国民年金の負担を緩和する効果を有してい
た。同時に、高齢化が進む中で負担と給付の公平と制度の長期的安定を目指す
ものであったと言える。更に、少子高齢化の本格化を前にした社会保障改革の
幕開けでもあった。

　(6)　**少子高齢化の中の社会保障改革**　　社会経済は、1986年から1991年までバ
ブル景気に沸く。社会保険にとっても、賃金の上昇は、同じ保険料率でも多く
の収入をもたらす。しかし、背後では、社会保障の基礎を揺るがす人口構造の
変化が着実に進行していた。その点でバブル期は、戦後のベビーブーム等によ
る人口増加がもたらす**人口ボーナス**が**人口オーナス**に転換する時代の節目でも
あった。[39]

　この間の政府の危機意識は強い。1989年に策定された**ゴールドプラン**は、20
世紀中に実現すべき高齢者福祉の基盤整備のための目標を示すものであった。
更に高齢化対応には、地域の実情に即した取組が必要であることから、1990年
には、老人福祉法をはじめとする**福祉八法**の改正が行われている。改正内容と
しては、在宅福祉サービスの重視、措置等の権限の市町村への移管、老人保健
福祉計画による計画的基盤整備、地域における民間福祉活動の推進等を含んで
いた。これは、その後の介護保険や社会福祉基礎構造改革の先駆けとなる内容
と言える。

そのほか高齢者関係では、1991年の老人保健制度改正により、寝たきり老人等を念頭に置いた老人訪問介護が創設された。年金制度の場合も、既に1989年改正で検討課題となっていた支給開始年齢について、1994年改正により老齢厚生年金の支給開始年齢を段階的に65歳に引き上げることが規定された。こうした高齢化対応の流れの中で登場したのが、1997年に制定された**介護保険法**であった。

　これに対して、少子化対策の分野では、保育サービスの充実等を盛り込んだエンゼルプランが1994年に策定され、1999年の新エンゼルプランにつながっていく。その後も、2001年の待機児童ゼロ作戦、2002年の少子化対策プラスワンなど、様々な計画等が策定されていった。この対策の柱となる保育所については、1997年に児童福祉法の改正が行われ、保育所の入所が措置から市町村との公法上の契約方式に転換することになった。しかし「産めよ殖やせよ」に象徴される戦時中の出産奨励策の記憶等の関係もあり、介護分野の対応と比べると、少子化対策は、その後も紆余曲折を経ることになる。[40]

　(7)　**21世紀の社会保障改革**　　2000年の介護保険法の施行により、措置制度を核に据える戦後社会福祉の枠組みは、変革の時期を迎える。中でも、2000年の社会福祉事業法の改正に収斂する**社会福祉基礎構造改革**は重要である。これは、法律名が社会福祉法に変わるだけではなく、社会福祉事業、社会福祉法人、措置制度など社会福祉の共通基盤を理念や構造面から見直すものであった。社会福祉各法も含め、利用者の尊厳、自立等を重視する契約関係、権利擁護、苦情解決など、増大・多様化するニーズに対応する改革内容であった。

　このほか、2000年の中央省庁再編とともに創設された経済財政諮問会議、そこでの議論を経て**閣議決定**される骨太基本方針という新たな政策決定メカニズムも登場する。[41]この内閣総理大臣を議長とする経済財政諮問会議は、経済財政の重要事項、予算編成の基本方針等を審議する場であり、社会保障は、常に中心的な政策課題となっている。確かに社会保障は、国の予算を見ても最大の支出項目であり、国政上の比重が高まっていくことは必然とも言える。こうした中で登場したのが、まさに消費税引上げとその投入先である社会保障を一体的に論議する**社会保障・税一体改革**であった。2008年設置の社会保障国民会議を皮切りに、2019年の消費税率の10％への引上げまで約10年は、この一体改革を

中心に議論が展開した。

　社会保障・税一体改革に限らないが、社会保障の大きな改革は10年単位の時間を要することが多い。例えば、老人医療費無料化（1973年）から老人保健法の制定（1982年）まで、ゴールドプラン（1989年）及び福祉八法改正（1990年）から介護保険法の施行（2000年）までの期間である。更に場合によれば、それ以上の期間を要することもある。

　1994年の高齢社会福祉ビジョン懇談会の「21世紀福祉ビジョン〜少子・高齢社会に向けて〜」は、年金：医療：福祉等の給付構造を5：4：1から5：3：2に転換することを提言する。その中核が高齢者の介護サービスと子育て支援であったことは、報告書から推察できる。その後、高齢者関係の介護保険法、子育て関係の子ども・子育て支援法の制定は、そのことの傍証である。ただし、子ども・子育て支援法の成立は2012年であり、介護保険よりは長い20年近くを要したことになる。その理由は一つではないにしても、社会保険と異なる社会福祉の財源構造（予算の制約）も大きい。

　(8)　**財源構造の重要性**　　社会福祉は、児童福祉、障害者福祉、高齢者福祉など、それぞれが固有の特徴をもっている。戦後の社会福祉の共通項を挙げるとすれば、措置制度の存在である。これは、サービスの提供を行政処分である措置によって実施する仕組みである。ところが、公費財源である措置費は、予算の制約を受けることから、予算の枠を超えてサービスを供給することが困難となる。更にサービスの供給の在り方も、行政の裁量や計画に委ねられる部分が大きい。このことは、需要が供給を決める面が強い社会保険との違いである。高度成長期であった1970年前後から施設整備の必要性が認識され、1971年から施設中心に5年間の緊急整備計画が策定されたのも、このような制度的特徴を踏まえて考える必要がある。また、児童手当の場合にも、公費以外に事業主からの拠出金はあるものの、拠出率は保険料のように給付の増大に応じて引き上がるものではない。

　少子高齢化の中での福祉ニーズの増大にもかかわらず、高齢者医療と高齢者福祉、年金と児童手当に係る社会保障給付費のが伸びが跛行的であるのには、社会福祉が社会保険のような財源保障を欠いていたことが影響している。

　時代が高度成長から安定成長、更にバブル経済を挟んで低成長に移行し、少

子高齢化対応に待ったなしとなったときに、ゴールドプランや福祉八法改正等
による在宅重視の基盤整備、エンゼルプラン等による保育所の整備を中心とし
た少子化対策が始まることになった。その後、介護保険制度、子ども・子育て
新制度等が実施されるが、検討から実施までに長年を要することになった。そ
の一つの理由は、措置制度の限界を乗り越えるためには、社会保険等の利用契
約方式により制度のパラダイムを転換するのみならず、そのための財源確保、
すなわち財源保障を抜きに制度改革の実効性が得られないことがある。保険料
収入のある介護保険と異なり、子ども・子育て支援法は保険料財源を欠いてお
り、消費税という財源保障があって実現できたのも、故あってのことである。
実際、その後の社会保障給付費における介護、少子化対策等による福祉部門の
割合の増大が、制度と財源保障の関連性、そして財源保障の重要性を如実に物
語っている。

1) 社会保障を論じるとき、個別制度から入り、帰納法的に社会保障の本質を抽出するの
も一案である。それは、具体的な社会保障のイメージをつかむ上では有用である。その
一方、膨大な制度を理解するのは容易ではないという問題がある。本書は、社会保障を
貫く原理原則等の本質を理解した上で個別制度を論じる演繹法的なアプローチをとる。
そのことは、本書の冒頭の「凡例　3．本書の構成」でも述べたように、改正等の多い
社会保障を現象面ではなく本質から理解する上でも有用である。
2) 国際労働機関は、ベルサイユ条約によって1919年に誕生し、第二次世界大戦後は、国
際連合の専門機関の一つとなった国際機関である。その名の通り労働者の労働条件の向
上や生活水準の向上を目指して作業を行い、その成果は一連のILO条約や勧告に結実さ
せている。その中には、労働問題のみならず社会保障も含まれる。また、運営が政労使
（政府と労使の代表）の三者構成であることも特徴である。
3) 塩野谷九十九他訳『ILO・社会保障への途』（東京大学出版会、1972年）102頁、106頁
4) 外部不経済との関係でコース（R. Coase）の定理が問題となる。これは、取引費用が
なく、所有権が明確で情報が完全である等の条件が満たされれば、市場に委ねることに
より効率的な資源配分が達成されるという考え方である。そして、完全競争下にあって
は、私的費用と社会的費用は等しくなろうとする（ジョージ・J. スティグラー（南部鶴彦・
辰巳憲一訳）『価格の理論』（有斐閣、1991年）141頁）。これを不法行為による損害賠償
に当てはめると、必ずしも加害者が賠償責任を負うべきという結論にはならない。社会
保障との関係では、禁煙の費用を喫煙者と受働喫煙者の何れが支払うべきかの問題が当
てはまる。なお、コース自身も述べているように、実際には取引費用が存在しており、
多くの被害者がいるような場合には、政府の介入が是認されることにもなる（R.H.
Coase, 'The problem of social cost', *Journal of Law and Economics*, Vol. 3, 1960, pp. 1−

44）。

5） ウィリアム・ベヴァリッジ（一圓光彌監訳）『ベヴァリッジ報告　社会保険および関連サービス』（法律文化社、2014年）4－5頁

6） 劣等処遇原則とは、英国の救貧法の歴史の中で、1834年の新救貧法の制定に当たり、救済水準は、最低の賃金水準の労働者より低くてしかるべきという考え方である。

7） 伊奈川秀和『社会保障法における連帯概念』（信山社、2015年）71頁、88頁

8） 中には、労災保険のように業務災害として業務起因性や業務遂行性が問題となったり、雇用保険のように離職が自発的か非自発的かによって給付が変わることがある。

9） 三浦文夫『増補社会福祉政策研究―社会福祉経営論ノート―』（全国社会福祉協議会、1987年）77頁、同「社会福祉改革の戦略的課題―複合的福祉供給システムについて―」社会保障研究所編『社会保障の基本問題』（東京大学出版会、1983年）136頁

10） 岡村重夫『社会福祉原論』（全国社会福祉協議会、1983年）83-85頁

11） A. H. Maslow, *Motivation and personality*, Pearson, 1987, pp.57-73 ; A. H. Maslow, 'A theory of human motivation', *Pscychological Review*, 50, 1943, pp.370-396

12） J. R. Bradshaw, 'The taxonomy of social need', in G.McLachlan （ed.）, *Problems and Progress in Medical Care*, Oxford University Press, 1972, pp.71-82

13） 1962年の社会保障制度審議会の「社会保障制度の総合調整に関する基本方策についての答申および社会保障制度の推進に関する勧告」では、社会保険について、「できる限り保険料と給付との比例関係を排し、保険料は能力に、給付は必要に応ずる方向に進むべきである」とされている。

14） ニーズ（needs）ではなく、単数形のニード（need）が使われることもある。本書では、引用の際の論者がニードを使う場合以外は、ニーズで統一している。

15） 京極高宣『改訂社会福祉学とは何か―新・社会福祉原論―』（全国社会福祉協議会、1998年）54-55頁によれば、福祉需要（顕在ニーズ）とは、福祉ニーズに裏付けられつつも、それが社会的意識の表層部に現れた部分であり、かつ、過剰需要を除いた部分ということになる。その結果、福祉需要に転化しない潜在的な福祉ニーズが存在することになる。

16） 岡村・前掲注10）68-92頁

17） 佐藤幸治『憲法［第3版］』（青林書院、1995年）619-620頁

18） 社会保障制度審議会は、1947年の社会保障制度審議会設置法に基づき設置された内閣総理大臣の所轄に属する審議会であった。社会保障制度について調査、審議及び勧告を行うことを目的とする。学識者のほか国会議員及び関係各庁の官吏が委員となっていた。2000年の中央省庁再編の際に廃止され、内閣府の経済財政諮問会議と厚生労働省の社会保障審議会がその役割を継承している。

19） 社会保険は実定法上の用語であるのに対して、社会扶助は講学上の概念である。受給権発生の機序という点で、社会保険が保険料拠出を要件とするのに対して、社会扶助は保険料拠出を前提としない。税（公費）を財源とするのは、保険料財源を欠くことの結果である。社会保険にも税（公費）財源の投入があり得ることからすれば、逆は真ならずである。財源に着目して、保険料方式と税（公費）方式と二分するのは正確とは言え

ない。伊奈川秀和『〈概観〉社会保障法総論・社会保険法［第2版］』（信山社、2020年）
55頁を参照されたい。

20）　国民健康保険の被保険者から生活保護受給者が除かれている理由の一つは、保険料の
負担能力の欠如である。その一方介護保険では、生活保護受給者も適用対象となってお
り、保険料は生活保護の生活扶助により負担される。とはいえ、被保険者に占める低所
得者の割合が増えれば増えるほど、社会保険としての運営は困難となる。

21）　所得税の対象外の低所得者には、所得税の仕組みを使い給付を行うという負の所得税
（negative income tax）という自由主義に親和的な仕組みがある（ミルトン・フリード
マン（村井章子訳）『資本主義と自由』（日経BP社、2008年）345-354頁）。負の所得税
については、税と給付の一体化による行政の効率化等のメリットに対して、労働への
ディスインセンティブ（阻害）等の問題がある。このほか、生活保護で問題となる資産
の保有や資産の取崩しによる収入の扱いが問題となろう。

22）　フランスの疾病保険では、開業医との関係で現物給付である第三者払い（tiers
payant）ではなく償還払いが採用されてきた。これは償還払いによる受診抑制を企図し
たわけではなく、開業医の診療自由の原則に基づく患者と医師の直接契約を尊重したこ
とによる。なお、現在は、第三者払いに転換しつつある。

23）　垂直的所得再分配は、限界効用逓減との関係でも是認されよう。経済学の限界効用逓
減の法則によれば、1単位の財の追加消費で得られる効用は、財の消費量が増えるにつ
れて逓減する。異なる者の効用の比較可能性の問題はあるが、高所得者の1単位の財の
消費よりも低所得者の同じ量の消費の方が効用は大きいというのは常識的であり、社会
全体の効用は増大する。

24）　例えば、雇用保険においては、早期に再就職した場合には、再就職手当が支給され
る。生活保護においても、就労収入により生活保護廃止となる場合に就労自立給付金が
支給される。

25）　S. Webb and B. Webb, *Industrial democracy, Vol. 2*, Longmans, Green & Co., 1897,
p.766 et s.

26）　塩野谷他・前掲注3）

27）　経済協力開発機構（OECD）は、戦後の復興の中で、1948年に先進国の自由主義経済
の発展のための国際機関として、経済成長の促進、開発途上国への援助及び貿易の拡大
を目的として創設された。活動内容には、雇用、社会政策等も含まれる。

28）　G. エスピン－アンデルセン（岡沢憲芙・宮本太郎監訳）『福祉資本主義の三つの世界
─比較福祉国家の理論と動態』（ミネルヴァ書房、2001年）

29）　R. Titmuss, *Essays on the "The welfare state"*, Alen & Unwin, 1963, p.42

30）　セルジュ・ポーガム（川野英二・中條健志訳）『貧困の基本形態─社会的紐帯の社会学』
（新泉社、2016年）106頁、329頁

31）　宮本太郎『貧困・介護・育児の政治　ベーシックアセットの福祉国家へ』（朝日新聞
出版、2021年）は、エスピン－アンデルセンの3類型に沿って、日本の政治の対抗軸と
して「例外状況の社会民主主義」「磁力としての新自由主義」「日常現実としての保守主義」
が生活困窮者対策、介護保険及び子ども・子育て支援に相互浸透してきたことを指摘し

ている。また、同書は、ベーシックインカムに対して、現金・現物給付に収まりきらない有益で価値ある物や人を含めたコモンズとしてのベーシックアセットの概念を提唱している。

32) 体制整備は、法制面と財政面から考える必要がある。救護法が1929年に制定されながらも、財源不足で施行が1932年となった。内務省とはいえ、財源の確保は大蔵省との折衝・調整を要する。社会事業についても、財源確保は十分ではなかった。

33) 犬丸義一校訂『職工事情（上）（下）（岩波文庫）』（岩波書店、1998年）のほか、横山源之助『日本の下層社会（岩波文庫）』（岩波書店、1985年）が参考となる。

34) 米国等の連合国軍によるポツダム宣言の執行のため、1945年から1952年のサンフランシスコ講和条約の発効まで置かれた機関である。非軍事化・民主化を掲げ、ポツダム勅令により、軍事恩給が廃止されるなど、戦後の社会保障制度の在り方に影響を与えた。

35) SCAPIN とは、連合国軍最高司令官指令の略称であり、1945年から GHQ により日本政府に出されることになった。社会保障以外にも、戦前の軍国主義との関係で公職追放、農地改革等の関係で指令が出されている。

36) 行政行為とは、一般に行政庁が法律に基づき国民に対して行う意思表示等であって、それにより国民との間の法律関係が規律されることになる。このため、抽象的な規範の定立に止まる立法行為、法的効果を有しない事実行為、行政の内部に止まる通達・通知等は行政行為とはならない。

37) 白書は、中央省庁が政治、経済、社会の実態及び政府の施策の現状について国民に周知させることを主眼とする報告書である（1963年10月24日事務次官等会議申し合わせ「政府刊行物（白書類）の取扱いについて」）。英国の white paper に倣っている。ただし、外務省の場合は青書である。白書類には、閣議に提出されるだけのものの規定に基づき国会に提出される報告書（法定白書）がある。

38) 現在は、年金以外の社会手当、労災保険等でもスライド制度が導入されている［第7章第4節、第8章3節3、第10章第2節1参照］。

39) 人口ボーナス（bonus）が生産年齢人口の増加のように人口構造の変化が経済にとってプラスに作用する状態であるのに対して、少子高齢化のように人口構造の変化が経済にとってマイナスに作用する状態を人口オーナス（onus）という。

40) 一般財団法人日本再建イニシアティブ『人口蒸発「500万人国家」日本の衝撃』（新潮社、2015年）

41) 合議体である内閣（内閣法4条）の意思決定が閣議決定である。内閣提出の法律案や政令は閣議決定案件であるが、それ以外の重要事項も対象となる。なお、本来は主任大臣の専決事項であっても、その重要性から他の閣僚の了解を得るという意味で閣議に付議されるものに閣議了解がある。

第**2**章　社会保障のアドミニストレーション

第1節　政策とアドミニストレーション

1．アドミニストレーションの意義
　概念化は、学問と実践の両面において必須の作業である。物事の本質を抽象的・普遍的に表す概念なしに、問題を適切に認識・把握し、更に解決策を見出すこともできない。[1]とりわけ、社会保障における要保障事由やニーズの抽出は、社会的な事象から社会保障が対処すべきリスクを概念化する営為でもある。まさに概念の善し悪しが訴求力に影響し、ひいては政策の成否の鍵にもなる。また、用語法が人々の意識や受け止めに影響し、世の中を動かす点でも重要である。[2]そこで、まずアドミニストレーションなど社会保障政策に係る基本的な概念を明らかにする。その上で次章では、社会保障の政策手段を論じることになる。

　(1)　**アドミニストレーションの多義性**　　アドミニストレーション（英仏語のadministration、独語の Verwaltung）は、国家が国民及び国土に及ぼす統治権のうちの行政権の作用である**行政**という意味で使われる。行政権の定義は、①統治権から立法権と司法権を除いた残余の作用と捉える消極説（控除説）と、②公益の実現等に向けた作用と捉える積極説がある。[3]何れの説であっても、現代の福祉国家において行政が担う役割には、法の執行に止まらない多様な活動が含まれる。その代表格が社会保障である。

　しかし、アドミニストレーションの用語は、行政の専売特許ではない。少なくとも英語では、企業等も含めた組織に関する方針決定、組織化及び運営を広く意味する言葉である。[4]また、フランス語では、財産の管理行為（acte d'administration）もアドミニストレーションである。そのため、アドミニストレーションには様々な形容詞が付く。行政活動を研究対象とす行政学は、パブリック・アドミニストレーション（Public administration）とパブリックがつく。

また、経営学のことを英語でビジネス・アドミニストレーション（Business administration）と言う。その場合のアドミニストレーションには、組織の効率的な運営という意味合いがある。逆に経営学の手法は、行政目的を効率的に達成するための行政組織の在り方を問う行政学に影響を与える。社会福祉の分野では、**社会福祉運営論**が存在するが、これはアドミニストレーションの社会福祉経営への応用である。[5]

行政学者の西尾勝は、行政学が「制度学・管理学・政策学という三つの学を己のうちに抱え込み、三つの価値基準をその魂としながら、進むべき道を模索し続けている」と述べている。[6]これを社会保障に援用するなら、社会保障制度に関する制度論、社会保障の実施に関する管理論、社会保障政策に関する政策論に分かれることになる。[7]そうした中にあって、直訳すれば社会行政となる**ソーシャル・アドミニストレーション**（social administration）は、社会保障制度等の諸課題に対応するための実践的な問題解決の学問として存在する。三つの学のうちの政策学である。専門家の一人であるスピッカー（P. Spicker）によれば、社会行政とは「社会サービスの発展・構造・実施に関する研究」である。[8]この定義が示唆するようにソーシャル・アドミニストレーションは、後追いとしての科学ではなく、予防としての政策科学の色彩が強い。法制度との関係では、前提としての法令の解釈運用ではなく、あるべき法令を追求することに力点が置かれる。

社会福祉に係るソーシャル・アドミニストレーションは、特に多義的に使われる。[9]確かに社会福祉は多様な主体により担われており、組織としての活動があれば、そこには多様なアドミニストレーションが存在する。エンパワーメント、ソーシャルアクション、組織化等を通じて社会問題を解決する取組には、ソーシャルワークも含めアドミニストレーションが必要となる。[10]これは、管理学の視点である。更に、社会保障に関しては、年金、医療等の社会保障制度を論ずる社会保障論がある。これは、制度学と言える。

多義的であるが故に訳出が困難なアドミニストレーションの学問分野間の共通項を挙げるなら、それが人間諸活動の不可欠の要素である他者との関係性（連携、協働、統制、指揮命令等）を契機とし、そこで展開する営為・活動（経営、管理、運営等）に着目すること、更に当該営為・活動には何らかの目標・目的（公

益・私益、営利・非営利等）が存在することである。これを政策論、管理論及び制度論に即して論じることがアドミニストレーションに求められることになる。

このような行政、企業活動、社会福祉事業等を通じた共通のアドミニストレーション概念を措定することは、社会保障においてとりわけ有用である。社会福祉の措置制度における措置委託、介護保険を契機とする多様な主体の参入、規制緩和による株式会社参入等により、官民が同じ土俵で福祉・医療サービスの提供主体となるからである。更に社会福祉の場合には、福祉多元主義、公私協働等を通じて、国及び地方公共団体外の主体が政策にも影響力をもつようになってきている［第4章第1節参照］。裏を返せば、伝統的な統治の主体と客体という枠組み（措置等）を超えて、国や地方公共団体以外の主体の能動的・積極的な役割が政策実現にとっても重要ということになる。[11]

(2) **ソーシャル・ポリシーとの関係**　社会政策とも訳される英語のソーシャル・ポリシー（social policy）は、ソーシャル・アドミニストレーションと密接な関係を有する。前述のように、アドミニストレーションを構成する要素の一つが政策学であるからである。それだけに、社会政策における政策形成やその形成過程と政策を反映した制度や法の管理運営とは密接不可分であり、一体的議論が必要である。

日本語の**社会政策**は、広義には社会問題の解決を目指す政策であり学問分野である。しかし、社会政策に関する明確な定義はなく、論者や時代によっても理解の仕方が異なる。行政との関係では、厚生労働省が担う労働政策や社会保障政策と重なり合う部分が多いが、住宅や教育にも社会政策の側面がある。[12] 日本では、1920年に内務省の内局として社会局が設置され、現在の厚生労働省の社会・援護局に至るまで、社会問題を所掌する部局が存在してきた。所掌は変遷があるが、1939年には、都市への人口集中を背景に住宅課が新設されている。その点では、住宅政策も社会問題として捉えられていたことになる。

ところで、学問としての社会政策には、ドイツと英国の異なる流れがある。日本では、労働問題を中心としたドイツ的な社会政策（Sozialpolitik）が長らく影響力をもってきた。現在では、社会保障も含めた社会問題を対象とする英国的な社会政策の影響も見られる。このほか、フランスでは、社会政策（politiques sociales）の対象範囲は、社会保障を中心として住宅、失業等の問題に及ぶのが一般的である[13]。ただし、社会問題は時代により変化することもあり、社会政策の範囲は時代状況に依存する。このため、フランスに限って言えば、社会政策の対象の捉え方は弾力的である。例えば、社会的リスクによる所得の喪失又は支出の増大に対する保護、社会生活の安定のための労働市場等の分野の組織化、疾病予防等に必要な一定の生活習慣の促進又は抑止、社会的弱者の保護又は所得再分配などである。これらの分野も労働安全衛生が健康問題であると同時に労働問題であるように、相互に関係し合うことがある[14]。この点は、日本でも同様である。労働安全衛生以外にも、住まい方における社会福祉と公営住宅等の住宅政策など、分野横断的な社会問題は多い。

　以上のような各国の社会政策の理解を踏まえ、最大公約数的に整理するなら、社会政策とは、社会問題を対象とする学問及び実践の一分野ということになる。英国のソーシャルポリシー、ソーシャルアドミニストレーションとの関係では、スピッカーが、社会政策（Social policy）を「社会サービスと福祉国家に関する研究」と定義している[15]。その場合には、社会問題への対応のほか、社会構造や社会関係の変化ないし維持を目的とした政策の全てを含めて社会政策と呼ぶこともできることになる[16]。

　多様な理解が存在する社会政策については、経済協力開発機構（OECD）の社会政策分野の活動も参考となる。最近では、2018年に開催された社会政策担当大臣会合（Ministerial Meeting on Social Policy）において、社会保障を中心とした議論がなされている[17]。この場合には、社会政策の中でも、社会保障等の社会的保護（social protection）がその柱となる[18]。

　(3)　**本書の立ち位置**　管見によれば、アドミニストレーションには、広狭二段階がある。社会保障を政策主体、経営主体、実践主体と分けるなら、第１段階のアドミニストレーションは、福祉・医療サービス等の経営主体による経営、管理運営等の活動を意味する[19]。それに対して、第２段階のアドミニストレーションは、政策主体との関係における法制度、行財政等の政策の企画立案やその実現として捉えられる。ただし、政策主体の中心が国及び地方公共団体にあるとしても、当事者、利害関係者等の関係者が関与の下で政策は形成されることから、第２段階のアドミニストレーションは広範であることになる。つ

まり、政策の企画立案から実施までを担う政策主体に国や地方公共団体の行政機関が入るのは当然だが、政策は国や地方公共団体の独占物ではない。多様なステークホルダーの主体的・能動的な関与の下で、専門家支配を排することによってこそ、政策は初めて実効性を帯びることになる。さもなければ、制度がそれを擁護する専門家により自己目的化されることになる。[20]

　政策のアドミニストレーションは、経済社会の複雑化・多様化が政策の専門化・高度化を招くことからも重要であり、時代の要請である。このような問題意識やアプローチは、**立法政策**（立法の政策的適否及びその実定化のための法技術の考察）に関する学問研究である**立法学**の問題意識とも共通する。[21] 立法学の立論は論者によって異なるが、そこには立法政策又は法政策を具体化する立法技術、立法が実現するまでの立法過程やそのための枠組みである立法制度等が検討の射程に入ることになる。[22]

2．社会保障のアドミニストレーションの特徴

　(1) **法と政策の一体化**　　以上を踏まえ、社会保障における法と政策の関係を整理する必要がある。言い換えると、法を前提とする**法解釈学**（実定法の解釈のみならず、妥当性の検証、解釈を通じた問題の解決を目指す分野）と法を創造する**法政策学**（法律から問題解決のための政策を創造する分野）の関係の議論である。両者は分けて考えるべきであるとしても、殊に社会保障においては、両者が密接不可分の一体をなすことが多い。

　そもそも社会保障制度は、次節で述べるように生成発展的な性格を有している。特に動きの激しい現代社会において、法と政策の一体化は不可避である。ところが、後追い的性格又は保守的性格を有する法律は、変化する社会との間で大なり小なり乖離を生じる宿命にある。この乖離を極少化するためには、時代の要請を機敏に反映する意識的取組が求められる。そのためにも、法律の解釈運用に当たっても、法と政策の有機的関係を意識する必要がある。

　次に指摘すべきは、学問としての政策学が多様な学問分野の総合の学であることである。社会福祉等の社会保障の政策は、近接分野としての社会政策、社会福祉学、法律学、財政学、行政学等が重畳的に影響し合う。その点でも、社会保障関連の諸学の知を政策に生かしていくことが重要となる。重要な点は、

法制度の背後には経済社会があり、経済社会の向こうには法制度があることである。社会保障に関係する諸学は、そのことを意識する必要がある。

(2)　**資源の合理的配分と権力的配分の調和**　　社会保障におけるアドミニストレーションとは、有限な資源の組合せによる社会保障政策の目的実現のための技術としての側面がある。その場合の資源の配分は、資源の有限性と市場の失敗という理由から、①市場メカニズムを通じた**合理的配分**とともに、②民主主義の手続きを踏んだ**権威的配分**が必要となる［第1章第1節1参照］[23]。ここにも現代社会における自由主義と民主主義の関係が表れる。その上で言えば、資源の合理的配分は、主として個人、企業等の経済活動を通じて実現するのに対して、②の権威的配分は、政治又は行政の活動を通じて実現する。これら2つの原理は、相互補完的であったり、対立的であったりする。同時に2つの原理は、それぞれの主たる担い手となる企業等の民間部門、政治、行政等の公的部門の独占物ではなく、両方の部門が相互に浸透し合う（しみ出す）関係でもある。比喩的に言えば、社会保障は、智（合理性）だけで割り切ると角が立ち、情（権力）に棹させば流されるというジレンマを抱えている。この智と情の調和が、社会保障のアドミニストレーションには求められることになる。

第2節　社会保障政策の生成発展的性格

1．政策の可変性

　社会保障は経済社会の鏡であり、反映である。その経済社会は常に変化し、一時たりとも止まることを知らない。それ故、社会保障は常に成長する制度である。シュンペーターが言うところの新結合（neue Kombination）、すなわち**イノベーション**がもたらす創造的破壊は、社会保障をも巻き込む[24]。例えば、生活水準の向上が技術革新の果実だとすれば社会保障の水準も引き上げられる必要があるといった具合である。

　現在、経済や技術との関係では、IT化等の技術が生み出す製品は贅沢品ではなく生活必需品に変わってきている。これまでも、時代のうねりの中で、家族の私的領域で処理されていた子育て、老親介護等の問題が核家族化、長寿化等により社会的領域の問題となってきている。これらの変化は、保育、年金、

介護保険等の制度が必要となる理由の一つである。また、最低限度の生活を保障する生活保護もその水準が健康で文化的である必要から、時代とともに水準が変化することになる。更に相対的貧困率が問題となる理由も、最低水準や最適水準の可変性にある。

　政策を考えるに当たっては、このような社会保障の生成発展的性格を、まずは認識する必要がある。

２．息が長い法制度と短い法制度

　⑴　**古き良き法**　　法律は立法事実を背景に制定される以上、制定の瞬間から改正の波にさらされる運命にある。生成発展的性格を有する社会保障法の場合は、尚更そうである。それにもかかわらず、長きにわたり生き残る法制度とそうでないものがある。[25]そこには、法制度の設計の善し悪しが影響している面がある。敷衍するなら、基本となる理念、原理原則、概念、法技術が社会経済の変化を織り込んだ普遍性を備えていることが重要となる。ある時点の問題に鋭く切り込む制度であっても、法制度の射程や視野が狭ければ、その法制度の有効性は短くなる。そうかといって、当たり障りのない理念や不確定概念を頻用するわけにもいかない。法制度が権利義務に関わるだけに、明確性を欠く概念は許されない。その当たりの兼ね合いが法制度の要諦となる。

　⑵　**弛まざる検証**　　社会保障に限らず政策は、社会の批判にさらされるのが常である。特にあるがままの社会を受け止めざるを得ない社会保障は、社会経済の変化、そして時代の要請を政策に迅速に反映することを迫られる。政策の弛まざる検証の必要性も、ここにある。

　ところで、これまで法制度は、国家の無謬性を前提に構築されてきた嫌いがある。しかし、現実には、裁判にも至る事件や事故が起きてきた歴史がある。訴訟を通じて予見可能性や結果回避義務を問われることを踏まえるなら、不断の検証を続けながら、政策を構築することが事件や事故の防止にもつながる。

　⑶　**サンセット方式**　　政策は、その目的によっては、時代状況への迅速な対応という意味での即効性が求められることがある。その場合には、必要性の消失により、制度の廃止も躊躇なく行う必要がある。それを体現するのが、1976年のコロラド州法を嚆矢とする米国の**サンセット法**である。これは、行政組織

や政策に期限を設け、議会が継続を承認しない限り、自動的に制度が廃止される方式である。[26] 日本では、規制改革推進のための3か年計画（再改定）（2009年3月31日閣議決定）が、規制の新設に当たって、原則として当該規制を一定期間経過後に廃止を含め見直すことを義務付けている。このため、法規制の新設に当たっては、その趣旨・目的等に照らして適当としないものを除き、**見直し条項**（法律に一定期間経過後に規制の見直しを行う旨の条項）を盛り込むものとされている。

　サンセットという点では、法令の存続期間を定めている**限時法**（時限立法）が存在する。社会保障関係では、①ホームレスの自立の支援等に関する特別措置法（2002年制定）、②次世代育成支援対策推進法（2003年制定）がある。限時法であっても法改正により期間が延長されることがある。実際、①は2012年に5年、2017年に10年延長され、期限は2027年となっている。また、②は2015年に10年延長され、期限が2025年となっている。なお、2011年度と20112年度に実施された子ども手当は、法律としては、各年度に対応した「平成22年度における子ども手当の支給に関する法律」及び「平成23年度における子ども手当の支給等に関する特別措置法」が根拠法である。このほか、年金の保険料の直近1年間要件のように、法律の附則に期間を限っての特例を設ける場合もある。

　(4)　**プログラム法**　　特定の政策の実現に向けた改革の内容、達成期限等を盛り込んだ法律をプログラム法と呼ぶことができよう。[27] 例えば、2013年に社会保障・税一体改革の関係で制定された「持続可能な社会保障制度の確立を図るための改革の推進に関する法律」である。同法は、**社会保障改革プログラム法**と略称され、医療、介護、少子化対策等の改革項目、改革の実施時期及び関連法案の国会提出時期の目途を明らかにしている［第6章第3節3参照］。

　将来の政策や改革の方向性という点では、法律の附則に置かれる**検討規定**もある。これは、政府提出法案の国会審議の結果、一定の課題の検討や状況の変化を踏まえた制度見直しを政府に求め、その結果に基づいて法改正を含む所要の措置を講ずることを義務付ける規定である。現在では、政府が提出法案に検討規定を設ける例も見られる。[28]

第3節 政策選択の枠組み

1. 政策選択の困難性

政策には選択肢があり、何が正しいか唯一の解答があるようには思えない。世界の社会保障の理念には共通性があるものの、できあがった制度が多様であることが一つの証である。極論すれば、全ては状況に依存する選択の問題に帰する。その上、社会保障が対応すべき課題は多様であり、何か単一の施策で事足りるとは思えない。複数の課題には、複数の政策手段の投入が必然となる[29]。

更に複数の要因が重なり合って一つの社会現象が起きるとすれば、その絡み合う因果関係の糸を解きほぐし、解決法を見出すことは容易ではない。しかも、複数の政策の相互依存の中で、社会経済自体が変化していく[30]。「その他の条件を一定として(*ceteris paribus*)」のような仮定は、現実には困難である。従って、重要なのは、一種の定石のように政策の選択肢を心得た上で、状況に合わせて選択肢を適時適切に当てはめることである。

もちろん、恣意的な政策選択は論外である。立法事実という政策の正当性とともに、政策手段のベストミックスという合理性、政策手段の有限性という実行可能性（フィージビリティ）が求められる。その上で、一定の視座ももちながら既存の法制度体系と矛盾がない形で政策選択が行われる。以下では、かかる認識を前提に政策選択を考える糸口やポイントを提示する。

2. 政策の正当性

(1) **立法事実の必要性**　　社会保障も含め政策には、その前提としての必要性が存在する。法律の場合であれば、法制定の必要性を基礎付ける社会的、経済的、科学的等の事実である**立法事実**（legislative facts）が前提となる。立法事実を欠く法律は、政策としての妥当性がないことになる。その点で立法事実としての必要性を明確化することが政策の出発点である。

(2) **立法事実の正当**　　立法事実としての必要性は、それを支える根拠資料としての統計等のデータ、科学的な知見等のほか、政策自体が政策主体の権限を踰越しない等の正当性が必要である。特に政策が国民の権利を制限し、義務

を課すような規制行政においては、慎重な判断が求められる。立法事実を欠く政策が法律となれば、裁判により違憲となる可能性もある。[31)]

3．政策の合理性

(1) **目的と手段の対応関係**　政策の合理性は、政策の目的と手段を根拠付け関連付けることでもある。その場合、政策手段は多様であるとしても、多様なニーズが存在する以上、一つの手段で目的を達成することは、現実には困難である。このため、目的と手段は一対一対応とならず、多対多対応となることがしばしばである。

　その際、政策の目的は価値判断の問題であるのに対して、手段は合理性及び妥当性の問題である。従って、理論上は、多様な選択肢を比較評価し、効率性等の面で合理的で、かつ、正当性等の面で妥当な政策手段を選択すべきことになる。しかし、現実の人間の能力には限界があり、最良の選択ができるとは限らない。しかも、意図しない結果を生むのが政策でもある。[32)]そのような選択の限界を踏まえつつも、エビデンスに基づき透明性の高い政策決定プロセスを踏むことが、政策選択に対する信頼の確保につながる。

(2) **直接的な目的と究極的な目的**　法律の目的規定に見られるように、制度が目指す直接的な目的（下位目的）とその結果として達せられる究極的な目的（上位目的）に分かれることがある。例えば、健康保険法（1条）によれば、法律の直接的な下位目的は「保険給付を行」うことだが、究極的な上位目的は「国民の生活の安定と福祉の向上に寄与すること」である。

　また、制度には意図した目的と意図しない目的、ないしは表の目的と裏の目的のような捉え方もあり得る。現在の生活保護等の低所得者施策は生存権保障を担う制度であるが、歴史的に見れば、英国の貧困法のように貧困者対策が社会の安寧秩序（治安）の維持の役割を帯びていたこともある。

4．政策手段の実行可能性

(1) **実現手段の有限性**　政策の選択に当たっては、投入可能な資源の有限性を踏まえる必要がある。政策実現には、如何なる手段でも無制限かつ無制約に投入できるわけではなく、制度的、財政的、社会的な制限や制約を受ける。地

域資源といった無形の資源も含め、政策は資源の有限性の限界の中で選択と集中を迫られる。それだけに政策の立案と遂行に当たっては、投入可能な政策手段の現実的枠組みを踏まえることが実行可能性（フィージビリティ）という点で重要となる。特に規制やサービス提供においては、実効性という点でも、現在及び将来にわたり投入可能な人的資源を踏まえた判断が求められる。

(2) **判断能力の有限性**　民主的な過程を経るにしても政策判断やその決定過程を担うのは生身の人間である。そこにも制約が存在する。まず政策の出発点となる問題の所在の解明は、一定の視座で通じて抽出・把握されなければ問題として顕在化せず、社会保障の課題としても認識されない。次に政策決定に当たっては、社会保障関連の諸科学の力を借りるにしても、時代的な限界や制約を脱することはできない。場合によれば、問題の焦点を絞るが故に政策全体との接合可能性や実行可能性を欠くことにもなる。それだけに社会保障政策においては、全体観をもった検討が重要となる。

5．政策選択の視座

如何なる政策選択が最適かは、後天的（*aposteiori*）には評価できるにしても、先験的（*apriori*）には決まらない。しかし、政策を考える上では、以下のような視座を持って検討することは無益ではない。これらの視座は二分法で整理しており、組み合わせることによりマトリックスとなる。見方を変えると、多様な事実やニーズ、政策手段・手法等との間には、往々にしてトレードオフ関係があり、そのことを踏まえた選択や判断を求められることになる。

(1) **優先と劣後**　政策選択を困難にする事情の一つが、社会保障が金銭に還元できない価値や理念（例えば生命、健康、尊厳）の確保、向上、実現等を担っていることである。貧困、虐待、終末期等の問題においても、資源の有限性は避けて通れない中で、関係者は、価値や理念と現実的制約との相克に追い込まれることになる。それだけに、価値や理念に係る問題こそ政策選択の過程で事前に解決すべきことになる。

価値や理念を巡る二律背反的な板挟み状態に陥った場合、とりわけ緊急を要する事態の場合に重要なのは規範の優先劣後関係や先後関係をつけることである。例えば、回復不可能な国民の生命や健康と損害賠償により回復可能な事業

者の不利益（例えば、営業停止）であれば、前者を優先するのが一般的であろう[32]。

(2)　**部分最適と全体最適**　　政策においては、個人にとっての最良の選択が全体の最良の選択とはならないことが起こり得る。経済学では、ミクロレベルでの個人の合理的行動がマクロレベルの経済全体では好ましい結果をもたらさないことを**合成の誤謬**というが、社会保障の関係でも、そのことが起きることになる。その典型が社会保険である。老後の生活を賄うのに必要な資金、医療費や介護費用を社会全体でプールすることにより、負担が社会全体で平準化されることになる。さもなければ、個人の貯蓄等による自助努力に多大な金銭を必要とし、結果的に社会全体の過剰貯蓄を招くことになる。その点で、社会保障においては、**部分最適解**ではなく**全体最適解**を求めることが必要となる。特に福祉・医療サービスは、継続的なサービスであり、そのことが問題となる。採算の合わない事業からの撤退は経済合理性に適っているが、施設や病院の場合、利用者は行き場を失うことになる。その点では、施設や病院の指定取消は、容易ではないのが現実である。また、株式会社等の参入問題も、撤退規制も含めた全体観のある議論が必要となる所以もここにある。

(3)　**個人防衛と社会防衛**　　ある政策が社会と個人の何れにも利益があるとしても、一定の確率で不利益を受ける個人が発生することがある。例えば、医薬品の副作用や予防接種の副反応である。予防接種の場合、感染症の蔓延防止は、個人にとってのメリット（**個人防衛**）と同時に、社会にとってのメリット（**社会防衛**）がある。この個人と社会との関係を巡っては、優生思想のように、障害者の欠格条項、優生手術など歴史的にも議論を呼んできた問題がある。なお、予防接種の副反応及び医薬品の副作用については、それぞれ予防接種健康被害救済制度、医薬品副作用被害救済制度により救済が図られている。

　個人の利益と社会の利益の調整は、違法な公権力の行使に係る**国家賠償**（国家賠償法）や適法な公権力の行使に係る**損失補償**（憲法29条3項）にも関わる。例えば、強制収用は、私益と公益との調整の制度である。国や地方公共団体が行う公共事業のための土地の収用は、財産権の制約の一つであるが、土地の所有者には補償を行うことで調整が図られている。

(4)　**時間的制約と空間的制約**　　施策は、時間軸と空間軸を考慮に入れて構築

される必要がある。生身の人間や現実の社会との関係で、この2つの要素が制約要因となるからである。例えば福祉・医療サービスの場合、サービス提供地域の特性（都市部、過疎地、離島等）の制約を受ける。人々のサービスへのアクセスを考える上では、日常生活圏や医療圏が必須となる。如何に素晴らしいサービスが存在しても、時間的・空間的にアクセス可能な範囲でなければ意味がない。この時間的・空間的制約の問題との関係で、サービスの適正配置が重要となる。仮にサービスへのアクセスが確保されなければ、**足による投票**(foot voting)と言われるように、人がいいサービスを求めて移動することも起こる。

　時間との関係は、年金等の所得保障でも重要である。時空間を乗り越えることはできない人間にとって、人生は不可逆的である。一旦制度が受給者の人生設計に織り込まれたとき、制度の変更は人の人生に大きな影響を及ぼす。このため、制度改革は既得権（的利益）や既存制度に配意する必要がある。例えば、年金の支給開始年齢の引上げは制度の信頼にも関係しており、逃げ水年金にならないようにしなければならない。

　⑸　**平時と非常時**　　多くの制度は、**平時**を前提に設計されている。しかし、地震、台風等の自然災害、感染症などの**非常時**には、平時とは異なる対応が求められる。更に非常時の場合にも、比較的短期日の間に発生し、地域が限定される自然災害と、影響が長期間にわたり、地域が広範囲にわたる感染症では対応が異なる。また、非常時には、想定外の事態も起こり得る。このため、非常時対応も答えが一つではないにせよ、平時から制度に対応が織り込まれている必要（緊急避難のような法的根拠による対応には限界）がある。

　その際、災害救助法、感染症法等のように、制度自体が非常時を前提にしたものもあるが、非常時の影響は、日々支給される社会保障給付が典型であるが、それ以外の制度にも波及する。そのこととも関係するが、大きな国家装置の中で動く制度や政策は、小回りが利かない面がある。それだけに、万全ではないにせよ、複雑な装置の中で動き得る非常時対応を検討すべきことになる。個々の事業レベルで言えば、非常時の事業継続のための**事業継続計画**（BCP）が国レベルでも必要となる。

　⑹　**量と率**　　問題の深刻度は、量と率の両面から捉えることができる。少子化や高齢化の問題が典型である。高齢化率や出生率は率の問題であるが、そ

れが高齢者の増加、児童の減少という量の問題となったとき、福祉・医療サービスの需給関係の不均衡が顕在化する。それに対して、母子家庭は量的には多くないが、生活保護の世帯別保護率で高齢世帯より高い。貧困の連鎖を考えるなら、率の高さも問題の深刻さのメルクマールである。

　量と率に関連する問題の一つは、変化の速度（スピード）である。サービス基盤、法制度等の整備には時間を要することから、量や率の絶対値とともに変化の速度が政策を考える上で重要である。このことは、我が国の急速な高齢化が短期間での介護基盤の整備を必要としたことからも首肯できる。

　(7)　**分析と総合**　　社会問題の解決に向けては、統計データ、事例等から問題を**分析**（analysis）することが常道である（例えば、特定の時点のデータに基づく横断研究）。それにより、問題の本質が浮かび上がり、問題解決の糸口が見えてくることがある。しかし、分析という分解作業だけで終わらないのが政策である。再度、分析から見えてきた論理回路から問題を**総合**（synthesis）し、現実妥当な解決策を社会に当てはめる作業が必要となる。問題の摘示だけでは、社会保障政策とは言えない。喩え話で言えば、健康にいい食品は数多くあるが、人が消費できる量には限界がある。何が健康にいいかを示すだけでは不十分であり、全体量の中で何がいいかを考える必要がある。この点でも、大局観や全体観をもった対応が求められることになる。

　(8)　**平均値と中央値**　　社会保障に限らないが、**平均値**（特に算術平均）で物事を考えがちである。しかし、人に着目する社会保障においては、**中央値**（メディアン）も重要である。データの背後に存在する人という点では、平均値は無機質で実在しない人である。それに対して、中央値は、データを順番に並べた場合に実在する真ん中の数値である。人であれば、丁度中間に位置する人となる。平均値と中央値は必ずしも一致しない。所得を例にとれば、中央値より平均値の方が大きければ、多くの人は平均より低い所得に位置していることになる。更に外れ値の関係で、数的に多い最頻値（モード）も平均値や中間値と乖離する可能性がある。所得の最頻値が中間値より低いとすれば、人々の生活実感は更に厳しいものとなる。数字でに表れない場合も含め、必要に応じて平均、中間、最頻で問題を捉えることは、社会保障の対象となる人間像を把握する上で重要である。

(9) **因果関係と相関関係**　医療において**根拠に基づく医療**（evidence-based medicine、EBM）が唱えられる。この場合のエビデンス（evidence）とは、客観的なデータ、統計、証拠等の裏付けられたといった意味であり、医療に限った話ではない（例えば科学的介護）。政策を考える上でも有用なアプローチである。ただし、注意すべきは、相関関係が因果関係ではないことである。AとBとの間に何らかの関連性があれば**相関関係**が存在するが、だからといってBの原因はAであるという意味での**因果関係**とは言えない。AとBの何れにも作用するCという共通の要因（交絡因子）があれば、結果的にAとBの間に一見因果関係があるように見えることになる。また、逆因果の可能性もある。

　社会保障分野の因果関係の問題としては、女性の就業率と合計特殊出生率の関係が一例である。かつて女性の就業率が高いと合計特殊出生率が低いという相関関係（負の相関）から、女性の就業が出生率を下げるという見方があった。しかし、現在、むしろ女性の就業率が高い方が合計特殊出生率も高いという相関関係（正の相関）が強く、ワークライフバランスが重視されるようになっている。³⁴⁾このことからも、相関関係でもって因果関係を説明することには、慎重でなければならない。

(10) **合理的人間像と非合理的人間像**　経済学が想定する経済的利益を追求する利己的・打算的な**合理的経済人**（homo œconomicus）が典型であるが、政策でも一定の人間像を措定することがある。法律の世界であれば、合理的で強い人間像を前提に**私的自治の原則**（契約自由の原則）等を掲げる近代市民法が構築された。しかし、社会問題の発生とともに、非合理的で弱い人間像を前提として社会法が登場することになる。社会保障の登場背景には、合理的な人間像だけでは解決しない不平等や貧困等の社会問題の存在という現実認識がある。

　一定の人間像を措定する場合には、生身の個人というよりも集合体としての人間が前面に出ることがある。社会保障の場合であれば、労働者、児童、高齢者等の概念である。ところが、現実の人間は多様であり、個人差が大きい。しかも、利己的と利他的、合理的と非合理的など、相対立する人間像が入り混じった複雑な存在である。従って、ステレオタイプ化を避けつつ、対象者に表象される人間像をどう描くかが社会保障にとって重要となる。社会保障に関する限りは、打算的で合理的な人間像を描くことだけでは解決しないが故に制度

が存在すると言える。[35]

(11) **現実とモデル**　現実の国民生活は多様であり、多様なニーズにきめ細かく対応することが理想である。しかし、資源（予算等の財政、事務のマンパワー等）の制約の下で最適な資源配分を行う上でも、現実のニーズを踏まえつつも、一種の理念型としてモデル化の作業が必要となる。例えば、社会保障の権利発生の機序となる要保障事由は、客観化・定型化されるのが常である。また、年金や生活保護等の水準を考える際も、多様な世帯がある中でモデル世帯を想定する。その上で、多様な世帯構成に応じて、加算等により多様なニーズを給付に反映させることになる。モデル世帯という概念を用いずとも、各種給付、診療報酬等の報酬制度においても、加算や減算が存在することは、何らかのモデルを想定していることになる［第5章第2節2参照］。

第4節　多様な政策手法

　政策手法は多様であり、そのベストミックス（組合せ）は、置かれた状況により変わらざるを得ない。そのことをもって、政策手法に何らの体系がないことを意味しない。とりあえず違いを際立たせるため、二分法的な切り口で、各種政策手法を以下のように整理・分類することが理解を助ける。もちろん、実際には政策手法の組合せやその濃淡（グラデーション）により政策は複雑化する。

　付言するなら、物事を同定するには、化学物質の成分分析ではないが、何らかの視座、基準、指標等が必要となる。他国の制度との比較をも含め、政策を比較検討するには、何らかの視座、基準、指標等が必要である。二分法的な整理・分類を有用性をもつのも、比較により政策の位置付けを明確化できることがある。ただし、現実の制度設計は二者択一、全か無（all-or-nothing）ではなく、よく言えば中庸、悪く言えば妥協を目指すことになる。

1．給付行政と規制行政

(1) **行政作用の類型**　生存権保障である社会保障は、行政の関与、活動等により国民の権利義務関係に影響を及ぼすという意味での行政作用を前提とする。その場合の行政作用には、行政目的の達成のため国民に金銭、サービス等

を提供する授益的な**給付行政**と国民の権利や自由を制限する侵害的な**規制行政**がある³⁶⁾。

　生存権保障のための積極的な給付という点で、給付行政は社会保障の中核である。しかし、健康で文化的な生活を脅かす行為等を規制することも必要となる。公衆衛生や社会福祉において、時に罰則を伴い、一定の行為が禁止されることが典型である。また、給付行政のうちの福祉・医療サービスは、そのサービスが生存権保障に値するものである必要がある。そのため、医療保険の保険医療機関等、介護保険の事業者等の指定制度のように、指定と併せてサービス提供に係る人員、設備、運営等の基準が設けられることがある。その点でも、給付と規制が両々相まって生存権保障が実現することになる。

　⑵　**インセンティブとペナルティ**　　前述の給付行政と規制行政は、飴と鞭、北風と太陽の関係に喩えることができる。規制は、事業者によるサービス提供に関する許認可、事業者の運営基準等の遵守義務等が典型であるが、社会保障にも登場する手法である。これにより、サービスの質の確保を担保することになる。規制が罰則等の**ペナルティ**を伴うとすれば、まさに「鞭」「北風」による政策である。

　しかし、このような手法には制約と限界がある。まず罰則を課すには、それ相応の当罰性の存在が前提となる。そうなると、サービスの質の向上を目指すべきだとしても、最高基準ではなく最低基準の遵守義務に止まらざるを得ない。このため、より高い水準のサービスを目指す場合には、最低基準の遵守義務ではない手法が必要となる。場合によれば、質の向上をに関する責務や努力義務に止まらざるを得ない。とりわけ、社会福祉分野では、その傾向が強く、法目的の実現に必要な範囲であるにせよ、必ずしも法律で規定する必要がない規定が盛り込まれることになる。このほか、規制の対象も重要である。一般的には、規制は、職員、責任者等の配置、研修・教育、資格等の人的規制、構造・設備、機器、建造物、素材等の物的規制、サービス提供等のプロセス、責任体制等の工程（プロセス）規制などの枠組みで構成されている。また、規制対象の列挙方式には、ポジティブリストとネガティブリストがある。

　このような規制、ペナルティ等による抑制・抑止とは逆方向の施策が**インセンティブ**付与による促進・推進である。例えば、以下の制度では**インセンティ**

ブとペナルティが不即不離に結びついて政策の実効性を高めようとしている。

①労災保険において、労災の発生に対して保険料の引上げが行われ、これをメリット制と呼ぶが、ペナルティとも捉えられる［第10章第2節参照］。

②障害者雇用促進法による法定雇用率の場合は、法定雇用率を達成すれば交付金が交付され、達成できなければ納付金の納付する必要がある。法定雇用率の制度は、社会連帯で説明されるが、見方によれば、インセンティブであると同時にペナルティである。

③労働安全衛生法のリスクマネジメントの実施等を条件に労働安全衛生法88条1項の建設工事等の計画の届出義務が免除される[37]。これにより、労働安全衛生マネジメントシステムによる高い水準の安全衛生活動を自主的に実現するためのインセンティブが付与されることになる。

④医療保険のインセンティブ制度（後期高齢者支援金の加減算制度）では、保険者が予防・健康づくり等の医療費適正化に取り組んだ場合、保険料率の引下げ、別途の支援金の交付等を行うことで取組を促している。

（3）　**ファイナンスとデリバリー**　　給付行政と規制行政は、サービス提供におけるファイナンスとデリバリーに対応する。如何に公共性の高い福祉・医療サービスであっても、それは基本的に有償であり対価を伴う。利用者からは無償に見えたとしても、事業者には対価が支払われる。従って、サービス提供には、保険料又は公費財源を通じた費用保障としての**ファイナンス**が不可欠である。それと同時に、対価に値するサービスの質を担保するためには、サービス提供体制である**デリバリー**は規制を伴うことになる。制度上は、医療のように医療保険各法と医療法等で法体系を異にすることもあれば、社会福祉の措置制度のように両者が一体化することもある［第8章第1節1及び9章第2節1参照］。

2．応能負担と応益負担

（1）　**財　源**　　給付行政としての社会保障には、ファイナンスのための保険料又は税からの財源投入が必須である。何れの財源の場合も、応能負担と応益負担がある［図2-1］。**応能負担**は、負担能力に応じた負担という意味であり、所得（収入）に比例又は累進して負担が増加する。これに対して**応益負担**は、

受益に応じた負担という意味であり、受益が同一であれば、所得（収入）に関係なく負担は定額となる。

　代表的な税である所得税は累進制である。これに対して、社会保険料には累進制はなく、定額（国民年金等）又は所得（収入）比例（被用者保険等）である。これは、受益とかけ離れた負担を求めないことも含め、給付という受益との牽連性が社会保険では重視されるためと考えられる。このことは、保険料の賦課に下限と上限が設定されることとも整合的である。つまり、下限は、如何に少額であっても保険料負担を求め、それが受給権につながることを意味する。また、上限は、受益に見合わない負担を求めないことを意味する。見方によれば、一定所得以上の場合には、上限が定額制と同じ効果をもつことになる。

　応能負担により、税や社会保険料には所得再分配効果が発生する。逆に応益負担の定額保険料の場合には、所得との関係では逆進的ということになる。定額制の逆進性を緩和するため、保険料の軽減や減免が存在する。この場合には、応益負担に応能負担の要素が組み込まれ、結果的に応能負担に近付くこともある［図2-2］。

　応益負担に関連して、全ての人が同一額の保険料を拠出し、同一額の給付を受けるという**均一拠出・均一給付**がある。このベヴァリッジ報告にも盛り込ま

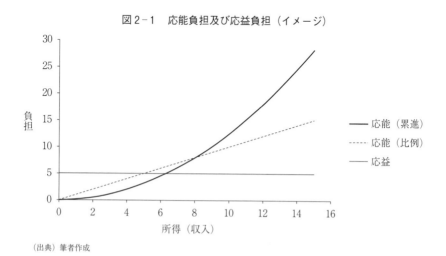

図2-1　応能負担及び応益負担（イメージ）

（出典）筆者作成

図2-2　応能負担と応益負担の関係

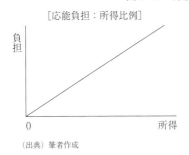

[応能負担：所得比例]

負担

0　　　　　　　　　　　　所得

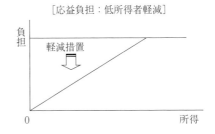

[応益負担：低所得者軽減]

負担

軽減措置

0　　　　　　　　　　　　所得

（出典）筆者作成

れた原則は、低所得者でも負担可能な保険料水準という制約条件との関係で、給付水準を引き上げることが難しくなる。その結果、低負担・低給付になる嫌いがある。

(2) **利用者負担**　　サービス等の現物給付において利用者に費用の全部の負担を求める全部負担ではなく、一部の負担を求める場合の利用者負担（一部負担）にも、応能負担と応益負担が存在する。応能負担は、利用者の所得税、住民税等の税額等に基づき利用者負担を求める方式である。これに対して、応益負担は、給付費の一定割合（定率負担）又は一定額（定額負担）を求める方式である。なお、応益負担であっても、所得（収入）に応じた負担軽減を設ければ、実質的に応能負担に近付くことになる。

なお、現金給付の現物給付化（法定代理受領方式）の場合には、利用者負担分を差し引いた分の給付が給付費として支給される。その場合には、見かけ上は利用者負担が存在しないが、給付対象外の部分が実質的に利用者負担と同じになる。

3．後追いと先取り

(1) **後追い対応と先取り対応**　　施策対応には、後追いと先取りがある。医療で言えば、予防等の先取り施策と治療等の対症療法による後追い施策である。貧困との関係では、年金等の社会保険には先取り的性格があるのに対して、生活保護は貧困の発生に対する後追い的な性格を有する。これが**防貧施策**に対する**救貧施策**ということになる。

この点とも関係するのが現象への対応と原因への対応である。貧困等の社会問題には原因があるとすれば、その原因に踏み込んで対応しなければ、問題は繰り返されることになる。[38]その限りでは、原因の除去が望ましいが、時間と費用、行政介入の増大等の問題を誘発する可能性もある。[39]更に過去には、劣等処遇の原則のような問題も存在した。

　この問題は、所得分配を考える上でも重要である。社会保障を所得移転として捉えると、社会保障を通じて所得の再分配が起きる。この所得再分配（redistribution）は不公平の是正の効果を有する。しかし、そもそもの所得の分配が公平であれば、その方が社会保障の比重は下がる。事後的な所得再分配に対して、所得の事前分配（predistiribution）を重視する考え方がある。[40]

(2)　**事前規制と事後規制**　　前述（本節1(1)）の規制については、**事前規制と事後規制**がある。規制改革では、事前規制から事後規制への転換が唱えられることがある。しかし、何れがいいか一概には言えない［表2-1］。事前規制の典型は、許認可であろうが、指導監督も含め規制の実効性の担保には費用と労力を要する可能性がある。事後規制の典型は、罰則付きの行為の禁止であろうが、取締のためには経費、労力等の監視費用を要する可能性がある。その場合には、施策としての実効性（効果）の担保を監視費用（効率性）との見合いで考えるべきことになる。[41]

　このほか、社会保障の場合には、予見可能性の問題も考慮する必要がある。過去の裁判に見られるように、後から見れば予見可能であったにもかかわらず、適時適切に権限を行使しなかった不作為により責任を問われることがある

表2-1　事前・事後規制と規制の強弱

	強い規制	弱い規制
事前規制	許可・認可等 ＊高い行政・事務コスト 　高い実効性	届出 ＊低い行政・事務コスト 　低い実効性
事後規制	罰則付き禁止等 ＊高い訴訟等のコスト 　萎縮効果	勧告・公表等 ＊低い訴訟等のコスト 　実効性の低下

（出典）筆者作成

からである。事後規制のような後追いであれば、規制の時点では既に問題が発生している可能性がある。果たして問題への対応が事後的で社会的に許容されるのかも重要である。

このような政策判断の困難性は、規制に限った話ではなく、虐待対応、孤独死、自殺問題など、社会福祉の場面でも、予見可能性が問われることが多くなっている。

(3) **入口規制と出口規制**　サービス等の需給調整に関連して、入口と出口の何れに規制をかけるかが問題となる。例えば、各種資格制度について、養成施設の数や定員を制限する入口規制と資格に必要な試験の合格者数等を制限する出口規制の選択肢がある。養成費用を考えると養成の入口段階の規制が効率的であるが、民間養成施設の場合には営業の自由が問題となる。また、期間の定めのある労働契約（有期労働契約）については、締結事由を限定する入口規制と契約締結期間、更新回数等を規定する出口規制がある。労働契約法は、5年を超えて反復更新された有期雇用の場合に、労働者に無期転換申込権を与え、無期労働契約に転換させる出口規制が設けられている。

このほか施設、事業者の許認可でも、どの段階で規制するかが問題となる。例えば、健康保険法の保険医療機関の指定と医療法の病院の開設許可等との関係である。現在、医療法の医療計画等による過剰病床を除いて保険医療機関を指定する制度が健康保険法に設けられている。保険医療機関となることは、医療機関の義務ではない。しかし、国民皆保険の下では、指定を受けない病院等は維持が困難になる。その点では、過剰病床に関する保険医療機関の指定拒否よりも、前段階の病院の開設許可等の需給調整の方が効率的である。しかし、営業の自由との関係で、民間病院の開設許可等に対して都道府県知事が有する権限は勧告に止まっており、健康保険法の側で対応することには理由がある。

社会福祉の場合には、法人の認可と施設の認可の関係が問題となる。措置制度の時代には、運営のための措置費や施設整備のための補助金は予算の制約が重要な役割を果たした。実際、措置費や補助金の対象とならない限り、施設等を運営することは困難であった。このため、物事の順序から言えば、社会福祉法人があっての施設だとしても、補助金や措置費の対象とならない法人は意味をもたなかった。その限りでは、医療における病院の開設許可等と保険医療機

関の指定の関係に類似する。

　サービス利用との関係では、病院での受診や入院について一般医等のかかりつけ医を経由とすることを義務付けることが諸外国ではある。これは、医療へのアクセスに関して、当該医師がゲートキーパー機能を担うことから入口規制と言える。逆に、入院等の期間に制限を設けるとすれば、それは出口規制となる。フリーアクセスを原則とする医療と異なり、社会福祉における措置は、サービス利用に関する入口規制である。また、措置ではない介護保険法、障害者総合支援法、子ども・子育て支援法等の下でも、サービス利用には要介護認定、支給決定、支給認定等の行政行為が必要である。その点では、フリーアクセスの医療とは異なる。

4．トップダウンとボトムアップ

　(1)　**行政計画**　　社会福祉では、マクロ、メゾ、ミクロという概念が登場する。行政では、中央集権と地方分権の概念が存在する。経済学では、マクロ経済学とミクロ経済と言われる。表現は様々であるが、社会経済が重層的であり、学問的アプローチも複眼的であることを反映している。社会保障もまた、社会経済の重層構造の中で展開する。現場のニーズと法制度への反映のためには、双方向での作用が不可欠である。行政計画が典型であるが、現場のニーズを反映しない計画や、実効性を伴わない計画が生まれる原因には、現場と法制度との間の有機的な連携が欠如していることなどがある。計画を立てるにしても、現場のニーズを把握できなければ実効性を欠き、絵に描いた餅である。逆にニーズが現場で把握されても、計画を実現するための財源等の政策手段がなければ、砂上の楼閣である。従って、一般にトップダウンとボトムアップは対立的に理解されるが、むしろ双方向的に捉えるべきである。

　(2)　**サービス提供**　　政策が展開する川上と川下の関係にも、似た面がある。福祉・医療サービス等のサービスが典型であるが、社会保障は一つの制度だけで完結せず、多様な当事者の関与が必要となる。その場合、一連のサービス等がよどみなく流れなければ、滞留を引き起こし、必要なサービス等が適時適切に提供されない可能性がある。多職種の連携、協働等が重視される理由もそこにあり、社会問題が複雑であればあるほど、川上と川下のような単線的な

流れではない複線的な環流が必要となる。

　更に異なる当事者間では、一種の力の均衡が働き、施策は現状維持（*status quo*）的になりがちである。ところが、一旦、施設、サービス等の転換が起きると、その流れが続くことが起きる。これは、ホース（管）の中を液体が流れるサイフォンの原理に似た現象である。例えば、介護保険の介護療養病床の廃止（2011年）後も老人保健施設への転換が進まなかったものが、2018年の改正による介護医療院の創設で転換が始まっている。保育の分野では、2006年に創設された認定こども園は、子ども・子育て支援法（2012年制定）が契機となり、その数を増やしている。

5．ハードローとソフトロー

　⑴ **義務付けの拘束力**　　規範としての法律の典型は、ハードローである。しかし、法律が掲げる目的を実現する上で必要であれば、ソフトローを盛り込むことは許容される。[42]法律には、違反すれば罰則等の制裁を伴う法的義務もあるが、法的義務でありながら罰則のない規定も存在する。実効性の担保は、罰則による威嚇だけではない。行政による事実行為としての指導、勧告等も一定の有効性をもつ。このほか、努力すべきことを指示する努力義務もある。訓示規定とも言われ、憲法上の人権との関係で罰則等になじまなかったり、国民一般の努力に委ねる方が望ましい場合などに活用される。

　ソフトローの明確な定義があるわけではない。法的拘束力を有しない点では、通知もソフトローとなる。このほか、デファクトスタンダード（de facto standard）と言われる事実上の標準も重要である。[43]サービス提供に関係するリスクマネジメントの規格（JIS0073:2010等）が日本工業規格として出されている。このような規格は、法的義務ではないが、それが一般化したときソフトローとなる。

　社会保障のような生成発展的性格を有する分野では、ペナルティを伴う権利と義務のみならず、努力義務その他のソフトローも有益である。つまり、時代を先取りする規範をソフトローで取り込み、成熟化を待ってハードローとするという考え方である。このほか、社会保障では、法的権利だけではなく、道徳的権利にも注意が必要である。[44]特に福祉の権利の中には、道徳的権利に止まる

ものの、相談援助、権利擁護等の一環として、固有の意義を有するものもある。[45] 更に言えば、予防や健康づくりのように、法による強制ではなく、自発的な取組に適した分野もある。その場合には、行動経済学が言うナッジ（nudge）のように人々の行動変容を後押しする施策が有効となる。

(2) **ソフトランディングとハードランディング**　ソフトローが重要な理由の一つは、法律の経過措置をはじめとして、段階的な実施により制度の定着を図る必要性の存在である。一気阿成に実施すれば、社会経済の混乱を招き実効性を欠く法律になる危険もある。飛行機の着陸に喩えれば、問題を強力な手段で解決するハードランディング（硬着陸）が常に成功するとは限らない、問題や状況によっては、ソフトランディング（軟着陸）の方が有効なこともある。労働の分野にその例は多い。男女雇用機会均等は、改正を重ねるにつれて規制が厳しくなってきた。また、年金の支給開始年齢や、その関連の定年制も、経過措置や特例を設けながら引上げが実施されてきている。

6. 内 と 外

(1) **個人と社会**　個人を超える社会集団を措定するか否か、措定するとして如何なる集団であるかは、社会保障にとって重要である。それが権利・義務の発生の機序につながるからである。例えば、社会保険の場合には、被保険者及び保険者が一定の社会集団（地域、職域等）を単位として保険関係が形成されることも、これに関係する。生活保護では、その適用を個人単位ではなく世帯単位とするのが原則である。しかし、社会保障においては、国民年金、介護保険等のように個人単位の色彩が強い制度も存在する。

大別すれば、①**個人単位**と②**世帯単位**が存在する。個人単位であれば、世帯の構成員である個人毎に適用され、権利・義務が発生する。ただし、保険料徴収との関係では、国民年金や介護保険のように世帯主又は配偶者に連帯納付義務が課せられることがある。また、国民健康保険の保険料・税の場合には、そもそも世帯主が納付義務者である。もう一方の世帯単位の場合には、世帯を単位に適用するにしても、権利・義務を誰に帰属させるかは、別途検討を要する。また、世帯単位を原則としながらも、生活保護法（10条）は、それによりがたいときに個人単位を認めている。要するに個人単位と世帯単位は、制度に

より入り組んでおり、一種の理念型として理解するべきである。

　このような社会保障の適用、権利・義務等の制度設計とは別に、社会保障が対応すべきニーズや課題を捉える政策上の単位としての社会集団の視点もある。例えば、高齢者、児童、障害者、外国人、低所得者等の類型である。社会福祉においては、このような社会集団の類型に即して制度が構築されている。

　ただし、類型化は、そこから抜け落ちる集団を生むリスクがあることに注意する必要がある。これとも関係するが、個人主義の強い現代社会においても、現実には個人を超える社会集団の存在を無視できない。孤立、孤独、孤独死、社会的排除等の問題が登場するのは、社会との繋がりが求められることの裏返しである。コミュニティ、地域共生社会等の概念が登場することも、このことと無縁ではない。

　(2)　**国内と国外**　　主権との関係で、社会保障は、**属地主義**により国内適用が原則である。しかし、グローバル化による人々の活動の広がりにより、国外の自然人又は法人にも国内法が及ぶことがある。例えば、健康保険や厚生年金の国外勤務者への適用、海外派遣者の労災保険の特別加入、医療保険の海外療養費である。この場合には、**属人主義**が前面に出ることになる。国際間の法律の抵触は、社会保障にとっても無縁ではない。年金保険料の掛け捨て防止等のための**社会保障協定**が締結されるのも、制度の二重加入を防止するためである。

　(3)　**日本人と外国人**　　社会保障制度は、国民を対象として制度が構築されてきた。これは国民の保護は、その出身国が責任を負うべきであるという考え方にも沿っている。これに対して、普遍主義を重視するのであれば、外国人には広く制度を適用すべきということになる。実際、難民条約加入に伴う**国籍要件撤廃**により、現在では、国内の外国人にも日本の制度が適用されるのが原則である。ただし、生活保護のような例外もある。

　(4)　**国際的（インターナショナル）と地球的（グローバル）**　　社会保障は、経済を介して、国際的な動向と密接に関係する。古くは、低い社会保障水準を武器とする海外市場での廉売を意味するソーシャルダンピング問題があった。現在では、外国人労働者の受入れ問題がある。更に社会保障は、地球規模の課題とも持続可能性という点で接点を有する。地球温暖化、感染症等の問題は、社会

保障の基底として制度の制約要因になることがある。その点では、確率的には低く予測も困難であるが、一旦発生すると甚大な影響を及ぼすブラックスワンというような事象（感染症のパンデミック、リーマンショック等）が重要である。[46)] グローバル化がなければ、かかる事象が起きないが、社会保障が時代を逆戻りさせることはできない。年金積立金の資金運用や感染症対策をはじめ社会保障としては、平時のみならず非常時を意識した制度の設計・運用が求められることになる。

　「地球規模で考え、地域で行動する（Think globally, act locally）」という考え方があるが、社会保障にも当てはまる。とりわけ、国内で働く外国出身者が増えることにより起きる地域での社会福祉、医療等の問題である。人の往来が増え、通信手段も発達することにより、グローバルであると同時にローカルである問題も増える。ローカルな社会福祉や医療等の地域サービスも、グローバルな視点をもちながら取り組むべき時代になっていると言える。

7．施設中心と在宅中心

　福祉・医療サービスにおいては、福祉施設、医療施設等への入所や入院を志向する**施設中心主義**が歴史的に重要である。これに福祉と医療の機能や役割分担が絡むときに問題は複雑化する。例えば、措置制度の下で入所に措置決定を要し、供給も十分でなかった特別養護老人ホーム等ではなく、国民皆保険制度の下でフリーアクセスで供給も多かった病院が介護ニーズを吸収してきた。また、精神保健医療福祉においては、長期の入院処遇が中心となってきたため、精神障害者の地域移行が進まなかった。しかも、重度障害者施策に見られるように1970年代までを中心に、コロニーと言われる大規模施設が建設されてきた経緯がある。

　施設中心主義に対するアンチテーゼが、地域において在宅を中心にサービスを提供する考え方である。例えば、精神障害者が病院ではなく地域で生活するための地域移行支援にも脱施設の視点がある。このほか障害者関係では、グループホームは支援を受けながら少人数での生活の場であり、ノーマライゼーションの理念や自立運動とも関係するが、在宅中心との関係でも重要である。高齢者の関係では、認知症対応型共同生活介護（グループホーム）も家庭的な環

境及び地域住民との交流の下で支援を行う点で、施設ではなく生活の場と捉えられている。世界的にも高齢者が住み慣れた地域で生活する**エージング・イン・プレイス**（aging in place）の考え方があるが、これも類似の発想と言える。我が国で、これに近い考え方が**地域包括ケアシステム**である。この概念は、要介護高齢者が住み慣れた地域で自分らしい暮らしを人生の最後まで続けられるよう、住まい・医療・介護・予防・生活支援が一体的に提供される体制を意味する⁽⁴⁷⁾。その場合の地域としては、概ね30分以内でサービスが提供される日常生活圏域(中学校区)であり、まさに在宅を中心として身近な地域と言うことになる。

8. 広狭と上下

(1) **普遍主義と選別主義**　　社会保障の対象者に関連する対概念としては、普遍主義(universalism)と選別主義(selectionism)がある。サービス提供において、対象者（受給者）に特殊な資格又は条件を付与せずに行われるのが**普遍主義**であるのに対して、対象者（受給者）を受給資格、条件によって何らかの形で制限するのが**選別主義**である⁽⁴⁸⁾。例えば、給付の対象を所得、資産等の経済的基準、（場合によれば）素行、行動等により選別するならば、それは選別主義である。ところが、社会保障のニーズは、傷病の治療、介護など、所得の多寡に関わらないものもあり、社会保障の普遍化が進むことになる。その点で普遍主義とは、ニーズに即した給付を指向する理念と言える。

　選別主義が問題となる典型は、生活保護等の公的扶助である。貧困には原因があることからすれば、その原因に応じて対象者を選定し、必要に応じた給付をすることが考えられる。その一方、貧困の原因を問わず所得だけを基準に対象者を選定する普遍主義もあり得る。歴史的には、選別主義が怠惰な貧困者を排除し劣等処遇につながってきたことから、選別主義から普遍主義が一つの流れとなっている。それは同時に社会保障が低所得者だけでな全ての国民に拡大するという意味で普遍的処遇の原則と言うべきかもしれない⁽⁴⁹⁾。しかし、現代においても選別主義と普遍主義は時として問題化する。例えば、児童手当を典型とする給付への所得制限の導入である。児童の健全育成、子育て等のニーズは普遍的であり、所得の多寡によらない。ところが、意識的か否かを別として、高所得者への給付を問題視する意見もあり、そこには公的扶助が乗り越えてき

た選別主義の議論が潜んでいることになる。

選別主義は、**スティグマ**（stigma）を伴うことがある。この場合のスティグマは、恥辱的で不名誉な烙印（レッテル）の意味である。両者が結びつくとき、社会保障が如何に権利だと言っても、受給が人々に好意的には受け止められず、場合によれば給付を受けるべき人の申請控えを招き、捕捉率の低下につながることにある。その一方、少数者集団等が置かれた社会経済状況を改善するための積極的差別（優先枠の設定等）である**積極的是正措置**（affirmative action）は、肯定的に受け止められることが多い。例えば、男女の均等取扱い実現のために講じられる改善措置は、ポジティブ・アクションと呼ばれ、重要な施策となっている。

なお、社会福祉のように対象者のニーズ（高齢、障害等）に応じて制度が構築される場合、一見選別主義に見える。しかし、これは同じニーズに対して平等にサービスが提供される限り普遍主義と理解すべきである[50]。

(2) **上限と下限**　規制や給付等の対象範囲を限定するための手法として、一定の基準で上限や下限が設けられることがある。規制であれば、規制対象を施設入所者の数、資本金の金額等で下限を設け小規模な事業者等を除外することがある。一定基準の設定による規制対象からの除外は、裾切りということになる[51]。逆に大企業と中小企業の関係のように、一定規模以上の事業者等を優遇措置の対象から除外することもある。

保険料に関連しては、被用者保険の保険料賦課の対象となる報酬である**標準報酬**の上下限がある。この標準報酬は、更に標準報酬月額と標準賞与額に分かれる。このうち標準報酬月額は、賃金等の報酬を一定幅の刻みの等級区分に当てはめたものである。保険料は、各等級区分に対応する一定金額で計算される。この標準報酬月額の最高等級と最低等級には、上限と下限が設けられている。上限又は下限を超える報酬であっても、保険料は、上下限額に対応する標準報酬で計算される。標準賞与額は、ボーナス等の賞与であり、上限が設けられている。

給付の場合には、一定の収入や所得で給付や負担の多寡を設定することがある。また、利用者負担について上限を設け負担を緩和する仕組みに、医療保険の高額療養費、介護保険の高額介護サービス費等がある。これらは、利用者負

担が一定水準を超えた場合に、超過分を給付として支給し、結果的に利用者負担に上限が設けられることになる。なお、医療保険の場合には、民間保険に倣って、医療費の一定金額までを保険給付の対象外とする**保険免責**が議論されることがある。

　⑶　**最低と最高**　　社会保障の保障水準等との関係で、最低（ミニマム）と最高（マキシマム）、更に最適（オプティマム）が問題となる。憲法（25条1項）が保障する最低限度の生活は、最低水準に対応する。ILO の102号条約も、条約名の通り社会保障の最低基準である。これに対して憲法（25項2項）の社会保障の向上・増進義務は、最低を超える水準となる。如何なる水準かは、立法裁量等に委ねられる。

　最低等の水準の概念は、規制の場面でも重要となる。施設等の事業者が遵守すべき運営基準等は、最低水準に対応する。また、就業規則の最低基準効（就業規則の基準に達しない労働条件を定める労働契約の部分は、労働契約法12条により無効）にも最低水準の考え方が見られる。この他、働きがいのある人間らしい仕事を**ディーセント・ワーク**（decent work）というが、そこには最適の発想がある。[52]

9．一体化と一元化

　社会保障に登場する用語に**一体化**（一本化）と**一元化**がある。両者を区別する場合、一体化が分立する制度等を一本に統合することを意味するのに対して、一元化は制度等の一体化に至らずとも、複数の制度等の相違点を解消し垣根をなくすことを含む用語法である。

　このような微妙な用語法が登場する背景は、制度という言葉に遠因がある。制度の捉え方は、①受給権（制度の受給側）と②組織（制度の提供側）に大別される。①受給権に着目する場合、同一の給付条件、給付体系等であれば同一制度となる。従って、給付が制度の単位となり、同一組織であっても、異なる条件、体系等の給付であれば、同一制度とは言えない。それに対して、②組織に着目する場合には、同一組織で運営される限りは、給付の条件、体系等が異なっていても同一制度となる。[53]

　制度以外でも、社会保障の経営主体としての施設、事業者等の類型化でも、

同様の議論が可能である。[54] 異なる施設、事業者等の類型であったとしても、同一の給付条件、体系等の下にあるのであれば、一体化ではないにせよ一元化されているとも捉えられる。つまり、施設、事業者等の組織面は別類型であったとしても、給付面で一元化されていることになる。ただし、施設、事業者等の類型化にしても、給付の類型化にしても、複数の下位概念を包含する上位概念を設けることが立法技術上は可能である。その場合には、一体化及び一元化の使い分けは微妙となる。[55] その点では、一体化や一元化のような用語法は、法的な厳密な概念というよりも政治的・政策的な用語法と言えよう。[56]

第5節　政策を領導する理念・価値

1．理念・価値の重要性

　社会保障関係の法律では、その冒頭に目的規定等を置くことが多い。このことは、法律が前提とする理念・価値が存在していることの証である。法制定に至らずとも、社会保障の議論には、何らかの理念・価値を伴うことが多い。

　また、法律は、民主主義の手続きを踏んで制定される。その過程は、多数政党により内閣が構成されることとの関係で政党政治の過程にさらされることになる。このため、社会保障を巡る立場の違いから、政党政治の対立構造の中で政策が構築されることにもなる。見方を変えれば、政党が体現する政治イデオロギーが社会保障にも反映されるわけである。

　ところで、**イデオロギー**（ideology）とは、スピッカーによれば、「問題を理解し行動する際の流儀を決める、ひとつながりの観念や価値」のことである。[56] 時代や国によっても違うが、政治イデオロギーは多様である。自由主義、マルクス主義、社会主義、社会民主主義、フェミニズム、平和主義など、様々な政治イデオロギーが存在してきた。重要な事実は、イデオロギー上の立場の違いはあるにせよ、社会保障制度がない国はまずないことである。逆に言えば、民主主義の手続きを経る中で、イデオロギーの違いが制度に反映することになる。

　その民主主義及び社会保障との関係で特に重要となるのが、政治イデオロギーとしての**自由主義**（liberalism）である。自由主義の価値を、個人の平等を

前提にその自由を尊重することに求めるとするなら、社会保障のような政府の介入を前提とする制度は望ましくない。しかし、自由を享受できない人がいるのであれば、平等等の人権保障は空虚なものとなる。このため、19世紀的なレッセフェール（自由放任）の自由主義は、そのままの形では存続し得なかった。現代の社会保障の源流となる20世紀的な社会権は、**民主主義**における少数者の尊重や平等を重視した権利である。その点では、民主主義の基底部分に自由主義はあるにしても、その姿は変容してきていることになる。また、自由主義の内容も論者により異なっており、皆が社会保障の存在意義を否定しているわけではない[58]。

　自由との関係は、生存権保障にとっても重要である。生存権には、国家からの自由ではなく国家による自由という意味で社会権的側面がある。同時に、生存権には、国家が国民自らの手による健康で文化的な最低限度の生活の維持を阻害してはならないという意味での自由権的側面がある[59]。何れの側面においても、自由の価値が重視されている。

　自由主義への対抗軸としては、ヨーロッパの**社会民主主義**（social democracy）も重要である。その意味するところは、国によっても異なるが、マルクス主義のプロレタリア革命を否定し、自由主義及び資本主義の下での漸進的な社会改良を目指す点に特徴がある。社会保障は資本主義の修正原理としての性格を有するが、これは社会民主主義と親和的である。社会民主主義は、資本主義が生み出す課題を所得再分配等を通じて改善することを目指す。このことは、社会民主主義と資本主義との距離感が一様でないことを意味する。1990年代後半の英国のブレア政権（労働党政権）が主導した**第三の道**（Third way）は、従前の社会民主主義路線とサッチャー政権の新自由主義の間を行く中道左派路線であった。社会保障に関しては、権利は必ず責任を伴うをモットーに、個人及び非政府組織が富を創造するポジティブ・ウェルフェア、現金給付による生計費の支給に代わる人的資本（human capital）への投資による社会投資国家（Social investment state）を主張する[60]。その特徴は、社会民主主義に市場原理のよさを取り入れようとする点にある。その象徴的改革が、官民連携（PPP）、プライベート・ファイナンス・イニシアティブ（Private Finance Initiative：PFI）、公共サービスのエージェンシー化等による行政の効率化であった［第4章第1節3参

照]。我が国でも、規制緩和の動きと相まって部分的に切り取られる形で同種の改革が実施された。そもそも医療や福祉に限って言えば、我が国は公営主義ではない。株式会社ではないにしても、民間である社会福祉法人、医療法人等の比重が高く、英国とは同列に論じられない。

　このような政治的イデオロギーは、社会保障の在り方に影響を及ぼす。しかし、イデオロギーだけに社会保障は規定されるわけではない。社会保障には、多様な理念や価値が関係しており、以下ではその点に触れることにしたい。

2．尊厳と自律

　尊厳（dignity）は、社会福祉や医療にとって重要な概念である。字義としての尊（とうと）く厳（おごそ）かから転じて、個人が人として、その人格的価値が尊重されることを意味する。そのことが示唆するように、個人の尊厳は、基本的人権としての個人の尊重（憲法13条）に通じる原理である。

　社会福祉法（3条）及び医療法（1-2条）において、尊厳の保持は福祉・医療サービスの基本的理念として規定されている。そのほか、共生社会の実現を目的に掲げる障害者基本法（1条・3条）では、基本的人権の享有主体としての個人の尊厳の尊重とその尊厳にふさわしい生活の保障が規定されている。障害者基本法の差別禁止を具体化する障害者差別解消法でも、尊厳の尊重等は目的規定（1条）の中で踏襲されている。

　医療においては、尊厳死という言葉があるように、尊厳は生命や生き方に関わる問題となって顕在化する。つまり、生命倫理の問題であり、医療の発達とともに、生命の尊重も重要な倫理規範や法規範となってきている。

　個人の尊厳は**自律**（autonomy）とも関係する。自律とは、自らが自らを律することである。対義語の他律が、他人の命令、強制等による判断、行動等を意味することからすれば、自律は個人の人格の独立性に関わる概念である。それに対して、同音異義語の**自立**の場合には、日常生活、社会生活又は経済生活において、他人の助力を必要としない独立した状態を意味する。社会保障においては、生活保護法の自立助長の目的規定（1条）、障害者総合支援法の障害者自立支援給付など、自立も重要である。その一方、自律も社会保障において重視されている。例えば、介護保険の介護老人福祉施設、介護老人保健施設等の

運営基準において、自律的な日常生活を営むことの支援がサービス提供の基本方針として規定されている。このことが示すように、自立とは言えない要介護状態であったとしても、自律はあり得ることになる。あるいは、保護を要する社会的弱者等の**バルネラブル**（vulnerable）な人の自己決定のように、支援された自律のような場合も自律に含めて理解することもできる[61]。この支援された自律は、決定を収奪された代行決定とは、やはり異なることになる。このように、自律は、個人の肉体面のみならず精神面の自律的な営みと関係しており、自立とは異なる固有の意義を有するわけである。

3．利己主義と利他主義

　利己主義（egoism）と利他主義（altruism）は、対立的な概念として捉えられる。このうちの**利己主義**は、他人より自分の利益を優先することを意味する。一般には、自己中心的、更には身勝手に近い捉えられ方をする。しかし、自己の利益を追求する経済人（ホモ・エコノミックス）はある意味で利己的ではあるが、経済合理性という点では理にかなっている[62]。それに対して、**利他主義**は、自己より他人の利益を優先することから、慈善、社会福祉等と親和的である。そもそも利他主義は、実証主義を唱えたコント（A. Comte）による造語である[63]。この実証主義が示唆するように、この場合の利他とは、慈悲、隣人愛等の宗教的又は個人的な心というよりも、分業や相互依存が進んだ社会における社会的な精神である。従って、社会的な相互扶助の仕組みは、この利他主義を体現することになる。確かに「情けは人のためならず」というように、善行が巡り巡って自分に返ってくるとすれば、利己主義であったとしても、他人への配慮は合理的な行動とも言える。例えば、社会保険は、一般には共助の仕組みとして理解されるが、保険料拠出と給付の牽連性という点では、拠出は自らのため（自助）でもある。現実の社会保障においては、利己主義と利他主義が混じり合い、両者の調和や均衡を意識した制度設計がなされている。

4．平等と衡平

　憲法（14条1項）は、基本的人権の一つとして法の下の**平等**（equality）を保障している。平等を定式化する表現に「等しきものは等しく、不等なるものは

不等に」がある。これが示唆するように平等には、物事を比較する側面がある。また、人には、年齢、能力、職業等の差異があり、絶対的平等、形式的平等、機械的平等を追求すると、かえって不合理な結果を招くことになる。このため、法の下の平等とは、相対的平等、実質的平等、比例的平等ということになる。その結果、不合理な差別は禁止されるにしても、事柄の性質に即応して合理的と認められる差別的取扱いをすることは許容されることになる。このことは、社会保障において応益負担ではなく応能得負担が採用されることにもつながる。また、男女、障害者等の差別問題も、この平等の理解に即して考えるべきことになる。

平等とも関係する概念に**衡平**（equity）がある。衡平は、平等に根差した正義ではあるが、不等なるものを不等に扱うことにより平等を回復することに意義がある。つまり、異別取扱いに客観性や合理性があれば、衡平性の観点からは許容されることになる。

5．正義と不正義

正義（justice）は正しいことであるが、様々な意味で使用されており、定義が困難な概念である。一般には、人や社会のあるべき行動や行為の正しさを意味する規範的な概念である。正義感という言葉に象徴されるように人の心情に訴える性格を有する価値でもある。正義が満たされないとき、人は**不正義**（injustice）を感じ、あきらめとともに不条理を感じる。このような規範性と価値を有するため、正義は、それが侵された場合に制裁を伴うことがある。ハムラビ法典の「目には目を、歯には歯を」が象徴するように、刑法の刑罰に応報的意義を込める考え方があるのも、そのためである。また、故意又は過失により損害を与えた場合に、不法行為として損害賠償が求められる根底には、正義の問題がある。不法行為でなくとも、公権力の行使により特別な損害や犠牲を埋めた場合（土地の収用等）に全体の負担により損失補償がなされる。この損失補償を公平の概念で説明することができるが、それが正義にかなうからでもある。しかし、「悪法もまた法なり」というが、正義のための法律が正義に反する可能性もある。何が正義かは、古来より議論がある。

古代ギリシャの哲学者**アリストテレス**は、正義を①配分的正義と②矯正的正

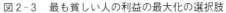

図2-3　最も貧しい人の利益の最大化の選択肢

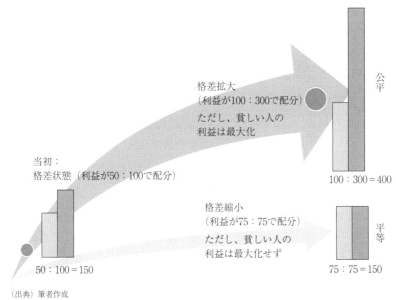

格差拡大
（利益が100：300で配分）
ただし、貧しい人の
利益は最大化

公平

100：300＝400

当初：
格差状態（利益が50：100で配分）

格差縮小
（利益が75：75で配分）
ただし、貧しい人の
利益は最大化せず

平等

75：75＝150

50：100＝150

（出典）筆者作成

義（交換的正義）に区分する。このうち**配分的正義**（distributive justice）は、財貨、名誉等の能力・業績に応じた配分である。対する**矯正的正義**（corrective justice）は、不正・不等のような歪みの是正・調整であり、前述の刑罰、損害賠償や損失補償につながる。社会保障との関係では、各種国家補償や労災補償は、矯正的正義の制度への適用と理解できる。

　正義は、格差や貧困を考える上でも重要である。政治哲学者の**ロールズ**（J. Rawls）は、その『正義論』の中で米国の自由主義社会にも通じる規範論を展開する。まず、彼は、原初状態としての無知のヴェールを想定し、その中では誰もが自分が不利な状態になる可能性があることを指摘する。この原初状態の想定は、ルソー等の社会契約論につながるアプローチのようにも見える。その上で、人は如何に行動するかと考え、公正原理として、第一原理としての平等原理（基本的な自由に対する平等な権利の最大限平等な配分）と第二原理としての①機会均等原理（社会・経済的不平等は、全ての人に機会均等を与えるよう取り決める必要があること）と②格差原理（最も不遇な人の利益を最大化するときに許容され

ること）を提示する。その帰結が、最低所得の最大化が公正に合致するという**マキシミン原則**（maximin principle）である。言ってみれば、格差があったとしても、所得再分配により、低所得層も利益が最大化すれば、その格差は正義に合致することにもなる［図2-3］。

6．公私協働と公私分離

　公私の関係は、とりわけ社会福祉において重要な論点となってきた。その理由の一つが、憲法（89条）が規定する公金の公の支配に属しない慈善・博愛の事業等への支出の禁止（**公金支出禁止**）を如何に理解するかが、措置制度等の社会福祉の実施方法に影響してきたからである。[70] この規定は、1946年に占領軍（GHQ）が提示した覚書SCAPIN 775号「公的扶助」において提示された国家責任の原則、責任の民間等への転嫁を禁ずる責任転嫁禁止の原則とも軌を一にする。現在の社会福祉法（61条）も、この**公私分離原則**を承継した規定を社会福祉事業の事業経営の原則としている。ただし、措置委託は許容されており、委託により正当な対価を払っての措置制度は公私分離原則に抵触しない。

　これが示すように、国・地方公共団体が社会福祉事業者の自主性を重んじ不当に関与しないと同時に、社会福祉事業者もむやみに支援を仰がないなど、お互いに矩を踰えないことを本旨とする。このような考え方は、英国の**平行棒理論**（parallel bar theory）や**繰り出し梯子理論**（extension ladder theory）にも見られる。[71] しかし、公私分離原則は、近接分野である医療保障では聞かない。現在、介護保険のように医療と福祉の相互乗入れの分野も登場する中で、公私分離原則の有り様も変容してきている。地域包括ケアシステムに代表されるように、むしろ多様な主体がそれぞれの役割を踏まえ、相互に連携、協力等を通じて一定の目的を実現することが求められている。このことを公私の関係で言えば、**公私協働**ということになる。公私協働の前提は、それぞれの主体に役割があることであり、その自主性を尊重することも公私協働であるならば、公私分離と公私協働は必ずしも対立概念ではないことになる。

7．ノーマライゼーションとインテグレーション

　社会福祉は、多くの理念や価値が登場する分野である。他の社会保障分野と

共通するものもあるが、社会福祉ならではの理念や価値がある。その一つは、ノーマライゼーション（normalization）である。字義としては、社会の中で障害者が健常者とできるだけ同じ条件で生活を営むことを目指す考え方である。ノーマライゼーションの捉え方は一様ではなく変遷がある。まず、1950年代末に北欧から始まるノーマライゼーションの理念の確立に貢献したのが、デンマークのバンク‐ミケルセン（N. E. Bank-Mikkelsen）であった[72]。その後、スウェーデンのニィリエ（B. Nirje）が理念の深化・体系化を進めることになる[73]。更に、米国のヴォルフェンスベルガー（W. Wolfensberger）が、各国の文化の違いを踏まえ、特定の文化には特定の通常があることを加味したノーマライゼーションを提唱した[74]。日本では、1981年の国連国際障害者年を契機に、その標語である「完全参加と平等」とともに人口に膾炙するようになった。このような理念が登場する背景には、知的障害者等の障害者が、それまで施設中心主義による施策入所の下で、社会から引き離されてきた歴史がある。その点で、ノーマライゼーションには、普通（ノーマル）の状態を実現するという意味合いがあることになる。

　ノーマライゼーションとも関係する概念にインテグレーション（integartion）がある。字義としては、排除されていた障害者を社会に統合することを意味する。これが教育の場面では、障害児とそうでない子ども同じ場所で教育する統合教育の形で使われてきた。このことは、インテグレーションが障害の有無による二元論に立つことを意味する。現在では、インクルーシブ教育と言われるように、障害の有無により分け隔てられることがないという意味でのインクルーシブに転換してきている[75]。

　このほか、障害者に関係では、エンパワーメント（empowernment）も重要である。字義からすれば、人の能力を与えることである。フランス語の用語（capacitation）を参考にすれば、能力獲得ということになる。分野によってニュアンスや使用法に違いがある。ソーシャルワーク等の社会福祉に当てはめるならば、利用者のストレングス（強み、力等）や（潜在）能力の開花・強化、自己決定や自己実現の促進等の意味合いがある。

8．連帯と博愛

　連帯と博愛は、何れも社会保障に関係する概念である[76]。まず**連帯**（solidarité）は、一般に集団の構成員間の相互依存関係を意味する。社会保障においては、集団に応じて国民連帯、職域連帯、地域連帯、家族連帯等が措定できる。フランスのブルジョワ（L. Bourgeois）が唱えた**連帯主義**（solidarisme）が有名である[77]。我が国では、保険集団内の拠出と給付関係から、社会保険の理念として社会連帯が使用されることが多い。連帯は、実定法上の概念でもあり、国民年金法（1条）、介護保険法（1条）、高齢者の医療の確保に関する法律（1条）等では「国民の共同連帯」を法目的に掲げる。また、連帯を明示しないとしても、連帯に基礎を置く制度は多い。国民健康保険を象徴する相扶共済も連帯に通じる理念である。また、障害者雇用促進法の法定雇用率による障害者雇用納付金と障害者雇用調整金は、連帯に基づく調整の仕組みと言える。

　博愛（fraternité）は、フランス共和国の標語である「自由、平等、博愛」にも登場する概念である。博愛の語義は、家族構成員間の親密な感情にも比肩する人間同士の絆である。言葉としては、友愛の方が原義に近い。しかし、憲法（89条）も、公の支配に属しない事業への公金支出の禁止の対象として慈善及び教育とともに博愛の事業が規定されている。その点では、慈善とともに博愛は、対価性のない金銭、物等の贈与を想起させる。しかし、博愛は、それが同胞愛に根差した理念であるため、場合によれば国家への義務という強制的な色彩を帯びることがある。

第6節　政策の名宛人

1．権利・義務の主体

　実質的な意味で法律が法律たる所以は、法律で定めなければならない**法律事項**の存在にある。財産権の範囲（29条）、罪刑法定主義（31条）、租税法律主義（84条）のように憲法上も法律事項とされるものがある。法律事項のメルクマールの中でも重要なのが、国民の権利義務に直接的な関係があるか否かである。法律には権利・義務以外の事項も規定されるが、内閣が提出する法律に関する限り、法律事項がない法律は許されない[78]。

権利・義務の体系としての法律にとっては、名宛人としての権利主体と義務主体を特定することが必須である。そのため、権利・義務の主体の選択は、政策判断の出発点であり終着点でもある。政策目的の実現の観点からは、「急がば回れ」が主体選択にも当てはまることがある。特に福祉・医療サービスのような現物給付や規制については、然りである。例えば、サービス提供の実践主体は、医療、福祉等の専門職であったとしても、規制の名宛人は一元的に経営主体である事業者とすることである。労働者である専門職は、使用者の指揮命令の下で権限の付与や義務の委任が行われることに鑑みれば、事業者を義務主体とすることで規制の実効性を担保することになる。これは、効率的・効果的に規制の実を挙げる工夫であり、絶対的ではない。もし、事業者だけに義務を課すのでは不十分であれば、その他の主体に義務を課す選択肢もある。医療保険の保険医療機関等の指定とは別に保険医等の登録のような**二重指定方式**をとることも、必要があれば可能である。また、多くの事業者が法人化している現在、自然人である経営者（法人代表者）が別法人を立ち上げることで、規制に伴うペナルティを逃れることがあり得る。そのような脱法的な行為を防止する上では、法人の経営者本人に着目した規制が必要となることがある[79]。罰則に関しては、業務主に関する違法行為の行為者のほか、業務主である人又は法人をも罰する**両罰規定**がある。

　名宛人は、給付方式にも関係する。現金給付の現物給付化の場合、本来の支給対象は利用者であるはずであるが、法定代理受領方式によりサービス提供事業者等が実際の支給先となる［第1章第2節2］。法定代理受領方式とする理由は、介護保険のような場合には、混合介護を認めるためであるので、名宛人の問題には立法技術上の制約等が絡むことになる。名宛人は、現金給付の場合でも問題となり得る。例えば、児童手当等の子ども関係の給付の名宛人を児童とすることも立法技術上は不可能ではない。しかし、子どもが親等によって育てられる年代であることからすれば、子どもの権利（意思表明権等）にも配慮しつつ、児童ではなく親等に支給する方が適切な場合が多い。

2．ポピュレーションアプローチとハイリスクアプローチ
　ポピュレーションアプローチとハイリスクアプローチは、健康づくり、疾病

予防等の保健医療の分野で登場する概念である。**ポピュレーションアプローチ**は、対象者を一部に限定せず、地域住民等の集団全体への働きかけにより、全体としてリスクを下げるアプローチである。これに対して、**ハイリスクアプローチ**は、リスクの高い個人への個別支援となる。このような発想は、保健医療分野以外の例えば虐待、認知症、孤立・孤独等の社会問題を解決する上でも有用であろう。つまり、2つのアプローチをとることが、問題の早期発見・早期対応や対策の重層化につながり、セーフティネットの網から漏れ出る層を少なくすることになる。

3．対象拡大と適用拡大

　社会保障制度の網（セーフティネット）の被せ方には選択肢があり、そこから問題が生じることがある。例えば、対象者の概念を広げることで制度に取り込むのか、対象とはせず特例による適用、準用等により別途制度に取り込むかの選択の問題である。対象者の概念の拡大の例としては、以下のものがある。如何なる制度設計とするかは、理念、目的、関係者の意見、実務対応、財政問題も含めて判断せざるを得ない。

　①HIV、内臓機能障害等の身体障害者への追加

　②事実上の婚姻関係の配偶者見なし

　③労働者とは異なる被用者の概念による法人役員への健康保険及び厚生年金の適用

　これに対して、対象者の概念を変えず別途適用、準用等により実質的に制度へ取り込む例も見られる。

　①健康保険法の被保険者とは別に日雇特例被保険者の概念を設け、療養の給付等の給付を支給

　②労災保険の労働者の概念は変えず、別途特別加入制度を設けることにより一人親方等の加入の途を創設

　③外国人に対する生活保護法の準用による保護の実施

第7節　政策の実効性の担保

1. 実効性担保の多様性

(1) **指導監督等**　社会保障制度を絵に描いた餅にしないためにも、実効性の担保が必要である。更に、法令等が遵守され適正に実施されるだけではなく、状況に応じて適時適切に実施されることも重要となる。加えて、よりよい制度に改善することも求められる。そのことは、社会保障の向上及び増進という憲法（25条2項）上の要請にも合致する。

問題は、最低（ミニマム）を超えて、より高い水準のサービス等を如何に実現するかである。権利と義務の体系としての法令は、サービス提供について、事業者又は法人に係る許認可、そのサービスの質を確保するための基準等の設定、当該基準等の遵守義務、違反に対する改善命令、罰則等の制裁でもって実効性を確保するのが一般的である。その関連で監督官庁には、サービス提供を監視するための**監督**権が付与される。このほか、行政機関による非権力的な関与である**行政指導**による助言、指導、警告等が活用される。ただし、行政指導は、相手方の任意の協力のみによって実現され、非協力者への不利益処分も禁じられている（行手法32条）。

このような伝統的な手法には、限界がある。第1に、許認可、指導監督等に充てられる人員、予算等には限界があることである。常時監視は不可能であり、指導監督の頻度にも制約がある。一罰百戒の効果を刑罰等に抑止力を期待するとしても、常に有効とは限らない。もちろん、情報化やIT化等によって、常時監視が可能となることはあり得る（例えば大気汚染防止法の大気汚染状況の常時監視）。第2に、最低を超える水準のサービスを法的に義務付けることの困難性である。義務が最終的に強制措置によって担保されるとするならば、目的と手段との間の均衡が求められる。高い水準のサービスが望ましいとしても、最低水準の確保以上に、事業者等にとってより侵害的でない手段を選択すべきことになる。

(2) **第三者評価、認証等**　サービスの質の向上を実現するためには、指導監督等とは異なる手法が重要となる。一つは、第三者評価、認証等である。福[80]

社・医療サービスのような準市場においても、事業者等の間の競争関係は存在することから、第三者評価、認証等は、市場メカニズムとも親和的である。これらの仕組みでは、結果が公表されることで、利用者のサービス選択の判断材料となるなど、事業者等の競争を促進する効果が期待できるからである。

このうち**第三者評価**では、事業者以外の第三者が公正・中立な立場で専門的・客観的な評価を行う。福祉サービスにおける福祉サービス第三者評価事業、医療サービスにおける公益財団法人日本医療機能評価機構による病院機能評価等が存在する。また、国の行政機関の場合には、行政機関が行う政策の評価に関する法律（2002年）により、政策評価及び行政評価が義務付けられるようになっている。何れの場合も、外からは見えにくいサービスや活動の透明性が高まることになる。

第三者認証は、一定の規格（標準）を満たしていることを第三者認証機関が審査し認証することを意味する。国際標準化機構（ISO）の国際規格及び日本の日本産業規格（JIS）等が存在する。これらの規格は、モノだけではなくサービスも対象とするものがある（ISO 9001：品質マネジメントシステム等）。規格自体は、法令により義務付けがなかったとしても、デファクトスタンダード（事実上の標準）となることがある。その場合には、認証の取得がサービスの質の判断材料の一つとなってくる。

(3) **ガバナンスの強化**　組織とその運営に関する伝統的な規制は、設備、配置、運営等の基準を設定し、その遵守を義務付けることから始まる。しかし、外から与えられた規範は、必ずしも組織に内在化するとは限らない。指導監督は規制の遵守義務の担保措置であるが、現実には常時監視は難しいことが多い。不良品の全数検査と抜取検査ではないが、一定の確率まで違反を抑える歩留まりを考えざるを得ない。それ故ランダムサンプリングによる指導監督等の行政的アプローチには、統計的な意味での限界が存在する。

翻って考えれば、事前規制にせよ、事後規制にせよ、そもそもの問題やリスクの発生が抑えられれば、それに越したことはない。また、規制という外からの規範は、その名宛人である個人、事業者等に内在化しなければ実を挙げることはできない。とりわけ、企業や団体の組織の場合は、組織の内部に規範が取り込まれ内在化する必要性が高い。

その点では、リスクアセスメントや自己点検評価等とその結果に基づく主体的・能動的な対応が重要となる。この主体性や能動性は、規制の場面だけではなく、組織体の活動の活性化とも関係しており、社会福祉における地域課題の発見・分析にも通じる。

　つまり、規制等の行為規範の遵守で十分とするのではなく、より高いレベルを目指す上でも、組織としての主体的・能動的な取り組みが求められる。予防が最強の攻めとなるわけである。視点を変えると、これは**ガバナンス**（governance）の重要性を示唆する。ガバナンスを直訳すれば統治となるが、福祉・医療サービスの事業者等の組織管理・運営とその体制を意味する。企業であれば、コーポレート・ガバナンスと言われ、その正否が業績、不祥事の防止等につながる。福祉・医療サービスの場合には、営利目的でないにせよ、よりよいサービスを提供する上でガバナンスが重要となる。

2．手続きの重要性

　(1)　**手続的権利**　　制度の適正と適切性は、手続きにも及ぶ。如何に実体的権利が認められようとも、その実現手段を欠けば、権利は実現しない。そうでなくとも、権利の実現には行政の裁量に委ねられる部分が大きい。社会福祉の場合であれば、手続規定の重要性は、生活保護が申請権を認めるのに対して、措置制度が手続き規定を欠き、行政解釈が申請権を認めないことに表れている[81]。

　手続きは、裁判による事後的救済との関係でも、手続きの瑕疵として問題となる。仮に手続きが違法であるがために行政の判断や結論が変わるような場合には、違法な手続きによる処分が裁判で取り消されることもある。ましてや刑事手続きにおいては、デュープロセスは一層重要となる。

　このような法的な意味での**手続的権利**の議論を抜きにしても、手続きには、様々な政策的意味合いが存在する。特に社会保障の場合には、手続きが実体的権利実現のための相談援助や支援と一体化することがある。例えば、生活保護が単に金銭等の給付を行うだけでなく、ケースワークを伴うのも、そのためである。また、訪問調査からケアプランに至る介護保険の利用手続きも、要介護高齢者等に最も相応しい介護サースを提供するためのプロセスとも理解でき

る。そのほか、雇用保険が失業認定が求職活動を条件とし、職業紹介と一体化することにより、早期の就職につなげる狙いがある。

(2) **権利と現実との乖離**　権利と現実との間に乖離が起きることがある。社会保障の場合には、ニーズや給付等の制度が存在しても、ニーズのある人に給付が届く（行き渡る）とは限らない。生活保護において、濫給だけでなく漏給や捕捉率が問題となるのも、そのためである。

「法の不知は宥恕せず」というが、社会保障の受給権者や利用者が制度に精通しているとは限らない。このため制度的には、受給権者からの申請を待って給付等を開始する**申請主義**を原則としながらも、必要に応じて行政主導で給付等を開始する**職権主義**が発動されることがある。生活保護の急迫保護が一例である。そのほか、介護保険法や障害者総合支援法は申請主義を採用しつつも、必要があれば、福祉各法に基づき措置が発動されることになる。

更に社会福祉の権利実現のためには、以下の制度や対応が重要となる。もちろん、医療の場合にも医療ソーシャルワーカーが存在するように利用者の視点が重要となる。

①福祉サービス利用援助事業　判断能力の不十分な障害者、高齢者等が福祉サービスを適切に利用できるよう助け、これに伴う日常的金銭管理等を併せて行う**福祉サービス利用援助事業**（日常生活自立支援事業）が社会福祉法（2条3項12号）に規定されている。

②成年後見の市町村長申立て　判断能力の不十分な認知症高齢者、知的障害者又は精神障害者について、市町村長は、その福祉を図るため特に必要があると認めるときは、法定後見開始を申し立てることができる（老福法32条、知障法27-3条、精福法51-11-2条）。これは、配偶者又は4親等内の親族がいないために、保護が受けられなくなるのを防ぐためである。成年後見に関連して**成年後見制度利用支援事業**がある。これは、成年後見制度の利用が必要にもかかわらず、申立費用、報酬等の費用負担が困難な場合に、市町村が必要な費用を補助する事業である。

③周知・広報　社会福祉では、**アウトリーチ**（outreach）が重視される。これは、支援が必要であるにもかかわらず、支援が届かないことを防ぐため、行政、支援者等による積極的働きかけによる情報提供、支援等を意味する。社

会保障関係法は、国、地方公共団体等の情報提供義務を規定することがある。この中には、年金のように、被保険者に年金情報を通知することを規定する法律もある（国年法14-5条、厚年法31-2条）。また、福祉各法（身障法9条5項2号、知障法9条5項2号、老福法5-4条2項3号等）は、必要な情報提供を市町村に義務付けている。しかし、福祉サービスの利用者に対する情報提供を規定する社会福祉法（75条）のように、国、地方公共団体等の努力義務に止まるものも多い（医療法6-2条、障支法2条1項2号等）。このほか、地方公共団体が実施する社会福祉関係の事業等の中には、母子・父子・寡婦福祉法の母子家庭就業支援事業等、生活保護法の被保護者就労支援事業、生活困窮者自立支援法の生活困窮者自立相談支援事業等のように、事業のメニューに情報の提供が含まれる場合がある。

　④専門機関　　社会福祉関係の福祉事務所、身体障害者更生相談所、知的障害者更生相談所、児童相談所等の専門機関の役割の中には専門職が配置され、分野毎に相談、指導等を行っている。

　⑤苦情処理制度　　苦情解決の手段としては、違法又は不当な行政処分の簡易迅速な解決を目的とする不服申立てがある。最終的には、行政訴訟による解決がある。しかし、裁判には費用と時間を要する。このため、社会保障制度の枠組みの中での苦情解決の仕組みが設けられることがある。例えば、社会福祉法（82条、83条）は、社会福祉事業の経営者に苦情解決の努力義務を課している。更に事業者では苦情が解決しない場合には、都道府県社会福祉協議会の**運営適正化委員会**が利用者からの苦情申出により、事業者への助言を行うことになっている。また、介護保険の場合には、市町村や介護居宅支援事業所が苦情の窓口となっている。それに加え介護保険法（176条）は、国民健康保険団体連合会（国保連合会）の業務として、介護サービスの質の向上に関する調査及び指定事業者への必要な指導・助言が規定されている。

3．アウトプットとアウトカム

　近年、①インプット（投入）、②アウトプット（結果）、③アウトカム（成果）、④インパクト（効果）という枠組みに沿った事業展開が重視される。このうち**インプット**（投入）は施策、事業等に投入された資源（ヒト・モノ・カネ）である。

これにより、施策、事業等が実施され、その活動（アクティビティ）の結果がアウトプットである。それに対して、**アウトカム**は施策や事業の実施により得られた成果であり、**インパクト**はアウトプットのアウトカムへの影響がインパクトということになる[82]。政策目的の実現という点では、事業の実施主体に着目するアウトプットだけではなく、事業の客体にとってのアウトカムが重要である。

　更に、PDCAという点では、施策、事業等を指標により評価することが必要になる。指標としては、①投入資源、組織体制等に関するストラクチャー（構造）指標、②施策、事業等の実施主体の活動等に関するプロセス（過程）指標、③施策、事業等により得られた成果に関するアウトカム（成果）指標がある。このうちストラクチャー指標がインプットに、プロセス指標がアクティビティ及びアウトプットに、アウトカム指標がアウトカムに対応する。

　このような施策、事業等の枠組みと評価は、目的実現に向けた一定の因果関係の連鎖に関する理論に基づいており、施策の論理的構造という意味で**ロジックモデル**（logic model）と言われる[83]。ただし、社会保障施策は目的が明確な割にその効果が測定しにくい分野である。つまり、インプット及びアウトプットは、予算、人員、受給者等により統計的・数字的に把握可能であるのに対して、それが政策目的にとって如何なるアウトカム（効果）を上げているのかが見えにくい。とはいえ、財政の制約の中で政策を効率的かつ効果的に実現するためには、アウトプットとともにアウトカムを可視化することが重要となっている。

1）　例えば社会的排除（Social exclusion）の概念により、公的扶助では尽くされない問題認識が可能となったことである。また、介護や認知症の概念により、社会福祉と保健医療が接合し介護保険が登場したり、認知症対策が可能となった。そのほか、児童虐待防止法等の虐待防止法制において虐待が定義され、躾けと捉えられてきた行為が虐待と認識されるようになったことも挙げられる。更に、社会的・文化的な意味での性であるジェンダーの概念により、男女共同参画が進んだことも指摘できよう。
2）　社会保障では、精神薄弱、廃疾等の知的障害、障害等への置き換えのように、不適切用語が見直されたことがある。
3）　消極説が通説であるが、積極説の田中二郎『新版行政法上巻全訂第2版』（弘文堂、1974年）5頁が指摘するように、「近代的行政は、法のもとに法の規制を受けながら、

現実具体的に国家目的の積極的実現をめざして行われる全体として統一性をもった継続的な形成的国家活動と理解する」方が現実感覚に合う。消極説は論理的には正しいとしても、国家作用は予め固定されておらず、福祉国家において国家作用が拡大するのが現実である。その中にあって、諸課題を受け止めざるを得ない、言ってみれば逃げ場のないのが行政ということになる。

4） J. M. Shafritz, *The dictionary of Public Policy and Administration*, Westview Press, 2004, p. 4 は、アドミニストレーションを「政府及び組織の物事の管理及び指導決定」と定義する。

5） 伊奈川秀和『〈概観〉社会福祉・医療運営論』（信山社、2020年）

6） 西尾勝『行政学［新版］』（有斐閣、2001年）51頁

7） 京極高宣『改訂社会福祉学とは何か—新・社会福祉原論—』（全国社会福祉協議会、1998年）9-10頁が述べているように、社会福祉のような総合的かつ実践的な学問においては、「政策的（または行政的）、経営的、臨床的な領域の三つの側面」がある。医学も同様に実践的な対人サービスであることからすれば、社会保障の分野によって、制度論・学、管理論・学、政策論・学に加え、臨床学又は臨床論が存在することになる。

8） ポール・スピッカー（武川正吾・上村泰裕・森川美絵訳）『社会政策講義—福祉のテーマとアプローチ』（有斐閣、2001年）297頁

9） 例えば、R.A. Lohmann and N. Lohamann, *Social administration*, Columbia University Press, 2002, p.19は、ソーシャル・アドミニストレーションが社会的なケースワーク及びグループワーク（いわゆる直接的な実践）とともに、ソーシャルワーク職の主要な学問の下位区分に値すると述べている。これは、ソーシャル・アドミニストレーションをソーシャルワークの実践との関係で位置付ける考え方である。

10） 社会福祉に限らないが、同じ言葉が国により異なる意味で使われることは多い。ソーシャルアクションは、一般に社会福祉の課題解決のための社会への働きかけや運動の意味である。しかし、フランス語（action sociale）では、法定の社会扶助以外の社会福祉の諸活動や事業の意味となる。

11） 三浦文夫は、社会福祉の現行制度又は社会福祉法制という実定法の注釈（コメント）だけでなく、社会福祉政策の策定・管理運営等を理論的に学習することの重要性から、『社会福祉経営論序説』（碩文社、1980年）を著しており、そこでは「社会福祉行政」等とは名称を変え、あえて「社会福祉経営」を用いている。

12） A. M. Rees, *T. H. Marshall's Social Policy in the twentieth century*, 5 th edition, Hutchinson, 1985, pp.11-15は、英国における社会政策として福祉（welfare）の増進を目的とする①社会保障（金銭給付）、②医療、③ソーシャルワーク及び福祉サービス、④住宅、⑤コミュニティサービス（、⑥教育）を挙げている。

13） P. Penaud et al. , *Politiques sociales*, 4e édition, Dalloz, 2016 ; M.-T. Join-Lambert, *Politiques sociales*, 2ème édition, Dalloz-Sirey, 1997

14） Penaud et al. , *supra* note 13, pp.17-19

15） スピッカー・前掲注8）297頁

16） 同上43頁

17) OECD ホームページ（http://www.oecd.org/social/ministerial/）

18) Y. R. Rayssiguier et G. Huteau（dir.）, *Politiques sociales et de santé*, 3e édtition, presses de l'EHESP, 2018, pp.15-18は、社会・医療政策の柱として、社会保障（社会保険）を含めた社会的保護を位置付けている。

19) 伊奈川・前掲注5）24-25頁

20) 気賀健三・古賀勝次郎『自由の条件Ⅲ福祉国家における自由＜新版ハイエク全集第Ⅰ期第7巻＞』（春秋社、1987年）290-292頁は、制度の複雑化の不可避性、そこでの専門家支配を生み、制度の原則を承認しない者の見解は大切に受けとられない傾向を指摘する。

21) 立法学の定義や意義については、高田源清「立法法学の必要性」法政研究19巻2号49-92頁、1951年、松尾敬一「立法学の必要性と可能性」神戸法学雑誌6巻1・2号、203-215頁、1956年、小林直樹『立法学研究―理論と動態―』（三省堂、1984年）

22) それぞれに対応して法政策学、立法技術、立法過程論が実務上・学問上も存在する。その場合の法政策学とは、「意思決定理論を「法」的に再構成し……、これを現在のわが国の実定法体系と結びつけ、法制度またはルール……の体系を設計することにより、現在の日本社会の直面する公共的ないし社会的問題をコントロールし、または解決するための諸方策について法的意思決定者に助言し、またはそれを提供する一般的な理論枠組み及び技法である」（平井宜雄『法政策学（第2版）』」（有斐閣、1995年）5頁。立法技術とは、「立法関係者が、ある立法をするに当たって、その新しい立法を、常識的な意味で、正しい、適切な、かつ、分かりやすい立法にするために、立法の内容及び立法上の形式（表現）の両面にわたって、考慮に入れることを要するいろいろな技術（テクニック）」（林修三他『例解立法技術』（学陽書房、1983年））3頁である。立法過程論が扱う立法過程とは、政策の形成から法律の制定に至るまでの一連の過程を意味する。立法過程には、政党、官僚、圧力団体、マスコミ等が関係し合うことから、社会学、政治学等の研究対象となってきた。

23) 合理的配分は経済学に、権威的配分は政治学のテーマとなる（政治について、D. Easton, *The political system: an inquiry into the state of political science*, 2nd edition, Knopf, 1971, pp.129-134）。

24) J. A. シュムペーター（塩野谷祐一他訳）『経済発展の理論―企業者利潤・資本・信用・利子および景気の回転に関する一研究』（岩波書店、1977年）

25) 息が長い法律としては、行旅病人及行旅死亡人取扱法（1899年）、健康保険法（1922年）、生活保護法（1950年）がある。

26) 畠山武道「サンセット法の成果と展望」会計検査研究17号、23-38頁、1998年

27) 過去の例としては、2000年の中央省庁再編に向けて、改革の基本理念及び方針等の基本的事項を規定した中央省庁等改革基本法（1998年）がある。また、1997年の財政構造改革法（財政構造改革の推進に関する特別措置法）は、橋本内閣において、「財政構造改革の推進について」は、国・地方の財政赤字の対GDP比3％以内、特例公債脱却及び公債依存度の引下げ目標、社会保障関係費の量的縮減目標等を規定していた（1998年に同法を凍結）。

28) 例えば、2002年の健康保険法等の一部を改正する法律案には、医療保険制度体系の在り方、新しい高齢者医療制度の創設等の検討規定が提出段階から置かれていた。

29) ティンバーゲンの定理によれば、N個の政策目標には、N個の政策手段が必要となる（J. Tinbergen, *On the theory of Economic Policy*, North Holland Publishing Company, 1952）。

30) 各施策には補完代替関係がある。年金等の社会保険の成熟が生活保護の役割を相対的に低下させたことが一例である。しかし、いつか来るであろう高齢化社会を見越し、戦後の復興期に国民皆年金が実現できたかと言えば、疑問である。また、年金制度の成熟より前に、保険料や定率一部負担を求める介護保険が実現できたかと言えば、困難であっただろう。政策には、それを可能にする社会経済の基盤が必要となる。そして、年金や介護保険のように、社会自体が制度を前提に老後生活、それより前の職業生活が設計されることになる。

31) 立法事実を欠けば、かつて存在した薬事法に基づく薬局の距離制限のように裁判所が違憲判断を下す可能性もある（最大判昭和50年4月30日判時777号8頁）。その点で、特に国民の権利を制限する規制の場合には、立法事実が重要となる。

32) 政策が生む意図しない効果は、プラスにもマイナスにも作用する。例えば、かつて自動車の排ガス規制が燃費改善や省エネ効果をもたらしたのが有名である。社会保障で言えば、高齢者向けの年金が人口減少地域の消費の下支えとなったり、福祉・医療サービスが地域の雇用の場であることによる雇用創出効果があることである。また、「民法出デテ忠孝亡ブ」ではないが、法制度には副次的な効果を巡る論争が付き物である。例えば、女性の就労と出生率の関係、児童扶養手当と扶養義務の履行、介護保険に家族手当を創設した場合の家族介護の助長の懸念などである。

33) この問題については、堺市学童集団下痢症事件が示唆を与える。1996年に起きた集団食中毒の原因として、厚生省（当時）の報告書が、特定の生産施設から出荷された「貝割れ大根が最も可能性が高いと考えられる」としたことに対して、製造販売業者から国に対して国家賠償請求訴訟が起こされた。裁判所は、公表自体は情報公開という正当な目的であるが、公表方法が事業者の名誉、信用を害する違法な方法であるとして、請求が認容されている（大阪高判平成16年2月19日訟月53巻2号541頁）。裁判所は、公表に当たっては、公表の目的の正当性、公表内容の性質、その真実性、公表方法・態様、公表の必要性と緊急性等を踏まえ、公表することが真に必要であるか否かを検討すべきであるとしており、その点で相当性に問題があったことになる。近年のアスベスト訴訟も類似の問題を提起する。

34) 2005年内閣府男女共同参画会議「少子化と男女共同参画に関する社会環境の国際比較報告書」（https://www.gender.go.jp/kaigi/senmon/syosika/houkoku/pdf/honbun1.pdf）によれば、OECD諸国における女性労働力率と合計特殊出生率は、2000年時点では、労働力率の高い国ほど出生率が高いという正の相関関係にある。しかし、1970年には、負の相関関係があったことから、労働力率と出生率には固定的な相関があるのではなく、社会環境（施策・制度・価値観等）の変化が関係に影響していると推測されている。

35) 合理的ではない人間像を前提とすることは、規制行政においても重要である。機械等

の安全工学に関連して、フールプルーフ（fool proof）とフェイルセーフ（fail safe）が言われる。それぞれ、使用法を知らない人が使っても安全であること、使用を誤っても安全が保持されることを意味する。「過つは人の常（To err is human）」であることを前提に制度を考える必要がある。

36） 園部逸夫他編『社会保障行政法』（有斐閣、1980年）1頁は、給付行政を、「国民の福祉を積極的に向上・増進させるための授益的公行政作用である」と定義し、そこに①供給行政、②社会保障行政、③助成行政が含まれるとする。

37） リスクマネジメントの実施とは、危険性又は有害性等の調査及びその結果に基づき講ずる措置（安衛法28-2条1項、57-3条1項・2項）のほか、労働安全衛生マネジメントシステムに関する指針に従って事業者が行う自主的な活動（労働安全衛生マネジメントシステム）を実施していることを意味する。

38） 低年金や無年金の問題を年金制度だけで解決することは難しい。その原因には、国民の働き方やそこでの賃金の問題がある。年齢の支給開始が定年制という働き方を抜きに論じ得ないのも同様の問題である。

39） 失業の原因は景気変動による経済の悪化だとしても、経済政策により景気を反転させるには時間を要したり、そもそも景気対策には限界があることが典型である。

40） 米国の所得分配の問題を指摘するものとして、J. Hacker and P. Pierson, *Winner-Take-All Politics: How Washington Made the Rich Richer--and Turned Its Back on the Middle Class*, Simon & Schuster, 2011; J. Hacker, *The Divided Welfare State: The Battle over Public and Private Social Benefits in the United States*, Cambridge University Press, 2010

41） 損害賠償に関して、損害とその費用を最も安い費用で回避できる最安価費用回避者に負担を求めることが効率性に合致するという説がある（G. Calabresi, *The costs of accidents : a legal and economic analysis*, Yale University Press, 1970, p.155）。しかし、費用に代えがたい社会的公正等の視点も規制を必要とする理由である。

42） 法律の世界の権利は、法的拘束力がある。最終的に裁判所（訴訟等）により履行が義務付けられるという意味での法的拘束力を伴う。その点で、社会福祉の世界で使用される権利の概念とは、必ずしも一致しない。これに対して、ソフトローとは法的拘束力がない規範である。

43） 伊奈川・前掲注5）119-123頁

44） 権利とは、一般に自らの力で何かをなしたり、相手に対して作為又は不作為を求める権能と理解できよう。その場合の権利には、道徳的権利と法的権利があることに注意する必要がある。道徳的と法的の違いは、詰まるところ、紛争が生じた際の裁判を通じた解決可能性の有無である。

45） ソーシャルワーカーが行う権利擁護も含めた相談支援の中には、エンパワーメント、アドボカシー等の言葉に象徴されるように、基本的人権とも親和性を有しながらも、法的権利とは言えないものも混じり合っている。福祉の権利の意義については、秋元美世「福祉の権利」日本社会福祉学会事典編集委員会編『社会福祉学事典』（丸善出版、2014年）16-19頁

46) ナシーム・ニコラス・タレブ（望月衛訳）『ブラック・スワン―不確実性とリスクの本質［上］［下］』（ダイヤモンド社、2009年）

47) 地域における医療及び介護の総合的な確保の促進に関する法律（2条）によれば、地域包括ケアシステムとは、「地域の実情に応じて、高齢者が、可能な限り、住み慣れた地域でその有する能力に応じ自立した日常生活を営むことができるよう、医療、介護、介護予防（要介護状態若しくは要支援状態となることの予防又は要介護状態若しくは要支援状態の軽減若しくは悪化の防止をいう。）、住まい及び自立した日常生活の支援が包括的に確保される体制をいう」。

48) 三浦文夫『増補社会福祉政策研究―社会福祉経営論ノート―』（全国社会福祉協議会、1987年）84頁

49) 岡村重夫『社会福祉原論』（全国社会福祉協議会、1983年）46頁は、社会福祉に関して、貧困発生を予防するため、全ての国民がその必要に応ずるサービスを機会均等に利用するという意味で「普遍的処遇の原則」を使用している。

50) 古川孝順『社会福祉学』（誠心書房、2002年）384-385頁は、所得保障や福祉サービスの配分を一定の階層や範疇に限定することを選択主義と表現しており、同一ニーズをもつ人々の内部でサービスの提供が普遍的であれば、選択的普遍主義となる。

51) 例えば社会福祉法は、社会福祉事業の対象者の最低人員を規定する。第1種社会福祉事業及び一定の第2種社会福祉事業のうち、常時保護を受ける者が、入所させて保護を行うものにあっては5人、その他のものにあっては20人（認定生活困窮者就労訓練事業、小規模保育等は、10人）に満たないものは、規制の対象外である。また、社会福祉事業の助成を行うものであって、助成金額が毎年度500万円に満たないもの又は助成を受ける社会福祉事業の数が毎年度50に満たないものも規制の対外である。

52) ディーセントワークは、1999年のILO総会で登場し、活動の主目標となっている。現在重要性を増しているSDGs目標8「働きがいも経済成長も」の働きがいは、ディーセントを意味する。

53) 何をもって同一給付条件、給付体系等と言えるかも議論の余地がある。法律を一つのメルクマールとするなら、医療保険のうちの健康保険と船員保険はその一部を全国健康保険協会が管掌しているが、別制度ということになる。それに対して、健康保険には、健康保険組合管掌の場合もあるが、全国健康保険協会管掌の場合も含め同一制度と捉えることができる。年金のうちの被用者年金は厚生年金に一元化されたが、その場合でも共済組合は厚生年金の実施機関として存続している。この限りでは、一元化とは給付の条件、体系等に着目していることになる。

54) 一元化の中には、事務の一元化もある。政府管掌の労働保険とそれ以外の社会保険の保険料の「徴収事務の一元化」が中央省庁改革基本法（1998年）及び健康保険法の一部改正法附則（2002年）に規定されたことがある。この場合には、社会保険・労働保険徴収事務センターの設置（2003年）が保険料徴収事務の一元化として実施されている。

55) 介護保険、子ども・子育て支援法等においては、異なる類型の施設、事業者等を同じ給付体系に取り込んで制度化されており、上位概念となる施設、事業者等の名称の下に従来の施設、事業者等が下位概念として包含される構造となっている。

56）　社会保障においては、総合化の概念も登場する。古くは、社会保障制度審議会が1962年に「社会保障制度の総合調整に関する基本方策についての答申および社会保障制度の推進に関する勧告」を出している。そこでは、制度を全体的、全般的に捉えて調整する視点が重視されている。

57）　スピッカー・前掲注8）88頁

58）　例えば、20世紀を代表する自由主義者のハイエク（F.A. Hayek）は、デカルト以来の理性を信奉する合理主義に否定的である。彼によれば、社会主義の計画経済が行き詰まった理由は、全てを知ることができない人間の知識の不完全性にあり、福祉国家も自由を侵害することによってしか目的を実現できないことを指摘する（気賀・古賀・前掲注20）3-20頁）。ハイエクは社会保障を否定し、古典的な夜警国家への回帰を主張するわけではない。強制保険である社会保険の場合であれば、給付と負担の関係が曖昧化し、保険料拠出に見合わない給付が制度の拡張主義を招くことや、国民保健サービスであれば、全国民に保障できる医療が低い水準に止まることなど、時々の社会正義に基づく判断により社会保障の危機が発生しているというのが彼の主張である（同45-71頁）。

59）　東京地判昭和55年3月26日行集31巻3号673頁

60）　アンソニー・ギデンズ（佐和隆光訳）『第三の道―効率と公正の新たな同盟』（日本経済新聞出版、1999年）116頁、195-197頁

61）　秋元美世『社会福祉の利用者と人権―利用関係の多様化と権利保障』（有斐閣、2010年）55-87頁

62）　バーナード・マンデビル（泉谷治訳）『蜂の寓話　私悪すなわち公益』（法政大学出版局、2015年）が示唆するように、人々の善行と悪行は区別できず、経済活動のような利己的な行為が雇用や富を創出する。言い換えれば、分業の利益であり、神の見えざる手の下での経済秩序である。

63）　A. Comte, *Catéchisme positiviste ou sommaire exposition de la religion universelle en onze entretiens systématiques entre une femme et un prêtre de l'humanité*, République Occidentale, 1852, p.21 et s.

64）　最大判昭和39年6月27日民集18巻4号676頁

65）　G. Cornu, *Vocabulaire juridique*, PUF, 2018, p.413

66）　正義の定義としては、公平（衡平）や道理にかなっているという意味での義の理念である。このため、正義は、感性、徳、理想、善行、価値とも結びつく。また、各人が、法に基づき、各人のものを正当に要求することができることにつながる（以上 D. Cornu, *op. cit.* p.594）。

67）　正義には、「各人に彼自身のものを」という考え方がある。「カエサルの物はカエサルに（render unto Caesar the things which are Caesar's（Matthew 22:21）」も類似の表現である。

68）　アリストテレス（高田三郎（翻訳））『ニコマコス倫理学（上）［岩波文庫］』（岩波書店、1971年）181-184頁

69）　ジョン・ロールズ（川本隆史他（翻訳））『正義論［改訂版］』（紀伊國屋書店、2010年）

70）　伊奈川秀和『〈概観〉社会福祉法［第2版］』（信山社、2020年）73頁

71) 平行棒理論は、平行棒が交わらないように、救済に値する貧困者は私が、救済に値しない貧困者は公が担うという公私の厳格な役割分担を重視する考え方である。一方の繰り出し梯子理論は、公がナショナルミニマムを担い、私が梯子を繰り出すように高次の支援を担うという考え方である。

72) N. E. バンク－ミッケルセン（中園康夫訳）「ノーマリゼーション（normalization）の原理」四国学院大学論集42巻、143-153頁、1978年は、ノーマリゼーションの原理を「ふつうの人びととの存在とできるかぎり平等な存在を精神遅滞者に与えること」と定義し、その目標として「彼らにノーマルな生活条件を提供すること」を挙げている。

73) ベンクト・ニィリエ（河東田博等訳編）『ノーマライゼーションの原理―普遍化と社会変革を求めて〔新訂版〕』（現代書館、2004年）21頁によれば、「ノーマライゼーションの原理とは、生活環境や彼らの地域生活が可能な限り通常のものと近いか、あるいは、全く同じようになるように、生活様式や日常生活の状態を、全ての知的障害や他の障害をもっている人びとに適した形で、正しく適用することを意味している」。

74) ヴォルフェンスベルガー（中園康夫・清水貞夫編訳）『ノーマリゼーション―社会福祉サービスの本質―』（学苑社、1992年）48頁は、ノーマリゼーションの原理を「可能な限り文化的に通常である身体的な行動や特徴を維持したり、確立するために、可能な限り文化的に通常となっている手段を利用すること」と定義し、それが「文化―特定的」であるとする。

75) 1994年にユネスコとスペインが共催した「特別なニーズ教育に関する世界会議：アクセスと質」で採択されたサラマンカ声明で、特別なニーズに配慮したインクルーシブ教育（inclusive education）の促進の方向性が明示された。

76) 伊奈川秀和『フランス社会保障法の権利構造』（信山社、2010年）、同『社会保障法における連帯概念―フランスと日本の比較分析―』（信山社、2015年）

77) L. Bourgeois, *Solidarité*, Presse universitaire de Septentrion, 1998

78) 「内閣提出法律案の整理について」（1963年9月13日閣議決定）

79) 典型がコムスン事件である。

80) 伊奈川・前掲注5）第4章第5節

81) 行政手続法（5条～11条）は、申請者に対する処分との関係で、審査基準、標準処理期間、申請に対する審査・応答、理由の提示、情報の提供、公聴会の開催等、複数の行政庁が関与する処分を規定する。各法に別途特別な規定がある場合は、そちらが優先する（1条2項）が、そもそも行政庁が許認可等の諾否の応答義務がなければ、行政手続法の申請に該当しないことになる（2条3号）。

82) 「医療計画について」（2017年3月31日付医政発0331第577号厚生労働省医政局長通知）

83) 行政改革推進会議「行政事業レビュー実施要領」（2013年4月2日策定）

第3章　社会保障の政策手段

第1節　法　　律

1．法律の重要性

　社会保障の目的を達成するためには、それに適した政策手段を選択する必要がある。多様な政策手法も、何らかの政策手段に当てはめてこそ実現する。政策手段には、法律以外に予算、税制、融資等があるが、社会保障に限って言えば、法律が重要である。何故なら社会保障は、憲法の生存権保障として法律に基づく制度として構築されているからである。日本には、2,000を超える法律が存在するが、社会保障及び労働関係の法律（社会法）が分量的にも内容的にも重要な位置を占める。

　次に法律の重要性は、それが国民の権利・義務に関わり、場合によれば罰則を科せられることにある。特に社会保障は、国民に必要なサービス、金銭等を給付する給付行政であり、その権利を保障するためには、法律が必要となる。更に法律の意義には、「～すべし」といった意味での規範性だけではなく、法律制定により問題が認知され整序されることもありそうである。そのほか、予算との関係でも法律は重要である。法律の中には、財政支出を根拠付ける規定を置く**予算関連法**があり、予算と法律が接合することになる。

2．基本法と個別法

　法律には、基本法とそれ以外の個別法がある。**基本法**の明確な定義はないが、重要な政策、その課題等について、基本理念、講ずべき施策の基本原則、会議体等の推進体制、政策の基本方針・計画、白書（年次報告）等を規定することが多い。国民の権利・義務を直接規定する規範ではないが、名宛人である政府等は国会との関係で拘束されることになる。基本法の名称には、実際「基本」が付されるが、基本法でなくとも、基本理念等を規定することがある。

個別法の大宗は、国民の権利義務、罰則等の法律事項である。少なくとも内閣提出法案（閣法）は、法律事項の存在が法案提出の前提となる。このこともあり、近年増加する新たな基本法は、国会議員の発議による**議員立法**の形式をとることになる。

　個別法においては、行政が依拠すべき全ての規範を書き切ることが難しい場合があり、法律の委任を受けた委任命令又は法律を実施するための実施命令（執行命令）が多用される。これら命令のうち、内閣が制定するものが政令（憲法73条）、各府省の大臣が制定する府省令等である（行組法12条）。これら命令に法律が白紙委任することは、立法権を空洞化させることになり許されない。どの範囲を命令とするかは、内容の専門的・技術的性格、機動的対応の必要性などを踏まえた判断が必要となる。

　このような法形式に関する**法源論**は、政策論としても重要である。例えば、各種給付の金額は法律で規定するにしても、物価・賃金に応じた改定を法律改正で行おうすれば、適時適切な対応が困難になる。このため、法律に**自動物価スライド**を規定することにより、実際の支給額の改定を政令に委任するといった工夫がなされている。負担面においても、景気の変動を受けやすい雇用保険の保険料の**弾力条項**（財政状況を踏まえて会計年度毎に政府が率を変更する措置）のような仕組みが存在する。生活保護の保護基準も、法律ではなく厚生労働大臣が決める理由も、この点にある。

3．社会保障関係の基本法

　社会保障に関係する基本法も多い。例えば、障害者基本法（1970年）、高齢社会対策基本法（1995年）、男女共同参画社会基本法（1999年）、少子化社会対策基本法（2003年）、食育基本法（2005年）、住生活基本法（2006年）、自殺対策基本法（2006年）、がん対策基本法（2006年）、肝炎対策基本法（2009年）、スポーツ基本法（2011年）、アルコール健康障害対策基本法（2013年）、アレルギー疾患対策基本法（2014年）、ギャンブル等依存症対策基本法（2018年）、健康寿命の延伸等を図るための脳卒中、心臓病その他の循環器病に係る対策に関する基本法（2018年）、死因究明等推進基本法（2019年）である。

　近年の特徴は、自殺、がん、アルコール依存症、アレルギー疾患、ギャンブ

ル依存症など、時々の社会的な課題毎の基本法が登場していることである。また、障害者問題、高齢社会、少子化といった社会全体を射程に捉えた基本法も登場している。このことは、社会保障でも重視される連携、協働等を基本法を通じて実現させる［第6章第1節4参照］。

第2節　財政（予算）

1．予算の意義

　予算とは、形式的に言えば、国及び地方公共団体の歳入（収入）と歳出（支出）であるが、その重要性は予算の機能に表れる。財政学者のマスグレイブによれば、予算等を通じた公経済活動である財政には、①**資源配分機能**（資源配分の調整を行うこと）、②**再分配機能**（所得と富との分配の調整を行うこと）、③**景気安定化機能**（経済の安定化を達成すること）の3つの機能がある[3]。これらの機能は、政府の配分部門、分配部門及び安定部門よって実現される。

　これを社会保障とその関連施策に当てはめるならば、予算を投入することにより民間では提供されないサービス等も含め、必要なサービス等が社会に提供されることになる（資源配分機能）。また、その財源である税には所得再分配機能があるのに加え、社会保障給付が低所得者に重点的に支出されることで収支両面で所得再分配が起きる（再分配機能）。更に社会保障の中には、雇用保険や生活保護のように景気悪化時に給付が増加し、社会全体の消費の減少を緩和する制度もある（景気安定化機能）。

　社会保障は現金給付のみならず現物給付も多くの財源を必要とする。社会保険には、保険料という固有の財源があるが、それだけでは賄いきれない支出がある。ましてや、保険料収入を期待できない、社会福祉等の多くの分野にとっては、予算がほぼ唯一の財源となる。

2．政策誘導の手段

　予算に充てられる財源は無限ではなく、政策の優先順位付が不可避である。そのため、予算編成過程を通じた財政当局による査定は、政策の決定過程でもある。国の場合、最終的には国会の議決を要するにしても、予算の編成権は内

閣にある。実際には、財務省（主計局）と関係府省との予算折衝を通じて予算は編成されることになる。この予算のプロセスを通じて、政策は取捨選択され、結果的にも予算は一定の政策目的への誘導の効果をもつことになる。

　予算の中には、国又は地方公共団体が直轄事業等で予算を執行する場合もあるが、補助金等により政策が実施されることも多い。いわゆる補助金行政である。また、補助金等の金銭的インセンティブにより政策を誘導する効果から言えば、誘導行政にもなる。実際の補助金等は、奨励的なものばかりではなく、義務的な負担金のようなものもある。特に国と地方公共団体の両方に関わる社会保障においては、国と地方の費用の分担の意味合いを帯びる。呼称も様々であるが、共通するのは、それが対価ではなく、反対給付を伴わない給付金であることである。このため、不正な使用の防止その他執行や交付の適正化の必要性から、補助金適正化法（補助金等に係る予算の執行の適正化に関する法律）が制定されている。同法によれば、**補助金等**とは、補助金、負担金、交付金等が規定されている。従って、社会福祉における施設整備費補助金、社会保険における国庫負担金、調整交付金等も補助金適正化法の規制を受けることになる。

　補助金等の支出は、相当程度政策判断に依存するが、無制限ではない。社会福祉の関係では、公の支配に属しない慈善・博愛の事業への公金支出は憲法（89条）上も禁止されている。また、個人資産の形成につながる土地等への個人補助は、如何に公共性が高くとも、それだけでは行われない。

3．財政調整の手段

　社会保障には所得再分配機能があるが、これは個人間の所得格差に着目する仕組みである。同様に集団・団体の間にも財政力格差があり、これを是正する仕組みが**財政調整**である。この場合の財政力格差は、保険料等の収入面と給付等の支出面の格差に起因して生じる。社会保険の場合であれば、支出が大きい割に収入が少ない保険者は、支出が少ない割に収入が大きい保険者より財政力が弱いことになる。従って、財政調整を最大公約数的に言えば、全体として収支が均衡するよう平均的な人員構成と所得の仮想的集団・団体を措定し、それと比べた各集団・団体における支出に影響する人数（頭数）構成の偏り又は／及び収入に影響する所得（報酬）水準の偏りを調整する仕組みである［図3-1］。

一種のゼロサムゲームであるため、集団・団体の間で何をどこまで調整するか
を巡る利害が対立しがちである。仮に各集団・団体間の所得捕捉が十分でなけ
れば、所得（報酬）水準の偏りの調整はできず、人数（頭数）構成の偏りの調
整に止まらざるを得なくなる。財政調整はまさに平等や公平の問題であり、何
と何を比較するかで調整方法が変わってくることになる［第２章第５節４参照］。

　より具体的には、財政調整は、①財政力の強い集団・団体からの拠出金等を
財政力の弱い集団・団体に交付する仕組みと、②補助金等を財政力の弱い集団・
団体に傾斜配分する仕組みに分けられる。更に①は、㈠異なる集団・団体間で
の拠出と交付が行われる場合もあるが、別途共通の制度を創設し、㈡拠出金等
を当該制度に交付する仕組みも存在する。厳密な意味での財政調整は①の㈠で
あるが、それ以外も財政力格差を是正する効果を有する。

　①の㈠としては、高齢者医療制度のうちの前期高齢者に係る保険者間の財政
調整が典型である。①の㈡としては、基礎年金を賄うための基礎年金拠出金の
ほか、高齢者医療制度の前身である老人保健制度の老人保健拠出金がある。こ

図 3-1　財政調整のイメージ

○財力力の格差の是正
　①人数（頭数）調整
　　　→支出に関連して、集団・団体間の人数構成が同じ場合と比較した偏りを調整
　②所得（報酬）調整
　　　→収入に関連して、集団・団体間の所得水準が同じ場合と比較した偏りを調整

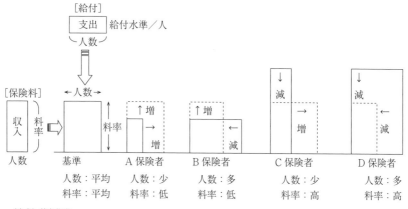

（出典）筆者作成

れらの場合にも、調整範囲が集団・団体間の加入者の人数の不均衡に止まるのか（頭数調整）、所得（収入）の不均衡に及ぶのか（所得調整）の違いがある。②については、国民健康保険、介護保険及び後期高齢者医療制度の調整交付金が存在する。これらは、保険者間の給付費、所得等に起因する財政力の格差に着目して、交付金を傾斜配分する仕組みである。また、地方公共団体間の財政力格差の是正については、地方交付税制度がある。これは、国から地方公共団体へ渡される税金ではあるが、基準財政需要額に対する基準財政収入額の不足分に応じて按分（傾斜配分）され、地方公共団体間の財源の偏りが是正される。

　財政調整は、集団・団体間の仕組みであるが、結果的には集団・団体に属する個人の負担（保険料等）に反映する。その点では、財政調整にも所得再分配機能があることになる。

４．基　　金

　国及び地方公共団体の財政には、予算単年度主義の制約があり、複数年度にわたり他の財産とは区分して保有される金銭としての**基金**が造成されることがある。[6] 基金の種類も多様である。「補助金等の交付により造成した基金に関する基準」（2006年8月15日閣議決定）によれば、①取崩し型（事業により基金が費消）、②回転型（貸付等により基金を繰り返し使用）、③保有型（基金を保有することで債務無保証等を実施）、④運用型（基金を費消せず運用益を事業に充当）に分類される。

　社会保障関係では、2025年を展望して医療・介護に係る地域包括ケアシステム構築のため、消費税財源を活用した**地域医療介護総合確保基金**が都道府県に造成されている。これにより、都道府県は、都道府県計画を作成し、当該計画に基づき事業を実施していくことになっている。

第3節　税　　制

１．税額控除と所得控除

　税の三原則は、公平、中立、簡素である。個人の所得課税（所得税等）について言えば、担税力に応じた課税が原則である。その中にあって、**所得控除**は、個人的事情の斟酌や政策的要請等に基づき、所得から一定額を控除する仕

組みである。その中には障害者控除、寡婦控除、ひとり親控除等のように生活上追加的経費の支援を目的とした控除があり、社会福祉政策と関係する。また、基礎控除等の基礎的な人的控除には、最低生活費保障の目的があり、それと関係するのが最低生活費非課税の原則である。所得税の場合には、所得控除額の合計額（**課税最低限**）以下の所得金額であれば課税されないことになる。個人住民税の場合には、所得金額が一定水準以下である者を非課税とする**非課税限度額**制度が所得割及び均等割それぞれについて存在する。非課税限度額の基準は、生活保護の基準額を踏まえ設定されている［第7章第1節6参照］。

　これに対して**税額控除**は、所得控除等の後の課税所得金額に税率を掛けて計算した所得税額から、一定金額を控除する仕組みである。税額控除の中には、二重課税の防止のような控除もあるが、政策的要請から設けられる場合もある。社会保障の分野では、社会福祉法人等の特定公益増進法人等への特定寄附金の支出に係る寄付金控除である。

　一般に税額から控除される税額控除の方が所得控除より減税効果が大きい。何れの場合でも、結果的に個人の可処分所得が増大する。その点では、給付による所得の移転と同様の効果を有する。ただし、税制上の優遇措置は、そもそも税金を納めるだけの収入や所得がない個人には効果が無いことには留意する必要がある。

　そのほか税の問題は、所得捕捉の関係から社会保障（特に社会保険）が被用者と自営業者等の二大集団に分かれる遠因ともなっており、重要である。

2．事業者等の優遇措置

　事業者等の法人税で登場する優遇措置に特別償却と特別控除がある。このうち**特別償却**は、初年度に通常の減価償却とは別枠で償却できる仕組みである[7]。これにより、初年度の税負担が軽減される。これに対して**特別控除**は、法人税額から一定額を特別に控除する仕組みである。この結果、税額控除の分だけ法人税額が少なくなる。

　これら優遇措置は、中小企業投資促進税制のような中小企業対策等の政策目的に沿って導入されている。社会保障関係では、医療用機器等の特別償却、障害者を雇用する場合の特定機械装置の割増償却がある。

第4節　融資・保証

1. 融　　資

　融資とは、法的には金銭消費貸借契約であるが、利息を伴うのが一般的である。補助金等と異なり、返済義務があるため、利息の多寡が重要となってくる。しかし、零細事業者、公益性の高い事業等の場合、リスクと金利の関係から、民間金融機関だけでは必要な資金が得られない事態が生じる。一定の政策目的を実現するため政府が関与する政策金融機関が設けられ、低利又は無利子で融資が行われるのは、このためである。

　社会保障関係では、社会福祉施設及び医療施設の整備のための貸付事業等を行う独立行政法人福祉医療機構、環境衛生業（飲食、食肉販売、旅館、美容、クリーニング等）への融資も対象とする株式会社日本政策金融公庫がある。

　この融資に関係して、利子補給制度がある。これは、融資の返済に必要な利子相当額を助成する仕組みである。利子補給金も補助金等に当たることから、補助金適正化法の対象となり得る。利子補給の例としては、株式会社日本政策金融公庫の行う指定金融機関が行った特定資金の貸付け等に対する利子補給金の支給がある。

2. 保　　証

　事業者等が金融機関から資金調達のため融資を受ける際には、通常**債務保証**を求められる。各都道府県等には信用保証協会が存在しており、信用保証料を対価として中小事業者等の債務を保証し、返済が滞った場合には代位弁済することになっている。これにより、事業者の資金繰りが円滑化されることになる。社会保障関係では、医療法人等が対象となる。なお、社会福祉法人等の公益・非営利法人は、利益を目的としないことから、原則として信用保証の対象外である。

　このほか、社会保障関係の団体に対する政府の債務保証が存在する。原則として、政府又は地方公共団体が会社等の法人に債務保証することは、法人に対する政府の財政援助の制限に関する法律（3条）により禁止されている。その

例外を法律が設ける場合がある。例えば、全国健康保険協会（健保法7-32条）の短期借入、診療報酬支払基金（高確法148条、介保法169条）の前期高齢者交付金及び後期高齢者交付金関係若しくは地域支援事業支援交付金の業務に係る長期借入金、短期借入金又は債券について、国会の議決の金額の範囲内で債務保証が可能である。

第5節　行政計画

1．行政計画の意義

　計画は、政策主体、経営主体、実践主体の各段階に存在する。経営主体であるサービス事業者等であれば、予算・決算と関係して事業計画が存在する。また、専門職等の実践主体との関係では、介護保険の介護サービス計画（ケアプラン）、保育の指導計画等の計画、看護の看護計画など、各分野に計画が存在する。政策主体においても、計画が多用される。

　政策主体である行政が目標を設定し、その達成手段を規定する計画を**行政計画**という。これを行政の活動から見れば、計画に基づく行政の実施・展開は計画行政となる。このような行政における計画の多用は、1955年の経済自立5ヵ年計画に始まるとされる[8]。高度成長期の国民所得倍増計画も、1960年に策定された経済計画の一つである。

　現在、社会保障で多用される計画は、管見によれば、経済計画とは異なる意義がある[9]。第1に、社会保障の計画は、経済計画と異なり、制度に組み込まれた計画である。経済計画は資本主義経済を前提に目標を設定し、政策手段を講ずることに主眼がある。その限りでは、計画や政策手段の対象となる経済は、政府そのものではない。それに対して、社会保障においては、策定主体である政府は、社会保障制度の政策主体や実施主体としての当事者である。ただし、社会保障は、国及び地方公共団体以外の利用者、事業者、住民等の関わりの中で展開する。このため、目標とその実現に向けたPDCAを本来的に内包する計画は、これら関係者の関与なしには実現し得ないことになる。社会保障の計画の立案から実施までの過程に関係者の関与と理解が重要となる所以は、ここにある。第2に、社会保障の計画は、制度の信頼性を高める手段である。社会

保障においては、要保障事由であるニーズに対して給付を行うこと、そのための
のサービス等の整備を行うことが必要となる。換言すれば、需給関係の均衡又
は均需化の実現である。このため、計画は、利用者等のニーズを的確に把握
し、それに対して必要な予算等を確保する上で重要な政策手段となる。第3
は、社会保障の計画は、時に規制に組み込まれることである。サービス等の過
剰供給は、社会保障財政の悪化を招き、最終的には国民負担に跳ね返る。この
ため、サービス等の許認可申請に対して、過剰供給を申請の拒否事由とする場
合がある。その際の過剰供給の判断指標を適正手続きを経て策定された計画に
求めることになる。このような仕組みは、医療保険の保険医療機関の指定に当
たっての過剰病床の指定拒否制度が嚆矢である。現在は、介護保険の施設の指
定等に関する総量規制をはじめ、福祉分野でも類似の仕組みが登場している。

2．社会保障の計画

⑴ **計画の類型**　社会保障の計画は、幾つかの観点から分類することがで
きる。

第1は法定か否かである。さらに法定でも、策定が法的義務（……しなけれ
ばならない）、努力義務（……努めるものとする）、任意（……することができる）に
分かれる。計画は、必ずしも法律の根拠が必要というわけではない。例えば、
1989年のゴールドプランに始まる介護保険法施行までの介護の基盤整備のため
の計画や、1994年のエンゼルプランに始まる子育て支援のための計画は、法定
の計画ではなかった。

第2は策定主体の違いであり、国、地方公共団体（都道府県、市町村）の全部
又は一部による策定が一般的である。国、都道府県、市町村の何れも策定する
場合には、それぞれの役割に応じた整合性が求められる。例えば、市町村が制
度の実施主体であれば、国が基本方針を示し、都道府県が国とともに重層的に
支援するといった関係である。

第3は計画の期間の違いである。一般に短期、中期、長期の別があるが、絶
対的な基準があるわけではない。また、中間年に見直しを行うリボルビング方
式も考えられる。

⑵ **計画の種類**　社会保障から見て重要な計画の区分は、基本法に基づく

計画とそれ以外の個別法に基づく計画である。なお、法律によっては、計画ではない大綱、指針、方針等の用語法もあるが、実質的な計画又は計画に関連することから、本書では計画に含める。

　社会保障に関係する基本法には、計画が規定されているものが多い。その場合の計画の主体は、以下のように法律により異なる。

①国・都道府県・市町村の3段階
　　・障害者基本法の障害者基本計画、都道府県障害者計画及び市町村障害者計画
　　・自殺対策基本法の自殺総合対策大綱、都道府県自殺対策計画及び市町村自殺対策計画
②国・都道府県の2段階
　　・がん対策基本法のがん対策推進基本計画及び都道府県がん対策推進計画
　　・アルコール健康障害対策基本法のアルコール健康障害対策推進基本計画及び都道府県アルコール健康障害対策推進計画
　　・アレルギー疾患対策基本法のアレルギー疾患対策基本指針及び都道府県のアレルギー疾患対策の推進に関する計画
③国のみの1段階
　　・高齢社会対策基本法の施策大綱
　　・少子化社会対策基本法の施策大綱
　　・肝炎対策基本法の肝炎対策基本指針

個別法に基づく計画の内容や主体は多様であるが、主たる目的及び位置付けからは、以下のように便宜上分けることができる。

①社会保障の組織、体制等の基盤を規律する計画
　　・社会福祉法の都道府県地域福祉支援計画及び市町村地域福祉計画
　　・次世代育成支援対策推進法の行動計画策定指針、市町村行動計画、都道府県行動計画及び一般事業主行動計画
②社会保障の給付（ファイナンス）とサービス等の提供体制（デリバリー）を接合する計画
　　・介護保険法の基本指針、都道府県介護保険事業支援計画及び市町村介護保険事業計画

・障害者総合支援法の基本指針、都道府県障害福祉計画及び市町村障害福祉計画
・子ども・子育て支援法の基本指針、都道府県子ども・子育て支援事業支援計画及び市町村子ども・子育て支援事業計画
③社会保障のサービス等の提供体制（デリバリー）を規律する計画
・医療法の病床規制等に関する医療計画及び地域医療構想
・医療介護総合確保法の地域包括ケアシステムに関する総合確保方針、都道府県計画及び市町村計画
・児童福祉法の保育所等の市町村整備計画
④社会保障の給付（ファイナンス）を規律する計画
・高齢者医療確保法の医療費適正化基本方針、全国医療費適正化計画及び都道府県医療費適正化計画
・国民健康保険法の都道府県国民健康保険運営方針

(3) **計画相互の関係性**　計画が多用される現在、異なる計画の間に矛盾や対立が生ずれば、混乱を引き起こす。このため、計画の策定に当たり、関連の計画との調和の確保や他の計画との一体的策定が法律に規定されることがある。あるいは、計画の策定・改定の時期を合せることも、そのための工夫である。

これに対して、ある計画を他の計画の上位計画と位置付けることがある。例えば、社会福祉法に基づく地域福祉計画は、地域における高齢者福祉、障害者福祉、児童福祉等の福祉に関する共通的取組等を規定することになっており、他の社会福祉関係の計画の上位計画と位置付けられている。なお、市町村における上位計画としては、**基本構想**（総合計画）があり、その場合には社会保障の計画もその下位計画となる。[10]

1）　現行法令は、政府の法令検索サイト e-gov（https://elaws.e-gov.go.jp/）で調べることができる。
2）　社会保障の場合、関係者、事業等を法律に位置付けることで、その存在や問題が社会的認知を受け、予算確保等にも資するという効果がある。この実際的理由も時に法制化の背景となる。
3）　マスグレイブ（大阪大学財政研究会訳）『財政学─理論・制度・政治（1）』（有斐閣、1983年）6-7頁

4） 地方財政法に則して見ると、国と地方公共団体の間には、義務的な国庫負担金（10条〜10-3条、34条）、国の事務を委託する場合の国庫委託金（10-4条）、奨励的・任意的な国庫補助金（16条）等がある。

5） 伊奈川秀和『社会保障における連帯概念』（信山社、2015年）162-167頁

6） 基金の中には、国から交付された補助金等が原資となり、地方公共団体、独立行政法人等に基金が造成されるものがある。このため、補助金適正化法施行令（4条）が基金造成費補助金等の概念を設けている。それによれば、複数年度にわたる事務・事業であること、各年度の所要額を予め見込みがたいこと、弾力的な支出が必要であること等の特段の事情があり、予め複数年度にわたる財源の確保が事業の安定的・効率的な実施に必要であることがメルクマールとなる。地方公共団体が基金を造成する場合には、地方自治法（241条）が規定する造成、管理、処分等の規制に従う必要がある。

7） 減価償却は、一定期間使用される固定資産（建物、設備等）について、その耐用年数に応じて価値の減耗を費用として収益から損金又は必要経費として控除する仕組みである。伊奈川秀和『〈概観〉社会福祉・医療運営論』（信山社、2020年）223-224頁を参照されたい。

8） 西尾勝『行政学［新版］』（有斐閣、2001年）290頁

9） 伊奈川秀和『〈概観〉社会福祉法［第2版］』（信山社、2020年）65-66頁では、社会福祉に関する計画の意義を、サービス等の①計画的拡充、②均需化、③面的整備、④民主的統制に整理している。

10） 地方自治法の一部改正法（2011年法律第35号）により規定が削除されるまで、地方自治法は、市町村に基本構想の策定を義務付けていた。地方分権による義務付け・枠付けの見直しの一環として廃止されたものの、多くの市町村が基本構想を策定している。

第4章　社会保障の当事者

第1節　セクター（部門）

1．セクターの意義

　社会保障は、国家対国民という生存権保障の枠組みを前提としつつも、多様な政策の名宛人との間で展開する［第2章第6節参照］。そのこともあり、政策実現には、多様な当事者が介在する［第5章第2節5参照］。このこととも関係して、社会福祉等のサービスの提供に関する供給部門を幾つかの**セクター**に分けることがある。例えば、①公共部門（政府セクター）、②市場部門（営利セクター）、③民間非営利部門（ボランタリー・セクター）、④非公式部門（インフォーマル・セクター）である。この場合の①公共部門は国及び地方公共団体等、②市場部門は株式会社等の営利法人、③民間非営利部門は社会福祉法人、医療法人、NPO法人等の非営利法人、④非公式部門は家族、親族、近隣社会等が想定されている。

　このようなセクター論は、ティトマスの**福祉の社会的分業**（social division of welfare）とも整合的である。彼は、人々のニーズの充足において、税制の優遇措置等による財政福祉（fiscal welfare）のような国家による福祉政策以外に、企業による労働者に対する福利厚生のような企業福祉（occupational welfare）が存在することを指摘する。つまり、社会保障のニーズの充足は、政府のみではなく、多様なセクターにより実現されることになる。これは、社会福祉等のサービスが多様なセクターにより供給されることを示唆する。その嚆矢となる英国ウォルフェンデン委員会の報告書（1978年）は、福祉供給における多様な民間又はボランタリー部門の活動が多元的制度（pluralistic system）のために果たす役割の重要性を指摘している。それ以降、多様な供給部門がそれぞれの役割を果たす供給体制として**福祉多元主義**（welfare pluralism）が人口に膾炙することになる。

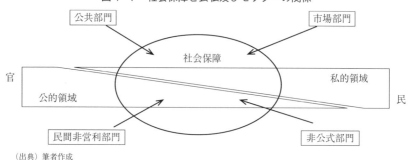

図4-1　社会保障と公私及びセクターの関係

公共部門　　　　　　　　　　　　　　　市場部門

社会保障

官　　　　　　　　　　　　　　　　　　　私的領域

公的領域　　　　　　　　　　　　　　　　　　　　　　　民

民間非営利部門　　　　　　　　　　　　非公式部門

（出典）筆者作成

　確かに社会には、国家の専権に属する領域と逆に国家の関与を許さない私的な領域がある。社会保障は、自助・共助・公助と言われるように、国家の積極的関与を前提としながら、同時に自分の生活は自分で責任を負うべきという意味での**生活自己責任原則**が唱えられる中間的な領域である。経済学者のポランニー（K. Polanyi）の統合の諸形態に即して言えば、公共部門が担う再分配、市場部門が担う交換とともに民間非営利部門が担う互酬の3類型がある。[4]

　社会保障においても、国家対個人の関係や市場だけに委ねられない部分がある。また、各セクターの関係には、社会保障を構成する制度や国によって濃淡がある。つまり、多様な制度含む多様なセクターがグラデーション（濃淡）をつけながら関与するのが社会保障ということになる［図4-1］。

　いずれにせよ、このような類型化は、理念型としての意義を有するが、そこに全てが包含されるわけではない。欧州であっても、大陸ヨーロッパでは、社会保険の保険者としての金庫（仏語caisse、独語Kasse）、共済、労働組合等が存在している。また、労使団体を意味する社会的パートナー（仏語 partenaires sociaux、独語 Sozialpartner）という言葉もある。社会保障政策に与える多大な影響に鑑みるなら、これら関係者は政府でも営利法人でもないにせよ、果たして民間非営利部門と言っていいかは議論の余地がある。[5]

2．準市場としての社会保障

　セクター論が登場する理由の一つは、福祉・医療サービスを典型として社会

保障が準市場であることにある。前述のようにセクターを理念型として捉える
にしても、その背後には、公営主義、官僚制等の非効率性の問題が潜んでい
る。その点も含め敷衍する。

(1) **政府の失敗と新自由主義**　社会保障が市場の失敗に対応するための制度
であることから、生存権もそのような視点で捉えることができる。すなわち、
市場の失敗と国家対国民という人権保障の枠組みが結びつくことにより、国家
が構築した制度が社会保障ということになる。生存権という国家責任に照らせ
ば、国家が制度を直接執行することも選択肢であり、所得保障は比較的それに
馴染む。しかし、福祉・医療サービスのような現物給付となると、国家しか提
供し得ないサービスとはならない。サービスとしての社会福祉や医療は、警
察、司法等のような国家の専管領域ではない。社会福祉を中心に公私分離、公
私分担、公私ミックス等の言葉が登場する遠因も、福祉・医療サービスが官民
の共管領域であることにある。

　社会福祉においては、憲法（89条）の公の支配に属しない慈善等への公金支
出禁止規定とも関係して、公私分離の原則や公的責任の転嫁禁止が重視されてき
た。実際には、社会福祉法人制度を介した「公の支配」と措置委託により、比
較的最近まで国家の関与の強い制度が構築されてきた。それに対して公私分離
原則等がない医療において、逆説的ではあるが、公立病院と民間病院のように
公私が分離され、民間に対する一般的な施設整備費補助は存在してこなかっ
た。何れの分野も生存権保障であるとすれば、福祉・医療サービスに関する制
度設計には、本来裁量の幅があることになる。

　このような公私の関係が世界的にも政策課題として浮上するきっかけは、
「福祉国家の危機」という言葉に象徴される戦後社会保障制度の見直しの動き
であった。それは、日本では、老人医療費無料化により福祉元年と言われた
1973年に時を同じくして起きたオイルショック（石油危機）の頃でもあった。
世界的にも戦後の高度成長は終焉を迎え、ほぼ1980年前後から福祉国家は転換
期に入った。

　そうした時代環境で登場したのが**新自由主義**（neoliberalism）であった。「新」
が示唆するように、自由主義を経て登場したケインズ主義に対するアンチテー
ゼが新自由主義である。本来ケインズが景気循環を超えた長期的な財政投入を

想定していたかは別として、世の中では、ケインズ主義を積極的な財政政策と理解する向きがある。これに、予算の増分のみが厳格な査定対象となり、既存分は現状が維持される**インクリメンタリズム**（incrementalism：漸増主義）が加わり、財政は肥大化・硬直化する。高度成長期には適切な手法も、低成長期の緊縮財政には適合的でなくなるのが典型である。「市場の失敗」の反省の上でに登場した社会保障が今度は「政府の失敗」を招くという主張にもつながる。例えば、硬直化により制度が非効率であり、ニーズの変化に適切に対応できず、制度の谷間を生じさせるといった議論である。

　新自由主義は、市場原理が支配する**市場経済**（market economy）への信頼の上に個人の責任や自由を重視し、政府の介入を縮減することを主張する。世界的には、1970年代後半からの英国のサッチャー政権、米国のレーガン政権の政策が「小さな政府」という意味で新自由主義を色濃く反映している。大陸ヨーロッパでは、1981年に発足したフランスのミッテラン政権が、当初ケインズ主義的な政策をとったものの途中で緊縮財政への方向転換を余儀なくされている。日本では、「増税なき財政再建」を掲げ1981年に発足した第二次臨時行政調査会以降、行政改革、規制改革等を通じて民間参入、民営化、規制緩和等が進められている。このことも、経済のグローバル化が進む中にあっては、世界的な潮流と日本も無縁ではないことを示している。

　(2)　**準市場**　　現実の社会経済の動きは急であるにしても、制度改革は往々にして漸進的である。一旦構築された制度を根底から覆すことは、利害関係者の存在、既得権（的利益）の保護等の関係からも困難である。最初の制度が将来の制度設計の自由度を低下させる方向での作用を**経路依存性**（path dependency）と呼ぶならば、社会保障も例外ではない[8]。このこととも関係して、制度設計の解は一つではなく、複数解が存在する複数均衡が成立することが多かろう。複数均衡においては、解が初期状態、その後の当事者の判断に依存しており、制度も時代や社会経済の状況で異なる淵源もそこにある[9]。社会保障と市場の関係で考えると、仮に市場に委ねることが望ましいとしても、全面的な民営化は、何れかの関係者の利益を損なう可能性がある。その場合には、別の望ましい状態への変化は容易ではないことになる。

　このような現実を直視するなら、社会保障の世界は**準市場**（quasi-market）と

呼ぶのに相応しい。準市場においては、サービスの決定等が公的な制度に則して行われ、費用も全部又は一部が公的に負担されるが、サービスの供給には営利又は非営利の民間主体が参入し、その間には競争が発生する。完全な自由競争ではないにせよ、サービスの提供主体の間に競争がある。この点で、国営又は公営による直接供給とは異なる。また、サービスも無償（贈与）ではなく、対価として支払われる。日本の医療保険、介護保険のような社会保険制度は、公的なファイナンスと民間のデリバリーが一体化しており、準市場と言える。

　市場原理との関係で**バウチャー制度**（voucher system）が唱えられることがある。これは、利用者補助（金券等）を交付し、利用者が自由にサービスを選択する方式である。その場合でも公費又は保険料を投入する以上、社会保障に値するサービスの質を重視するなら、サービスに関する規制が必要となる。その点、バウチャーを利用券と狭く捉えるなら別だが、市場においてサービスを選択・購入する仕組みと捉えるならば、社会保険や社会福祉の個人給付方式は、利用者の選択を許容しており、一種のバウチャー制度とも言える。

　ところで、準市場の主唱者としては、英国のルグラン（J. Le Grand）が有名である。彼は、良い公共サービスの特徴として、①サービスの質が高いこと、②サービスが効率的に実施され管理されていること、③納税者に対するアカウンタビリティ（説明責任）を確保すること、④利用者のニーズや欲求に応答的であること、⑤公平に提供されることを挙げている。その上で、以上5点の目的に対して、公共サービスを提供するための手段（モデル）を①信頼に基づくモデル、②命令と統制を使うモデル、③発言に基づくモデル、④利用者の選択に基づくモデルに分類する。結論的には、5つの目的に照らして、選択と競争を重視する利用者の選択に基づくモデルを彼は支持する。

　このほか、ティトマスが1967年に社会行政の目的を論じた際に提唱した**社会市場**（social market）の概念がある。これは、財、サービス等の資源の配分を交換又は対価関係による市場原理が支配する**経済市場**（econmic market）に対して、人々の多様な必要が市場原理とは異なる贈与、互助等の贈与関係により充足される市場である。政府の介入が排除される経済市場と異なり、社会市場では、政府や企業のみならずNPO、住民、家族等の多様な主体が資源配分の担い手となる。その典型例として、ティトマスは、売血による血液供給より

も、贈与関係に立つ献血の優位性を指摘する[12]。

3．セクター論の留意点

(1) **セクターの交錯**　社会保障、とりわけ福祉・医療サービスにおいては、セクター間には、協働、連携、補完、競合、対抗等の多様な関係が形成される。セクター論が意味をもつのは、社会保障が、このような多様な当事者によって展開する社会システムであるからである。特に外国との比較で福祉国家を考える上では、類型化は有用である。福祉国家といっても、どのセクターがどのような役割を果たしているかは様々である。

　また、セクター論は、生存権保障との関係でも重要である。仮に社会保障を生存権保障のための国家対国民の関係性だけで捉えるならば、現実に存在する多様な関係者が検討の射程範囲から外れてしまう。特に福祉多元主義、公私協働、公私分担論、ニュー・パブリック・マネジメント（新しい公共）等の議論に見られるように、現実の社会保障は多様な当事者によるシステムと理解した方がいい場面が多い。セクター論は、社会保障政策の選択肢を行政の枠から外に開放することにつながる。

　現実には、各セクターは必ずしも相互に無関係に存在しているわけではないことも重要である。市場部門、民間非営利部門、更に場合によれば非公式部門が公共部門と間で法的関係が発生することがある。例えば、社会福祉の措置制度の下での社会福祉法人等への措置委託、**指定管理者**制度の下での株式会社等による公の施設の指定管理、**指定法人**制度の下での指定法人による法令等に基づく事務の実施である[13]。その点では、部門間の関係は、必ずしも截然と区切られるわけではないことになる。更に、現在の社会保障においては、福祉・医療サービスへの営利企業の参入が認められる場合があり、そうなると営利と非営利でセクターを分けることが難しくなる。そのことからしても、セクターを論じる場合には、まず社会保障の当事者の法的位置付けを押さえておくことが望ましい。

(2) **新公共管理**　1970年代以降、英国等のアングロサクソン諸国を中心に、民間の経営手法や市場原理を公的部門に応用した行政管理の方法を意味するニュー・パブリック・マネジメント（New Public Management : NPM）が唱え

られるようになった。[14] 新公共管理とも訳される NPM との関係において、古い行政管理も存在するはずである。最大公約数的に言えば、公益（公）の実現を目的とする行政を国・地方公共団体（官）が自ら担うのが古い行政管理となる。新公共管理の新しさは、この公益の実現の一端を株式会社等（民）が担うことにある［表4-1］。象徴的に言えば、「ガバメント（government）からガバナンス（governance）へ」ということになる。[15] なお、フランスでは、古くから特許とも訳されるコンセッション（concession）により、公役務を契約により私法人に委託することが行われている。それ以外にも、フランスでは多様で弾力的な公役務の遂行形態が存在する。

　ここで行政の機能を企画・立案と執行に分けるとすれば、新公共管理は、行政の執行の局面に関わることになる。また、新公共管理自体には、金額に見合った価値という意味のバリュー・フォー・マネー（value for money）が含意する行政の効率化のような側面もある。しかし、現実の新公共管理は、日本においては、規制改革の脈絡で語られることが多い。社会保障においては、医療はそもそも民間医療機関が多く、社会福祉も措置委託により社会福祉法人等の民間が担い手となってきた。その限りでは、新公共管理を持ち出すまでもなく、民間が行政の執行面に組み込まれてきた。新公共管理が耳目を引くようになったのは、それが規制改革との関係で株式会社の参入を促す理論的支柱になったことが大きい。

　社会保障も対象となり得る NPM の手法に、①プライベート・ファイナンス・イニシアティブ（PFI）、②指定管理者制度、③市場化テストがある。このうちプライベート・ファイナンス・イニシアティブは、PFI 法（民間資金等の活用による公共施設等の整備等の促進に関する法律）に基づき、民間資金等の活用による公共施設等の整備等を意味する。[16] 直営、公設民営、民設公営等との比較で言え

表4-1　公私と官民の関係

	公（公益）	私（私益）
官（国・地方公共団体）	行政	✕
民（株式会社等）	新公共管理	経済活動

（出典）筆者作成

ば、PFIは、民間が整備等を行った施設を民間が運営する点に特徴がある。つまり、民間のノウハウを活用する仕組みである。これまで、病院、福祉施設等の整備にも活用されている。指定管理者制度は、地方公共団体の公の施設の管理を営利法人を含む私法人に行わせることができる地方自治法に基づく仕組みである。[17] 公の施設には、福祉施設等が含まれる。市場化テストは、対象事業（公共サービス）について官と民が競争入札を行い、質と価格の観点から総合的に最も優れた方がサービス提供を担う仕組みである。[18] 競争の導入による公共サービスの改革に関する法律に基づき実施されている。対象は全府省庁に及ぶが、社会保障関係も例外ではなく、システム、保険料収納、庁舎管理等に活用されている。

第2節　国　　民

1．多様な国民

　自然人としての「人」が社会保障の第1の主体であり、憲法の基本的人権や法律の権利義務の主体としても「国民」が基本的単位となっている。民法も通則を別とすれば、第2章「人」から始まる。人又は国民は、権利において平等であるとしても、現実において不平等な存在である。しかも、抽象的な人又は国民と違い、現実の人又は国民には多様な顔がある。

　法制度は、多様な側面をもつ人又は国民を一定の切り口で類型化し、権利義務の主体にしている。労働法の分野では、労働者の概念が一際重要なのに対して、社会保障が対象とする人又は国民は、複数の顔を持った生活者である。社会保障では、制度目的に即して個人を類型化し適用するため、同一人物が様々な名称で呼称されることになる。被保険者、被扶養者、利用者、クライエント、受給者、患者、労働者、住民、消費者、高齢者、障害者、児童などである。

2．類型化による社会化

　(1)　**類型化によるニーズの顕在化**　　対象者の類型化は、対象者の選定であり、ニーズの社会化の側面を帯びる。場合によれば、一定のニーズを有する人々を切り出し、類型化することにより、従前十分認識されてこなかったニー

ズが顕在化することにもなる。

　その際の問題の第1は、類型化には制度的割切りを伴うことである。例えば各人のニーズは区々であり、その程度は連続的に（グラデーションで）変化するとしても、類型化はどこかで線を引かざるを得ない。特に社会保険の場合には、対象者の類型及び給付の何れにおいても定型性が強い。社会福祉の必要性の一つは、社会保険によっては十分吸収できないニーズの存在がある。しかし、社会福祉においても、児童、高齢者等の年齢区分のように類型化の問題が避けられない。その点に関しては、18歳までの児童養護施設の入所年齢のように、一定の場合に年齢要件を弾力化することで対応する必要がある。

　第2は、類型化には政策選択の議論を伴うことである。例えば被扶養者概念である。社会保険の権利義務の主体は、まずは被保険者である。ところが、被保険者に生活を維持されている被扶養者には、保険料拠出なしに医療保険の給付を通じて受益が及ぶ。また、年金のうちの遺族年金も、保険料拠出のない遺族が受給権者となる。これに対して、年金の第3号被保険者は、被保険者として受給権が発生する。何れの場合もニーズは存在するが、保険料拠出を伴わない。これらは類似の構造問題であるにもかかわらず、医療保険で問題視されず、年金で議論を呼びやすい［第8章第2節及び第5節参照］。

　(2)　**類型の重複**　一人の人が複数の類型に当てはまることは、社会保障では頻繁に起こる。場合によれば、一個人が複数の困難に直面し、ニーズが重複することにもなる。困難が一つだけであれば、個人の自助努力で乗り切ることができるかもしれないが、重なり合うとき困難度は増大する。実際、生活保護の受給理由を見れば、複数の理由が重複・蓄積することが分かる。

　社会保障は、低所得者、病者、障害者、高齢者といった形でターゲットを絞ることにより、最も必要な人に適切な給付を行うことが可能となる。しかし、ターゲットを選定するために投入される労力と費用、個人への干渉等が過剰になれば、それはそれで問題である。場合によれば、類型毎の社会集団の形成は、社会の分断を招くリスクもある。

　そのほか、一個人が複数の困難を抱えるのであれば、ターゲット化が必ずしも有効とは限らない。これまで生活保護がありながらも、社会保険の制度拡大が進められた理由には、ターゲット化が引き起こすスティグマの回避や保険料

による財源調達の確保がある。しかし、それだけでなく、普遍的で定型的なリスクの場合には、社会保険の仕組みにより、ターゲット化の煩雑さや過干渉を回避できることもある。つまり、選別主義よりも普遍主義を選択すべき場合もあることになる。

　(3)　**類型の間隙**　　類型化とは線引きであり、如何に線を引くかが問題となる。ところが、現実の人々は唯一無二の多様な顔をもつ存在であり、他の人との差異は連続的である。例えば、低所得者と高所得者と分類したとしても、所得水準の差は連続的であり、必ずしも二分できない。しかも、社会保障に関係する概念には、人々の中流意識に関係する上流、中流、下流のように、抽象的で数量的に線が引きにくいものが存在する。加えて、現実の所得等と意識は必ずしも一致しない。その一方、概念化については、児童虐待等の虐待のように、それにより問題が認識可能となり対策が進む例もある。

　注意すべきは、ニーズに対応した概念化や制度への反映は不可避だとしても、そこから漏れ出る人々を生み出すリスクを伴うことである。社会的排除（ソーシャルエクスクルージョン）が起きる所以もそこにある。従って、最も適切な者に最も適切な給付等を行うこと、そのために最も適切な者を権利又は義務の主体とすることが必要となる。類型化とは、そのような社会保障の本源的な要請への対応と言える。また、社会的排除等の問題との関係では、常にセーフティネットの網を幾重にも張る必要がある。

　社会保障の概念は、それが政策課題へのアプローチや制度の設計にも影響するだけに、類型化には様々な問題が潜んでいることを認識しておく必要がある。

第3節　国

1. 国の行政組織

　国の行政機関は、内閣総理大臣等の国務大臣で構成される**内閣**の統括の下で組織される（憲法65条等）。社会保障も含め国の重要な意思決定が閣議における**閣議決定**で行われるのも、これに関係する。内閣の意思決定である以上、内閣が代わったとしても閣議決定の効力は維持される。

国の行政機関、その長等の組織は、基本的に法律で規定される。一般的に省庁と言われる大半の行政機関は、国家行政組織法が根拠法となる。それ以外の内閣府、会計検査院、内閣の内閣官房等は、国家行政組織法以外で規定されている。各省庁の設置については、別途設置法が存在している。各省庁の官房、内部部局は、かつては設置法に規定されていたが、現在は政令による。この結果、政策課題の変化に対応して内部部局の改変が容易になっている。

　政策の企画立案との関係で重要な合議制の機関に**審議会**がある［第5章第2節4参照］。所掌は重要事項の調査審議だけでなく、審議会によっては、不服審査等も対象となる。このため審議会以外の名称も多く、一括して審議会等と呼ばれる。また、行政機関には、研究所、施設等の施設等機関が置かれることがある。

　このように行政機関は多様であるが、行政事務が各大臣に分担管理されるなど、ピラミッド型の縦割組織になる。この縦割りの弊害を防止・解消する役割が、内閣官房にある。現在、社会保障も含め多くの施策が各省庁に跨がることから、内閣官房の役割が増大する傾向にある。

2．厚生労働省等

　(1)　**厚生労働省**　　社会保障を担う行政機関に**厚生労働省**がある。そのことは、厚生労働省設置法が「社会福祉、社会保障及び公衆衛生の向上及び増進並びに労働条件その他の労働者の働く環境の整備及び職業の確保を図ること」を任務として規定していることにも表れている。この任務を遂行するため、大臣官房に加え、多くの内部部局が置かれている。

　審議会等としては、社会保障審議会、厚生科学審議会、労働政策審議会、医道審議会、薬事・食品衛生審議会等がある。社会保障に特に関係の深いのが**社会保障審議会**である。現在の審議会等は整理合理化により大括りになっており、その下に分科会及び部会が置かれることが多い。これは、審議会等が役所の隠れ蓑と批判されてきたことから、審議会の数が絞られた結果である。現実には、関係者の参画する審議会での議論なしに政策を決定することへの批判もあり、結果的に分科会及び部会が増えた。分科会は、審議事項のまとまりが大きく、独立性が高い場合に法令で直接設置される。部会は、逆に審議事項のま

とまりが大きくないか、独立性が高くない場合に総会の決議で設置される。[19]本来部会は特定の目的のため一定期間設置されるべき会議体だが、現実には常設化される傾向にある。

(2) **その他の行政機関**　厚生労働省以外に関係が深い行政機関は、財務省、総務省、内閣府である。**財務省**は、社会保障給付の予算、税制上の優遇措置などが関係する。**総務省**は地方税の減免の関係もあるが、社会保障が地方負担を伴うことから地方財政の関係でも重要である。**内閣府**には、少子化対策、高齢社会対策、障害者対策等の総合調整の側面もあるが、子ども・子育て支援法等の所管でもある。仕事と生活の調和（ワーク・ライフ・バランス）の関係では、内閣府の男女共同参画局が関係してくる。[20]

　この調整という点では、社会保障は**文部科学省**の幼児教育、特別支援教育等とも関係してくる。また、バリアフリー、住宅等の関係では、**国土交通省**も重要である。その他、成年後見、要保護児童等の関係では、**法務省**との関係もある。政策形成の総合調整等の機能は、**内閣官房**（内閣法12条）に帰属する。内閣官房の長は内閣官房長官である。なお、2000年の中央省庁再編により厚生労働省の誕生により、子育て支援、社会保険、生活困窮者対策、障害者施策など、一つの省として一体的に実施できるようになり、統合の相乗効果が発揮されている。

第4節　地方公共団体

1．地方公共団体の類型

(1) **都道府県及び市町村**　地方公共団体は、地方自治法上の用語であり、地方自治体と同義で使われることが多い。地方公共団体には、①**普通地方公共団体**と②**特別地方公共団体**がある（自治法1-3条2項）。一般に地方公共団体で思い浮かべるのは、普通地方公共団体である都道府県と市町村である。

　このうち**都道府県**は、市町村を包括する広域的な地方公共団体である。その名の通り、47の都・道・府・県から成る。**市町村**は、基礎的自治体と呼ばれるように身近な地方公共団体である。都道府県と市町村との間には上下関係はなく、広域的か基礎的かの違いに止まる。このため、都道府県の処理する事務

は、広域にわたるもの、市町村の連絡調整に関するもの、規模・性質の面で市町村が処理することが適当でないものとなる。社会保障で市町村が実施主体の場合、都道府県はそれを重層的に支援する役割となることが多い。

　なお、市の中には、指定都市と中核市がある。**指定都市**は、人口50万以上の市のうちから政令で指定されることから、政令指定都市とも呼ばれる。指定都市になると、都道府県の権限の多くが委譲される。社会福祉、保健医療等の事務は、その典型である。**中核市**は、人口20万以上の市の申出に基づき政令で指定される。中核市の場合には、指定都市に準じて権限が委譲される。委譲対象の典型が社会福祉であり、社会福祉各法の許認可、社会福祉法人の監督等がその範囲に含まれる。なお、保健所については、地域保健法（5条）に基づき、都道府県のほか指定都市、中核市、特別区、政令で定める個別の市に設置される。

　(2)　**特別地方公共団体**　特別地方公共団体は、普通地方公共団体以外の法人である。社会保障と関係が深いのが特別区、地方公共団体の組合である一部事務組合と広域連合である。

　このうち**特別区**は、東京23区のことである。市町村の権限と大半は重なるが、上下水道、消防等は東京都が担う[21]。なお、指定都市にも区があるが、市の行政区であって特別地方公共団体ではない。**一部事務組合**は、都道府県、市町村がその事務の一部を共同処理するために規約により設置される。**広域連合**は、都道府県、市町村が広域処理が適当な事務に関する広域計画を作成し規約により設置される。一部事務組合と広域連合は類似するが、一部事務組合が同じ事務の共同処理であるのに対して、広域連合は異なる事務も可能である。また、広域計画には、広域連合の事務だけでなく、構成団体の関連する事務も盛り込むことができる。

2．専門諸機関

　(1)　**社会福祉関係**　社会福祉及び保健医療には、地方公共団体が設置する専門機関が多い。

　社会福祉分野では、社会福祉法（14条）が規定する福祉に関する第一線の事務所として**福祉事務所**がある。都道府県及び市は必置であるのに対して、町村

は任意設置である。このため、福祉事務所を設置しない町村については、都道府県の福祉事務所が所管することになる。福祉事務所が処理する事務は、福祉六法（都道府県事務所の場合は、生活保護法、児童福祉法、母子及び父子並びに寡婦福祉法の3法）が規定する援護、育成等の措置等であるが、実際には生活保護の実施の比重が高い。職員としては、スーパーバイザー（査察指導員）、ケースワーカー（現業員）等である。

児童福祉法（12条）が規定する児童及びその家庭のニーズ、状況等を踏まえた相談援助活動を行うための機関が**児童相談所**である。この児童家庭相談に関しては、現在市町村が第一線の機関となっている関係から、児童相談所は、より専門性の高い相談援助を行うことになる。また、児童相談所は、児童虐待等の要保護児童の関係で支援だけでなく、介入の役割も有する。児童相談所は、都道府県、指定都市と政令で定める児童相談所設置市に設置される。職員としては、児童福祉司、相談員、精神科医、児童心理司等が配置されるのが特徴である。

障害者関係では、身体障害者更生相談所と知的障害者更生相談所がある。**身体障害者更生相談所**は、身体障害者福祉法（11条）に基づき都道府県及び指定市に設置される専門機関である。身体障害の専門的判定のほか、市町村間の連絡調整、市町村に対する情報提供、技術的援助・助言等を行っている。職員としては、身体障害者福祉司等の専門的な職員が配置される。**知的障害者更生相談所**は、知的障害者福祉法（12条）に基づき都道府県及び指定市に設置される専門機関である。知的障害者の医学的・心理学的・職能的判定のほか、市町村の連絡調整、市町村に対する情報提供、技術的援助・助言等を行っている。職員としては、知的障害者福祉司等の専門的な職員が配置される。

精神障害者の関係では、精神保健福祉法（6条）に基づき、精神障害者の福祉増進のための機関として**精神保健福祉センター**がある。精神保健福祉センターは、都道府県及び指定都市が設置する。そこでは、精神保健福祉に関する知識の普及及び調査研究、精神保健福祉に関する相談・指導のうち複雑又は困難なものを行うことになっている。また、精神医療審査会の事務を行うのも精神保健福祉センターである。配置される職員は、精神科医、精神保健福祉士、臨床心理技術者等の専門職である。

この他には、売春防止法（34条）に基づき都道府県（指定都市は任意設置）に設置される**婦人相談所**がある。婦人相談所では、売春関係の要保護女子に関する相談、医学的・心理学的・職能的判定、一時保護等を行う。これに加え、DV防止法（配偶者からの暴力の防止及び被害者の保護等に関する法律）に基づき、**配偶者暴力相談支援センター**の機能を婦人相談所等が担うことになっている。その場合の業務としては、相談や相談機関の紹介、医学的・心理学的なカウンセリング、被害者等の緊急時の安全確保及び一時保護、自立促進のための情報提供等がある。

　(2)　**保健医療関係**　　保健医療分野の専門機関としては、地域保健法（5条等）に基づく**保健所**がある。[22]　保健所は、都道府県、指定都市、中核市、特別区、政令で定める個別の市（保健所設置市）に設置される。保健所の業務は大別すると①住民に対する対人保健と②生活衛生関係の対物保健に分けられる。このうち対人保健は、健康増進法、感染症法、予防接種法、母子保健法、精神保健福祉法等に関係する。対物保健は、食品衛生法、興行場法等、水道法、墓地埋葬法等が関係してくる。保健所は疾病予防、健康増進、環境衛生など公衆衛生の中核となる機関である。そこでは、医師、歯科医師、薬剤師、獣医師、保健師、管理栄養士等の職種が業務に従事している。このほか、地域保健法（18条）に基づき市町村が設置することができる施設として**市町村保健センター**がある。市町村保健センターでは、住民に対して健康相談、保健指導及び健康診査など、身近な対人保健サービスを行っている。

第5節　公法人

1．公法人の意義

　理念型としてのセクターは、実際の法人類型への当てはめが必要となる。その前提となるのが、法人に関する正確な理解である。とりわけ、公法人は多様であり、各法人が如何なるセクターかは自明ではない。

　そもそも**公法人**を定義するなら、その名の通り公法上の法人である。一般には、国の特殊法人、認可法人、独立行政法人等のほか、地方公共団体の地方独立行政法人、地方公社等がある。[23]　代表的な公法人に**独立行政法人**がある。独立

行政法人通則法（2条）によれば、独立行政法人は、国が直接実施する必要の
ない公共性のある事務・事業のうち、民間主体に委ねるのでは必ずしも実施さ
れないおそれがあるもの、又は一の主体に独占して行わせる必要があるものが
対象となる。この定義からも、独立行政法人が国と私法人との中間に位置する
ことが分かる。事務・事業の内容も一様ではない。中には行政執行法人のよう
に、国の行政事務と密接に関連する公共上の事務等を行う法人もある。

　特殊法人等の公法人については、2001年に特殊法人等改革基本法が制定さ
れ、2006年までを集中改革期間として、廃止等の見直しが行われてきた。その
中には、道路、空港等の公団のように民営化されたものもある。そのことから
すれば、公的セクターか否かは、見方によって変わってくることになる。

２．社会保障関係の法人

　社会保障関係の公法人も多い。独立行政法人としては、国立病院機構、地域
医療機能推進機構等のような医療機関、福祉医療機構のような融資機関、国立
重度知的障害者総合施設のぞみの園のような福祉施設、年金積立金管理運用独
立行政法人のような資金運用機関など多様である。特殊法人には、日本年金機
構がある。医療保険関係の全国健康保険協会は、独立行政法人や特殊法人の類
型に入らない特別な公法人である。また、診療報酬の審査支払機関である社会
保険診療報酬支払基金や企業年金の中途脱退者の給付等を行う企業年金連合会
は民間法人であり、国の役員任命や出資はないが、法律に基づく法人であるこ
とから、特別民間法人と言われている。

第６節　私　法　人

１．私法人の意義

　私法人は、字義的には私法上の法人であり、公法人の対概念である。法人
は、民法その他の法律によらなければ設立できない（民法33条１項）。これを**法
人法定主義**というが、逆読みすれば、法律があれば新たな法人が登場すること
になる。実際、私法人の場合も、多様な法人が存在する。社会経済が発展し、
活動が大規模化すれば、自然人と同じように権利義務の主体となる法人の存在

なしに社会は成り立たない。逆に言えば、法人格が付与されることにより権利義務の主体となるだけでなく、社会的信用が高まる。しかも、自然人のような寿命はないことから、永続性が高まることになる。

　私法人は、公益性や営利性の有無、社団と財団の違い等により分類することができる。社会保障との関係では、事業者等について、法人であることを要件とする場合がある。また、法人を非営利法人に限定し、営利法人の参入を認めないサービス分野があることから、営利性の有無も重要となる。

　営利法人の最たるものは、会社法が規定する**株式会社**である。株主から株式により資金を調達し、利益を株主に配当する。営利性の有無でいう営利とは、利益を上げることではなく、その利益を配当等により分配することを意味する。それ故、利益が両者や社会に還元されないことが、社会保障では問題となるわけである。

　非営利法人は、一般法人法（一般社団法人及び一般財団法人に関する法律）が規定する**一般社団法人**と**一般財団法人**が代表例である。非営利に加え公益性を有する公益法人としては、**公益社団法人**と**公益財団法人**がある。公益法人には、公益認定法（公益社団法人及び公益財団法人の認定等に関する法律）に基づき、一般社団法人又は一般財団法人が内閣総理大臣又は都道府県知事の公益認定を受けることが要件である。この場合の公益とは、一般に不特定かつ多数の者の利益の増進を意味する。公益認定を受けるためには、23の公益目的事業の何れかに該当する必要がある。この中には、①障害者、生活困窮者、事故・災害・犯罪の被害者の支援、②高齢者福祉の増進、③勤労意欲のある人への就労支援、④公衆衛生の向上、⑤児童、青少年の健全育成、⑥勤労者の福祉向上のように社会保障関連の事業も含まれる。

　非営利の民間組織としては、**NPO**がある。このうち、特定非営利活動促進法（NPO法）に基づく認証により法人格を付与されたのが**NPO法人**（特定非営利活動法人）である。認証の対象となる不特定多数の利益増進を目的とする特定非営利活動には、①保健、医療又は福祉の増進を図る活動、②子どもの健全育成を図る活動、③職業能力の開発又は雇用機会の拡充を支援する活動のように社会保障に関連する活動も含まれる。

2．社会保障関係の私法人

　一般法人法及び公益認定法が、非営利法人、公益法人の一般法である。社会保障分野には、特別法に相当する法律に基づく非営利法人が存在する。社会福祉法に基づく社会福祉法人と医療法に基づく医療法人である。このうち**社会福祉法人**は、社会福祉事業を行うことを目的として設立される非営利公益法人であり、財団法人的な性格を有する。その高い公共性と公的・適正な運営を担保するため、一般の公益法人より厳格な規制が課せられている。これに対して**医療法人**は、非営利ではあるが公益法人ではなく、社団と財団の両方の形態がある。医療法人の目的は、法人格の付与により医業経営の安定・発展を実現することにある。両方の法人は地域における福祉・医療サービスの担い手であり、法人間の連携を促進するため、それぞれ**社会福祉連携推進法人**、**地域医療連携推進法人**の設立が認められている。

　このほか、非営利法人としては、消費生活協同組合法に基づく**生活協同組合**（生協）がある。[24] 生協は、組合員の相互扶助（共益）を目的とする。事業としては、共同購買活動意外に病院等の医療事業、介護サービス等の福祉事業もある。また、労働者が出資し設立する組合形式の法人として**労働者協同組合**が2020年成立の労働者協同組合法により規定されている。

　生協も含めた活動は、世界的には**社会的連帯経済**（économie sociale et solidaire）又は連帯経済（solidarity economy）の一環として理解することができる。これは、社会的連帯経済の母国であるフランスの2014年の法律の定義によれば、株式会社等による営利目的の経済活動とは異なり、営利を目的とせず民主的なガバナンスにより利益の大半が活動の維持・発展に向けられる活動である。

3．その他

　自治会・町内会等は、地方自治法（260-2条）に基づき市町村長の認可を受けることにより、**認可地縁団体**（地縁による団体）として法人格が認められる。つまり、法人格を有することで、権利義務の主体となり、集会所等の不動産を保有することができる。これにより、良好な地域社会の維持及び形成に資する地域的な共同活動を通じてコミュニティ機能の向上が期待される。

第7節 法人格を有しない主体

1. 権利能力なき社団

　社会保障の特徴としては、必ずしも権利義務の主体とはなり得ない法人格を有しない団体にも役割を求めることがある。ボランティア団体、住民組織、有志の会など、呼称は区々であろうが、全ての団体がNPO法人、一般社団法人等の法人格を取得しているとは限らない。

　法人格を有しない場合であっても、①団体としての組織、②多数決の原則、③構成員の変更に左右されない団体の存続、④代表の方法、総会運営、財産管理その団体としての主要な点が確定していることを要件に権利能力が認められる場合がある。そのような団体が**権利能力なき社団**であり、社会福祉等の活動において重要である。

2. コミュニティ

　社会問題は地域レベルで発生することがある。地域の視点は、現在、日常生活圏域、小・中学校区、医療圏等の地域を単位とする枠組みが重要な機能を担っている。そもそも憲法（92条）の「地方自治の本旨」が含意する自治には、①住民自治と②団体自治がある。このうち住民自治は、住民自らが考え自ら治めることである。その点でも、コミュニティ機能を向上させることは、地方自治にも合致する。

　実際、地域における信頼関係、互酬性及びネットワークを強化することは、地域社会がソーシャルキャピタルとしての協調性を高め、地域の福祉や健康を増進させることになる。現在、社会保障の給付とは別に保健福祉等の住民活動が事業に位置付けられる場合があり、このことは**ソーシャルキャピタル**としても重要である。

　ところが、地域で問題に取り組もうとするとき、地方公共団体や認可地縁団体のような法人格を有する団体で対応が完結するとは限らない。しかも、給付法を中核とする権利義務関係の下では、法人格を有しない存在を制度上に位置付けることには一工夫いる。各種給付法では、給付とは別に保健福祉等に関す

る事業が法律上規定されるのも、そのためである。つまり、給付法の体系に位置付けるが、厳格な権利義務関係とは異なる弾力的な対応が事業によって可能となるわけである。

1）　実定法上の概念ではなく、分類や呼称は論者により異なる。

2）　R. Titmuss, 'The social division of welfare : Some reflections on the search for equity', in *Essays on the "The welfare state"*, Alen & Unwin, 1963, pp.117–130

3）　*The future of voluntary organizations: Report of the Wolfenden Committee*, Croom Helm, 1978

4）　カール・ポランニー（玉野井芳郎・栗本慎一郎・中野忠訳）『人間の経済Ⅰ［岩波選書］』（岩波書店、1980年）88–102頁

5）　ポール・スピッカー（武川正吾・上村泰裕・森川美絵訳）『社会政策講義　福祉のテーマとアプローチ』（有斐閣、2001年）140–141頁は、大陸ヨーロッパに見られる相互扶助（連帯）の仕組みをボランタリー部門（民間非営利部門）と位置付けてはいるが、「独立した一部門と見なすほうが適当かもしれない」とした上で、英語圏の論文がこのような仕組みにわずかな注意しか払ってこなかったとも述べている。

6）　OECDが1980年に開催した1980年代の社会政策に関する会議が契機となっている。OECD編『福祉国家の危機』（ぎょうせい、1983年）は、その関係の文書の邦訳である。

7）　自由放任（レッセフェール）に象徴される自由主義は、経済への国家の介入に謙抑的な19世紀的な消極国家に対応する。ケインズ主義は、社会問題への国家の介入を前提とする社会権に象徴される積極国家に対応する。

8）　P. Pierson , *Politics in time: History, institutions, and social analysis*, Princeton University Press , 2004 ; J. S. Hacker , *The divided welfare state : The battle over public and private social benefits in the United States* , Cambridge University Press , 2002

9）　ゲームの理論にある囚人のジレンマが参考となる。2人の囚人（A、B）に自白（①）と黙秘（②）の選択肢があるとすると、そこには4つの組合せ（A①・②×B①・②）が生じる。仮に黙秘（②）から自白（①）に転じた場合に自分の利益は増え、別の囚人の利益が減るが、逆に自白（①）から黙秘（②）に転じた場合には自分の利益は減り、別の囚人の利益は増えるとすれば、2人とも自白の場合には、状況を変える（黙秘に転ずる）インセンティブが働かない均衡状態が生じる（ナッシュ均衡）。

10）　ジュリアン・ルグラン（後房雄訳）『準市場　もう一つの見えざる手　選択と競争による公共サービス』（法律文化社、2010年）7–33頁

11）　P. Alcock et al., *Welfare and wellbeing: Richard Titmuss's contribution to social policy*, Policy Press, 2001, p.206

12）　R. Titmuss, *The gift relationship: from human blood to social policy*, Allen & Unwin, 1970

13）　指定管理者は、地方公共団体が指定する法人等に公の施設の管理を行わせる地方自治法（244–2条等）上の制度であり、その対象には民間事業者等が幅広く含まれる。また、

指定法人は、「国からの指定等に基づき特定の事務・事業を実施する法人に係る規制の新設審査及び国の関与等の透明化・合理化のための基準」（2006年8月15日閣議決定）により、法令等に基づき国の指定、認定、登録等を受けて、法令等で定められた特定の事務・事業を実施する法人である。

14) NPMは行政学のテーマでもあり、真渕勝『行政学［新版］』（有斐閣、2020年）135–148頁等を参照されたい。

15) 西尾勝『行政学［新版］』（有斐閣、2001年）367頁

16) 内閣府ホームページ（https://www8.cao.go.jp/pfi/index.html）

17) 伊奈川秀和『〈概観〉社会福祉法［第2版］』（信山社、2020年）28–30頁

18) 総務省ホームページ（https://www.soumu.go.jp/main_sosiki/gyoukan/kanri/koukyo_service_kaikaku/index.html）

19) 「審議会等の整理合理化に関する基本的計画」（1999年4月27日閣議決定）

20) 政労使等による官民トップ会議が2007年に「仕事と生活の調和（ワーク・ライフ・バランス）憲章」及び「仕事と生活の調和推進のための行動指針」を策定している。

21) 市区町村と言うべき場合も、区を省略して、単に市町村と言うことが多い。

22) 保健所は、福祉事務所と統合した保健福祉センター等の組織になっている場合がある。

23) 詳細は、伊奈川秀和『〈概観〉社会福祉・医療運営論』（信山社、2020年）49–52頁を参照されたい。

24) 生協は19世紀英国のロッチデール公正開拓者組合に淵源を有する世界的な活動である。その経営原則にロッチデール原則がある。具体的には、①購買高による剰余金の分配、②品質の純良、③取引は市価で行う、④現金取引、⑤組合員の平等（一人一票制）、⑥政治的・宗教的中立の原則、⑦組合員の教育促進である（https://jccu.coop/about/history/）。

第5章　社会保障政策の実現過程

第1節　政策の当事者の関係性

1．政治関係

　法治国家における法制度の形成・実施までには、多様な当事者関係の中で展開する政治過程が不可欠である。まず、多様な関係者の存在は、当事者間の利害の対立もあり、政策の実現過程が単線的でないことを示唆する。しかも、政策が行政機関において立案されるとしても、行政権のみで完結せず、政策実現には、与野党との調整を含む政治過程が必然となる。理由の第1は、政策手段の中核である法律と予算は、唯一の立法機関である国会の議決なしには法律とならないからである（憲法41条・59条・86条）。第2に、内閣総理大臣及び過半数の国務大臣が国会議員の中から選ばれる議院内閣制（憲法67条・68条）の下では、与党という権力機構の関与を抜きには、政策は実現しない。第3に、委員会中心主義の国会での法案審議では、通常逐条審議は採用されておらず、議員同士ではなく政府への質疑に大半の時間が充てられることから、円滑な審議が法案の成否に関わる。

　とりわけ、国民生活に関係の深い社会保障は、政治問題化しやすい。このことが、社会保障における政治過程の比重を高めることになる。しかも、法案の審議には自ずと一定の時間を要し、国会の会期が限られている以上、法案には優先順位を付けざるを得なくなる。これが、解釈運用で対応できるものは、できる限り解釈運用でということになる遠因でもある。逆に言えば、法律なしには実現が難しく政治的にも重要な政策は、予算確保の問題はあるにせよ、法制化は不可避となる。要するに、政策は、政治と行政の相互関係や相互作用の中で形成されることになる。これは、社会保障も例外ではない。経済が希少な資源の合理的配分であるなら、政治は希少な資源の権威的な配分であり、社会保障もそのことを無視できないことになる。[1]

2．行政の内部関係

　行政機関相互の関係は、国家行政組織の問題であると同時に、明確な権限の下で実際に政策を担う**官僚制**の問題である。府省のような行政機関は、意思決定等を行う大臣を頂点としたピラミッド構造になっており、補助機関として局長、課長等が置かれている。このことは、最終的な権限は大臣にあるにしても、実際には文書決済規程等に基づく専決・代決により、下のレベルで事務が進む。さもなければ広範多岐にわたる日々の業務執行に支障を来すことになる。

　専決・代決を必要とする事情は、府省の枠を超えて共通である。この結果、行政機関の内部又は相互の調整を要する政策は、下位から上位に向かって補助機関同士の調整を経て合意形成が図られることになる。行政機関の内部及び相互には、基本的に上下関係はない。従って、府省間の調整では、上意下達による命令や指示は意味をなさず、合理性、客観性、公平性等が重視されることになる。それ以外にあるとすれば、政治、世論、利害関係者等の外部との関係である。まさにマックス・ウェーバーが言うところの制定規則による合法的支配における、没主観的な官職義務に基づく職業労働としての政策形成である。

　このような行政の政策形成にとって特に重要なのが政治との関係である。多くの制度が法律を必要とする以上、政策は、政治や政権にとって受け入れ可能なコンセプトに仕立てる必要がある。特に選挙との関係では、メッセージ性の強い概念、理念等が重要となる。更に、重要政策には予算が重点配分されるのが常であり、多くの施策が器（予算）に合わせて形成されることになる。このような事情もあり、似たような施策が、多少の変更を加えながら、時々の重要施策として登場することになる。この点は、社会保障にも当てはまる。

　しかし、政府の政策のキャッチフレーズは移ろいやすい運命にある。耳目を集めるキャッチフレーズに踊らされず、根底にある普遍的な部分に目を向ける必要があろう。変化する中で、残る部分とそうでない部分があり、普遍的な部分が重なり合いながら、政策は次の展開に入ることになる。世のステレオタイプ化された官僚制のイメージとは異なり、可変生・可塑性に富んでいるのが現実の官僚制である。

3．ステークホルダーとの関係

　政策実現にとって、ステークホルダー（stakeholder）としての利害関係者との調整は必須である。それは、利害関係者が、政治にとって支持者であれば尚更である。そうでなくとも、利害関係者の反対は、政策の円滑な実施を困難にすることになる。また、世論の反対も同様であり、政策は世論の動向に敏感にならざるを得ない。ステークホルダーは、とりわけ福祉・医療サービスの場合には、企業、サービス提供事業者、専門職、利用者、労使、NPOなど多様である。逆に年金等の所得保障の場合には、国と国民と二極化し、ステークホルダーとの利害調整とは異なる政策形成上の難しさがある。

　このため、行政の隠れ蓑との批判はあるが、現実問題として審議会等が調整に果たす役割は大きい。とりわけ、審議会等のうちでも、労使、診療報酬の支払側と診療側のように対立構造が委員構成に反映される場合は、利害調整が審議を通じてなされることになる。もちろん審議会等の会議は表舞台であり、実際の関係者との調整は、その前後の場外で進むことも多い。その点では、まず委員の構成が重要であり、利害関係者から見れば審議会委員への代表者の送り込みは、関係団体の存在意義にも関わってくる。根回し等も含め、このようなコンセンサス重視の政策形成は、平時には優れた調整手法ではあるが、緊急時や時代の転換点では、律速要因がボトルネック（隘路）となる可能性がある。

4．地方公共団体との関係

　(1)　**地方分権**　　社会保障において、国で完結する政策は少ない。確かに年金、雇用等のように国の比重が高い分野もあるが、社会福祉、医療等は、身近なサービスだけに、地方公共団体を抜きに政策を考えることができない。その際問題となるのが国と地方公共団体との関係である。日本は連邦制国家ではないものの、地方自治を憲法（92条等）も保障する。

　地方自治は、地方のことは地方公共団体に委ね、その住民の意思に基づいて処理するという考え方である。地方自治法（1‒2条2項）も、国との適切な役割分担という点で、住民に身近な行政はできる限り地方公共団体に委ねることを基本としている。対する国は、国家の存立に関わる事務、全国的統一性が必要な国民の諸活動など全国的規模・全国的視点が求められる施策・事業を重点

的に担うことになる。

　地方自治とも関係するのが地方分権と中央集権である。権力を中央政府（国）に集中させるのが**中央集権**であるのに対して、**地方分権**は権力を地方政府（地方公共団体）に分散させる考え方である。大きな流れとしては、日本は中央集権から地方分権に移行してきた歴史である。近代化の過程では、富国強兵、殖産興業が叫ばれ中央集権が効果を発揮したが、成熟社会においては、地方分権が優勢となる。とりわけ、地域の実情を踏まえサービスが求められる福祉・医療サービスは、地方分権に適する分野である。

　過去、行政全般にわたる地方分権改革が何度も実施されてきた。その中にあって社会保障は先駆的な改革がなされてきた分野でもある。例えば、**福祉関係八法改正**（1990年）である。これより前の時代、老人福祉法、身体障害者福祉法等の８法の措置権は都道府県にあった。これを改正により基本的に市町村の権限とするなど、市町村を中心とした福祉サービス提供体制が構築されることになった。地方における地方分権がこの改正であったことになる。

　(2)　**地方公共団体の事務**　　政策の実現過程に影響するのが、実際に地方公共団体が処理する事務である。地方自治法（2条）は、事務を①**法定受託事務**と②**自治事務**に分け、法定受託事務以外は自治事務とされる。この消去法による定義から、法定受託事務が重要となる。現行体系は、1999年の地方分権一括法（地方分権の推進を図るための関係法律の整備等に関する法律）により機関委任事務が廃止されることで登場した。戦後の機関委任事務は、その名の通り地方公共団体の長を国の下部機関のように位置付け、国の事務を委任する仕組みであっ
5)
た。これが地方自治を阻害するとの批判もあり、法定受託事務においては、国の統制色は弱まっている。

　敷衍すると、まず法定受託事務とは、国が本来果たすべき役割に係る事務であって、国においてその適正な処理を特に確保する必要があるものとして法律又はこれに基づく政令に特に定めるものである。機関委任事務と異なり、法定受託事務も、国の事務ではない。国の権限として、是正の指示、代執行等が認められているが、地方公共団体の長の罷免権は、国にはない。逆に自治事務の場合にも、法律等により事務処理が義務付けられるものがある。ただし、国の関与は是正の要求までであって、法定受託事務のような是正の指示、代執行等

はない。

　社会保障関係では、身近な行政である福祉・医療サービスを中心に自治事務が多いが、社会福祉でも、生活保護の扶助や社会手当の支給は基本的に法定受託事務である。これは、生存権保障が全国基準により公平性や平等の確保が必要なナショナルミニマムに関係するからである。しかし、このような理屈の問題とともに、財政負担の問題（高率補助の拠り所としてのナショナルミニマム）が微妙に影響を及ぼす。その他、民法の法人法制に関わる社会福祉法人の認可、広域的な対応を要する感染症対策、医薬品等の規制・取締り、精神障害者等の本人同意によらない入院措置なども法定受託事務となる。

　法定受託事務と自治事務の関係は、相対的に捉えるべき面がある。自治事務の場合にも、介護保険等の社会福祉サービス、国民健康保険の給付などでは、法令の規定に則した事務処理が義務付けられている。その結果、法令の規律密度によっては、地方公共団体の自由度は低下することになる。特に自治事務と国庫補助等の財政が結びつく場合である。法定受託事務であっても地方公共団体の負担が存在することがあるが、自治事務であっても国庫補助等が存在することもある。国と地方公共団体の相互の利害に関係し、その円滑な運営を期する必要等がある事務については、国の補助等が認められている（地財法10条）。この結果、規律密度、法定受託事務と自治事務の別、国庫補助等の有無が組み合わさることで、国と地方公共団体の関係は複雑な様相を呈する。

　地方公共団体が先駆的な事業を実施しようとすれば、既存の法令との整合性が求められる。典型的には、条例による国の給付、基準、規制等の横出し又は上乗せである。法律で、そのことを想定して、地方公共団体の独自の給付（介護保険の市町村特別給付、国民健康保険の任意給付等）を規定することもある。歴史的には、法令の規定に抵触する条例を違法又は無効と考える**法律先占論**が存在してきた。確かに憲法（94条）でも、条例は法律の範囲内で制定することができることになっている。その一方で、憲法（92条）の地方自治の本旨、地方自治法（1-2条2項）が規定する国と地方公共団体の適切な役割分担等からすれば、法律先占論のように形式的に判断すべきではない。判例は、実質的判断説に立ち、法令と条例の趣旨、目的、内容、効果を比較し、両者の間に矛盾抵触があるか否かで判断すべきとの立場である。[6]　勿論、条例であっても、国民の

基本的人権を侵害するような規定が許されるわけではない。

　このように地方公共団体の政策実現については、それを制約・拘束する法制度が存在しており、多方面の配慮を必要とすることになる。

第2節　政策形成

1．政策循環

　法律、予算等を手段とする政策は、民主主義の手続きを踏んで実現する。その結果として、政策の企画立案、政策の決定、政策の実施までの一連の過程を経ることになる。また、民主的かつ科学的な政策には、フォローアップ、そのための政策の検証・評価が必要であり、場合によれば、政策の終了、見直し等を伴うことになる。つまり、政策の不断の生成、変更等という PDCA サイクルである。要するに、政策課題の設定、政策立案、政策決定、政策実施、政策評価、フィードバックという一連の政策循環過程である。現実には、この循環過程から政策が枝分かれしたり、追加され合体するなど、単線的ではない循環が起きる。また、複数の政策が同時並行で実施されることによる相互作用も起きるのが常である［図5-1］。

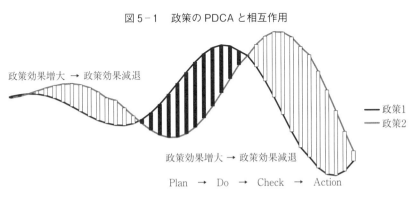

図5-1　政策の PDCA と相互作用

政策効果増大 → 政策効果減退

政策効果増大 → 政策効果減退

政策1と政策2がPDCAの循環の中で重なり合い、相互作用を及ぼす。

（出典）筆者作成

2. 政策の課題設定

(1) **ニーズの把握**　社会保障に関わる問題は、その当事者の段階で解決されることも多い。労働条件のように**労使自治**に委ねられている部分が多い場合が典型である。社会保険のような定型的給付は、法律の規律密度が高く、現場の裁量は比較的少ない。それに対して、福祉・医療サービスの場合には、対人サービスの性格からして専門職の裁量に委ねられる部分が多い。

政策課題の設定は、ニーズの把握が必須である。行政の場合であれば、政策に対する国民のニーズを**行政需要**と言うなら、それが政策主体において把握・認識される過程は多様である。事件・事故、苦情・要望、第一線の行政機関の問題意識等が契機となることもある。より内生的な課題把握の端緒としては、統計データ、世論・意識調査、行政評価、検証等がある。アウトリーチという点では、政策主体が住民等と直接対話するタウンミーティングが活用されることもある。

(2) **行政需要の分析・評価**　行政需要の対義語として行政供給を用いるとすれば、価格メカニズムが存在しない行政において需給を一致させる工夫が必要となる。しかも、政策手段として活用できる資源（予算、人員等）に制約や限界があるなら、需要と供給の一致は容易ではない。

行政需要の把握・認識にとって重要なのが概念化(見える化)である。例えば、英国の「**貧困の再発見** (rediscovery of poverty)」である。これは、社会が豊かになり全体的に貧困が解消に向かう過程で、相対的貧困という形で現代的な貧困問題が認識されたことの呼称である。また、貧困とは重なり合うものの、包含しきれない問題が、フランスで「社会的排除 (exclusion sociale)」として概念化されたのも然りである。日本で言えば、「介護」という概念により、保険事故としての要介護状態等も含め、社会保険による制度化が可能となったことも一例である。

更に行政需要は、単一でないことも多い。そのため、有限な資源の配分する上では、資源の割当や配分という意味での**ラショニング** (rationing) を伴うこともある。ニーズの分析・評価の段階であれば、行政需要の重み付けや優先順位付けが起きることになる。

3．政策立案

　政策立案は、政策の取捨選択でもある。政策の黎明期には白地に絵を描くように政策を立案することも多い。しかし、成熟期の政策立案は、既存施策との整序が必要となる。また、資源の有限性とも関係して、如何なる政策手段を選択するかも重要である。法令で言えば、通知、省令、政令、法律の何れかによって、改正に要する労力や時間も変わってくる。権利性という点では、法律が望ましいとしても、変化する行政需要への対応のため政令以下の法令への委任が行われることもある。

　次に重要となるのが、実行可能性（フィージビリティ）である［第2章第3節4参照］。「法は不可能を強制しない」という法諺があるが、フィージビリティのない政策は意味をなさない。最悪、「法の極みは不法の極み」となりかねない。その点では、前述の行政需要の的確な把握・認識が出発点であると同時に、概念化等による課題設定の巧拙で解決の方法も変わることになる。

4．政策決定

　⑴　**政策決定における統治原理**　　政策は、統治機構の中で法治国家のルールに則り決定される。しかし、民主主義である以上、決定権者が恣意的・独断専行的に決定できるわけではない。三権分立に象徴されるように、権力行使を統制・管理する統治原理が内在している。特に国民の権利義務に関わる事項は、法律が必要であり、国会で可決される必要がある。また、内閣が制定する政令は、閣議決定を必要とすることから、担当大臣だけでは完結しない。各大臣が担当の範囲内で法律又は政令の実施命令又は委任命令として定める省令の場合には、担当部局だけでは完結しないことになる。

　この統治原理にも内在する政策決定の要諦は、明確な責任と権限の分担と、相互の牽制であろう。実際、内閣法（3条1項）は、各大臣が主任の大臣として行政事務を分担管理する**分担管理原則**を規定している。その一方で、行政権はあくまで合議体としての内閣に帰属しており、内閣の職権は閣議により行われることになる（4条）。閣議は、国会に対する連帯責任制との関係から、全員一致が原則となる。

　このような枠組みを踏まえながら、政策決定権者でない利害外関係者の参画

も含めた合意形成の在り方を考えるべきことになる。

(2) **政策決定への参画**　不利益処分における聴聞等と異なり、積極的・能動的な政策決定のプロセスへの参加が、ここでのテーマである。このことは、行政の透明性を高めることにもつながる。とはいえ、公権力の行使に当たり、法律上の意思決定権限をもつのは**行政庁**である。その多くは独任制で、国の内閣総理大臣、各省大臣等、地方公共団体の都道府県知事、市町村長等である。そこに、関係者が行政庁となる余地はない。それに対して、委員会のような合議制の行政庁であれば、委員として関係者が参画する余地はあることになる。しかし、国、地方公共団体を通じて合議制の行政庁は多くはない。[7] 組織法の体系で言えば、国家行政組織法（3条）に基づき設置される合議制の**3条委員会**が典型であり、社会分野では中央労働委員会がある。地方公共団体の場合にも、地方自治法（138-4条、180-5条）等の下で委員会には一定の行政権の行使が認められている。

関係者の参画の方法としては、その他に以下の行政機関が存在する。

①**諮問機関**：行政庁から諮問に対する答申、行政庁に対する意見具申等を行う機関（行政庁を法的には拘束しない。）

②**参与機関**：行政庁の意思決定の要件としての議決を通じて、その意思決定に参与する機関（行政庁の意思を法的に拘束する。）

③**監査機関**：行政機関の事務の執行又は会計の処理を検査し、その正否を監査する機関

政策形成との関係では、①諮問機関と②参与機関が重要となる。このうち多用されるのは、諮問機関である。一般に審議会、調査会等と称されており、その委員として関係者が参画する形態である。②参与機関の例は、社会保険関係の社会保険審査会、労働保険審査会等があるが、現行制度に関する限り専門的な性格が強い。

このほかにも存在する行政機関の類型（例えば、一般に公務員と言われる補助機関や執行機関）を含めても、関係者が政策形成に関与する機会は、審議会等の諮問機関が圧倒的ということになる。その場合の審議会等の形態や役割は、制度設計の影響を受ける。

(3) **参画の場等**　政策決定に関係者が関与する場や機会は、以下のように

一つではない。逆に言えば、一つの場や機会に集約されているわけでもなく、政策決定への影響度も区々である。

①**審議会等**　審議会等は、重要事項に関する調査審議等のための学識経験者等の合議制機関として設置される（行組法8条）。実際には、有識者だけの場合、当事者も含めた三者構成（公労使）の場合など、当事者参加の方式や形態には濃淡がある。また、役割や位置付けも、諮問に対する答申、意見具申、勧告など一定ではない。

②**公聴会**　公聴会は、行政機関、国会等が利害関係者、学識者等から広く意見を聴くことにより、政策決定への関係者の利益や意見を反映するための仕組みである。必ずしも法令に基づく手続きではないが、労働基準法に基づく命令については、公聴会での労使等の意見聴取が義務付けられている（労基法113条）。また、国会提出法案との関係では、重要案件について利害関係者又は学識経験者等から意見を聴く公聴会を委員会が開くことができる（国会法51条）。このほか、一般法である行政手続法（10条）では、許認可等に当たって、行政庁が申請者以外の利害を考慮する必要がある場合における公聴会の開催等の努力義務が規定されている。

③**タウンミーティング**　タウンミーティングは、本来、米国においてタウンの住民が集まり政策、予算等の意思決定を行う直接民主制の制度を意味する[8]。我が国でも、議会に代えて町村総会を置くことを地方自治法（94・95条）が認めている。一般には国の閣僚、地方公共団体の首長等が国民又は住民と対話集会の意味で使用される。

④**請願**　政策決定権者への要望、依頼、苦情等を陳情というが、請願は憲法（16条）の請願権に基づく行為である。国会（国会法79条等）、地方議会（自治法124・125条）、その他（請願法）への請願が法律により規定されている。請願も政策決定への参画としての意義を有する。

⑤**パブリックコメント**　パブリックコメントは、行政手続法（39条等）に基づく意見公募手続である。具体的には、命令等を定めようとする国の機関は、当該命令等の案を事前に公示し、広く一般の意見を求めなければならない。提出された意見については、十分考慮し、その結果等を公示しなければならない。地方公共団体の場合は、パブリックコメントの実施は努力義務であ

り、条例等の有無によることになる。

5．政策実施

(1)　**政策の実施主体**　　政策は企画立案から決定までは、国、地方公共団体等の政策主体を中心に展開する。しかし、政策主体が常に政策の実施主体になるわけではない。社会保険の中には国又は地方公共団体以外が**保険者**として、制度を管理運営する実施主体となることがある。むしろ戦前のILOの社会保険条約は、国以外の労使等による自治的な機関に委ねるべきとしていた。[9] 福祉・医療サービスの場合も、国又は地方公共団体が直轄で事業を実施することも可能であるが、現実には、社会福祉法人、医療法人等の民間事業者がサービスの担い手となることが多い。このようなサービス等の提供の担い手を経営主体ということができる。更に民間事業者の場合も含め、サービスは専門職により提供される。実際にサービス等を実際に現場で利用主体に提供する主体を実践主体ということにしたい。その点で、政策が利用主体に至る過程には、政策主体、実施主体、経営主体、実践主体が関わることになる。

政策実施における多様な主体の関与は、現代社会の分業の反映でもある。[10] 更に規制改革による営利法人の参入拡大は、多様な主体間の競争条件のイコールフッティングの問題を生じさせる。更に、新公共管理（NPM）に見られるように、公共サービスの官による独占が当然でなくなりつつある。政府が実施主体又は経営主体となってきた公共サービスについても、当然官が担うのではなく、官民の何れが効率的に実施できるか入札により決定する**市場化テスト**（官民競争入札制度）が導入されている（競争の導入による公共サービスの改革に関する法律）。社会保障関係では、国民年金の徴収事務、ハローワーク等に関して市場化テストが実施されている。

(2)　**政策の実施過程**　　政策の実施過程は、画一性・非弾力性と多様性・弾力性との相克である。また、中央集権と地方分権の問題も絡み複雑な様相を呈する。時に第一線の行政機関が融通を利かすことが、他の事例との不均衡を招くことがある。「貧しきを憂えず。等しからざるを憂う」に象徴されるように、平等や公平な行政が重要である。しかし、一切の例外も許されないならば、法匪の如く厳密さを追い求めるがために本末転倒な結果を招く可能性がある。

通達行政と言われるように大量の通達が出される所以も、この辺りにある。本来的には行政の内部文書であるが、通達により法令の解釈や事務取扱の統一性が確保されることになる。政策実施の現実妥当性を実現する手段としては、**行政裁量**がある。法令には解釈の幅があり、行政に許される解釈運用の余地を活用し、現実妥当な制度の運用を実現することがその一つである。また、中央集権であれば許されなくとも、地方分権で可能となる差異も多い。とりわけ福祉・医療サービスには地域性もあり、地方分権を通じて各地域が独自性を発揮することも行政のあるべき姿である。

多様な主体の参入、福祉・医療サービスの契約化は、資本主義の競争原理とも関係する。競争原理からすれば、多様な主体間の競争が資源配分の効率性の点では望ましい。しかし、人の生命や福祉に関わる福祉・医療サービスにおいては、準市場と言われるように管理された競争、すなわち**マネージド・コンペティション**（managed competition）にならざるを得ない。その点でも利用主体の利益実現が重要な視点である。その点でも、異なるサービスの提供主体間の連携・協働等の重要性が増大することになる。

6．政策評価及びフィードバック

⑴ **フォローアップ、モニタリング等**　PDCA サイクルは、Plan（計画）、Do（実行）、Check（評価）、Action（改善）から成る。このサイクルが不断の改善のための仕組みである訳は、Check と Action の存在である。社会経済の変化に対応するためにも、政策は見直しが必要である。また、PDCA サイクルは、プロセスの適正が結果の適正にもつながるという**プロセスアプローチ**とも関係する。[11] 生成発展的な性格を有する社会保障においては、継続的なモニタリング（評価）を通じて、政策のフォローアップを図ることの意義は大きい。

⑵ **評価の指標**　評価の指標で利用されるのが、政策を資源投入から成果までの過程で捉えるロジックモデルである。政策には達成すべき目的があり、その実現手段が政策であることからすれば、そこには一定の道筋が想定されている。政策の評価に即して言えば、以下のような指標である。

①投入（インプット）：政策に投入された資源（予算、人員、設備等）の規模

②過程（プロセス）：政策の実施方法、手続き等の適正性

③結果（アウトプット）：実施された政策に係る事業、給付等の規模

④成果（アウトカム）：実施された政策の効果

　社会保障政策は、その成果を数量的に把握することが困難な場合が多い。アウトプットはまだしも、アウトカムを数量化し把握することには困難を伴う。このため、定性的な目標を数量的に把握可能な操作概念に置き換えるなどの工夫が必要となる。

　その他の指標としては、民間の業績評価で活用されている **KPI**（重要業績指標）がある。政策において KPI は、政策の目標の達成度を測定する指標を構築し、目標達成に向けて政策を展開する場合に使用される。

　このほか、公共事業等で活用される評価の一種に**費用便益分析**（Cost-benefit analysis）がある。ここで重視されるのは効率性である。つまり、事業等に投入した費用（C）と社会全体で得られ便益（B）を貨幣換算し、費用便益比（B/C）が 1 より大きければ、費用以上の便益が得られることになる。[12]

　(3)　**行政の政策評価**　　行政機関の政策評価の基本的事項等は、2001年の**政策評価法**（行政機関が行う政策の評価に関する法律）が規定する。同法によれば、行政機関は事後評価の実施義務を負うほか、国民生活又は社会経済への影響や費用が大きい一定の政策については、事前評価も義務付けられている。その場合の標準的な評価方式としては、①事業評価方式、②実績評価方式、③総合評価方式が政府の基本方針に挙げられている。

　このうち事業評価方式は、政策効果や費用が政策目的、国民・社会のニーズ、上位目的に照らして妥当か、行政が担う必要があるか、費用対効果が得られるかなどを評価する方式である。事業評価においては、事業等の費用と効果の関係等について分析が行われる。次の実績評価方式は、達成目標に対する実績を定期的・継続的に測定し、目標の達成度合いを評価する方式である。測定可能な指標という点で、アウトプットやアウトカムの評価が、これに関係してくる。最後の総合評価方式は、特定のテーマに係る政策効果の発現状況を様々な角度から掘り下げて分析し、政策に係る問題点を把握するとともにその原因を分析するなど総合的に評価する方式とされる。その点で、制度改革や政策の変更に関わる方式である。

　(4)　**フィードバック**　　政策評価は、評価を行って終わりではなく、政策立案

へのフィードバックにより、一巡することになる、まさに PDCA の Check から Action の過程である。政策評価の結果のうち施策に反映できないものがあれば、今後の対応の明確化も重要となる。

1）　D. Easton, *The political system : an inquiry into the state of political science*, 2 nd edition, Knopf, 1971, pp.129–134

2）　マックス・ウェーバー（世良晃志郎訳）『支配の社会学1』（創文社、1960年）17頁が、「行政権限がいかに小さく限定されていても、何らかの命令権力が何らかの職員に委ねられざるをえない」と述べていることとも符合する。

3）　府省間にも同様の問題がある。このため、行政事務については、分担管理原則を内閣法（3条）が規定するが、セクショナリズム、縄張り主義等の縦割り行政の弊害を生む。

4）　ウェーバー・前掲注2）33頁

5）　機関委任事務の場合には、地方公共団体の権能は制約を受ける部分が多かった。地方公共団体に条例制定権はなく、国の包括的な指揮権が及んだ。職務違反や懈怠があれば、職務執行命令訴訟を経て、主務大臣による代執行が認められていた。更に内閣総理大臣には知事の罷免権も付与されていた時代もある。

6）　最大判昭和50年9月10日刑集29巻8号489頁（徳島市公安条例事件）によれば、「条例が国の法令に違反するかどうかは、両者の対象事項と規定文言を対比するのみでなく、それぞれの趣旨、目的、内容及び効果を比較し、両者の間に矛盾牴触があるかどうかによつてこれを決しなければならない」とされる。

7）　国における国家公安委員会、公正取引委員会、人事院等、地方公共団体における教育委員会、選挙管理委員会、公安委員会等である。

8）　財団法人自治体国際化協会「タウンミーティング–住民自治の原型」クレアレポート174号、1998年10月（https://www.jlgc.org/ja/library/clair-report/）

9）　伊奈川秀和『フランスに学ぶ社会保障改革』（中央法規出版、2000年）40–59頁

10）　逆説的であるが、分業が社会の連帯を強める（エミール・デュルケーム（田原音和訳）『社会分業論（ちくま学芸文庫）』（筑摩書房、2017年））。

11）　JISQ9001:2015（ISO9001:2015）品質マネジメントシステム―要求事項によれば、「プロセスアプローチは、組織の品質方針及び戦略的な方向性に従って意図した結果を達成するために、プロセス及びその相互作用を体系的に定義し、マネジメントすることに関わる」。

12）　医療保険の薬価の価格調整に関して、費用対効果評価制度が導入されている。具体的には、評価対象品門について、寿命の延びと QOL の評価を合わせた QALY（質調整生存年）が用いられる。仮に健康な状態で生存を1年（1 QALY に相当）延ばすための追加費用を意味する費用対効果比（ICER）が比較対象薬の関係で大きい場合には、価格引下げの対象となる。

第Ⅱ部　社会保障政策各論

第**6**章　社会保障の現状と改革

第1節　社会保障の規模

1．規模の意義

　社会保障の中核が財源を必要とする給付である以上、規模感をもった政策論議が求められる。また、数字を通して社会保障を見ることで、社会保障の内実の一端を理解することにもつながる。本章では、社会保障の現状を財政面から把握するとともに、社会保障制度改革を促す立法事実を考察する。その上で、社会保障制度改革の展開を政策手法も含め検討する。

　出発点となる社会保障の規模は、**ストック**（一時点の蓄積量）と**フロー**（一定期間の流量）に分けることができる。このうちフローは、支出面の給付等と収入面の保険料、税等として金銭的に把握される。これに対して、社会保障を支えるストックには、年金の積立金、福祉・医療サービスに必要な施設等が含まれる。それに対して、見方によってはストックと言える人的資本（マンパワー）、地域力、社会の絆、信頼等の社会関係資本（ソーシャルキャピタル）も、社会保障にとっては重要である。更に、地球環境等の環境の持続可能性やSDGs（持続可能な開発目標）との関係では、自然資本も重要である。

　社会保障の規模との関係では、何点かの論点が存在する。第1は、**世代間格差**の問題である。社会保障は、一時点で受益と負担が完結する仕組みではない。年金のように将来への約束事や既得権（的利益）も存在しており、それらの中には負債というべき部分もある。また、高齢者医療や介護保険のように、一時点の現役世代が高齢世代を支える仕組みもある。世代別に受益と負担の関係を見る世代会計のように、これを受益超過又は負担超過と評価する見方もある。その一方、民法の扶養義務のように、そもそも社会保障が損得ではない世代間連帯であるという考え方もある。また、社会保障が単なる負担ではなく、子ども・子育て支援等のように、未来への投資であるといった捉え方もある。

第2は、**無償労働**（unpaid work）の問題である。家事、育児、介護等が無報酬のまま家庭内に止まるのであれば、社会保障給付とは認識されない。しかし、これらが福祉・医療サービスとして提供されると、社会保障給付に反映され、その金銭的価値を把握することができる。ところが、市場化しなければ、無償労働の金銭的価値は顕在化しない。ある選択をした場合とそうでない場合の利益差を**機会費用**（opportunity cost）というが、これは無償労働にも当てはまる。すなわち、無償労働をやめて働いた場合に得られる賃金に相当する分だけ、無償労働には金銭的価値があることになる。特に無償労働の代わりに福祉・医療サービスが提供されれば、無償労働と社会保障との間には、代替性や補完性が生じる。その点で、社会保障の規模の問題は、性別役割分業、扶養義務等の問題とも無縁ではない。更に無償労働の存在は、家族や家庭におけるリスク分散機能とも関係する。単身者や単親家庭の脆弱性は、見方を変えれば家族や家庭が担う困難への対処手段の欠如である[3]。

　以上、社会保障の規模を巡る各種論点を踏まえても、尚その把握には意味がある。とりわけ給付が急速に増大する現在、それを賄う財源も短期間に確保する必要がある。

２．規模の把握方法

　社会保障の場合には、予算以外に社会保険の保険料等が存在することから、予算のみでは規模が把握できない。しかも、その予算も国だけでなく地方公共団体の予算も関係する。更に国の予算の中には、地方公共団体に交付される補助金等もあり、国と地方公共団体の予算を単純に足すと二重計上の可能性がある。

　その点を留保しつつも、国及び地方公共団体の予算に占める社会保障の規模を把握することは、社会保障以外の政策との関係、財政赤字、財政硬直化等の議論の関係で重要である。逆に言えば、社会保障はその規模故、財政に関する議論に常に巻きこまれることになる。国の予算制度上、一般会計の歳出総額から国債費及び地方交付税交付金等を除いたものを**一般歳出**と言うが、約1/3を占める**社会保障関係費**は最大の支出項目である[4]。また、政府管掌保険における保険料収入の分別管理の必要性から、一般会計とは別に**特別会計**（労働保険特

別会計と年金特別会計）が設けられている。[5] このため、社会保険は特別会計の見直し論議の対象にもなる。

地方公共団体の財政は、地方公共団体の財政の総体である。これを把握する上では、地方財政法（30-2条）に基づき国会に報告される「地方財政の状況」（地方財政白書）が有用である。歳出を目的別に見ると、社会保障に関係するのが民生費と衛生費である。**民生費**には、児童福祉費、老人福祉費、生活保護費、その他の社会福祉費が含まれる。**衛生費**は、保健衛生、精神衛生、母子衛生等の公衆衛生費のほか、一般廃棄物等の清掃費が含まれる。

国及び地方公共団体の予算に必ずしも反映されない収入・支出の典型は、社会保険である。保険者の中には、医療保険の健康保険組合等の公共組合、全国健康保険協会等の公法人が存在しており、社会保険の保険料の中には、特別会計に計上されないものもある。このため、国及び地方公共団体の予算以外の保険者等のデータが必要となる。現在、活用されているデータとしては、①国際労働機関（ILO）基準の社会保障給付費と②経済協力開発機構（OECD）基準の社会支出がある。いずれも、国立社会保障人口問題研究所が**社会保障費用統計**として毎年発表している。[6]

このうち**社会保障給付費**は、以下の３つの基準を満たすものものである。[7] 要するに社会保障給付費は、個人に帰着する給付やその財源であり、給付と負担に関する社会保障の全体像を把握するのに有用である。

①制度の目的が、高齢、遺族、障害、労働災害、保健医療、家族、失業、住宅、生活保護その他の９つのリスクやニーズのいずれかに対する給付を提供するものであること。

②制度が法律によって定められ、それによって特定の権利が付与され、あるいは公的、準公的、若しくは独立の機関によって責任が課せられるものであること。

③制度が法律によって定められた公的、準公的、若しくは独立の機関によって管理されていること。あるいは法的に定められた責務の実行を委任された民間の機関であること。

他方、**社会支出**は、以下の要件を満たすものと定義されている。[8] 現在、ILO基準のデータは各国で作成されていないことから、国際比較のためには、

OECD 基準による社会支出が使われることが多い。

①人々の厚生水準が極端に低下した場合に、それを補うために個人や世帯に
　対して公的あるいは民間機関により行われる財政支援や給付。
②社会的目的を有しており、制度が個人間の所得再分配に寄与しているか、
　又は制度への参加が強制性をもっていること。

3．社会保障の負担の捉え方

　給付には負担を伴うことから、負担の側面も同時に考える必要がある。しか
も、給付と異なり負担の引上げ及び賦課・徴収の実務には困難を伴う。社会保
障給付費は国の一般歳出を上回っているが、負担面でも、保険料収入は国の租
税及び印紙収入を上回っている。

　この負担面については、社会保障給付費の社会保障財源で見ることができ
る。しかし、税金は社会保障以外にも投入されるため、税金も含めた国民負担
の全体像を見る指標として、財務省が発表する国民負担率が使用される。**国民
負担率**は、租税負担率と社会保障負担率を合計したものの国民所得（NI）に対
する割合である[9]。また、財政赤字も将来の負担になることから、国民負担率に
財政赤字を加えた**潜在的国民負担率**も併せて使用されている。

　徴収された税と社会保険料は、そのまま政府に内部留保されるわけではな
く、社会保障、公共事業等を通じて最終的には国民に戻される。その点で国民
負担率に意義があるとすれば、それにより税と保険料という強制的な徴収金の
規模が把握できることにある。

第2節　社会保障改革を動かす要因

1．人　　口

　(1)　**人口問題の重要性**　　少子化や高齢化、更に人口減少といった人口問題
は、社会保障と深く関わる[10]。第1に高齢者を対象とする高齢者福祉や介護と高
齢化との関わりは、当然として、医療や年金の場合にも、高齢者医療や老齢年
金が占める比重が高い[11]。逆に少子化は子ども・子育て支援の重要性を高め、保
育、児童手当、育児休業のみならず、医療保険の一時部負担等にも、そのこと

が反映される。第2に、負担と給付で成り立つ社会保障において、高齢化による社会保障給付費の増大、その一方での現役世代が減少による収入の減少は、社会保障財政の不均衡を招く。このため、人口という構造問題は、高齢者医療制度の創設のように、社会保障の構造改革を迫ることになる。

　社会保障と人口問題の関係性は、行政の組織面にも反映されている。厚生労働省設置法の所掌事務の中に「人口政策に関すること」が含まれている。また、厚生労働省の施設等機関に国立社会保障・人口問題研究所があることも、そのためである。

　(2)　**人口問題の特徴**　　人口問題の特徴は、第1にそれが社会保障の在り方を構造面で規定することである。しかも、その影響は、長期的で不可逆的な場合がある。例えば、20年先の労働者数、65年先の高齢者数は、進学率、死亡率等の影響を別とすれば、今年の出生数でほぼ決まる。しかも、その影響は長期にわたり、年金財政に影響する。従って、外国との間の人口の移動がなければ、一定の確度で保険料の拠出者、年金の受給者が見通せることになる。このことは、同じく社会保障への影響の大きい経済がわずか数年先も予測できないのと異なる点である。

　第2の特徴は、人口問題が国の在り方と関わることである。つまり、人口は、社会保障に止まらない社会全体の問題ということである。しかし、日本では、人口政策を真正面から議論することは少ない。そこには、過剰人口論と過少人口論の狭間で政策が揺れ動いてきた歴史が影響している。戦前の昭和恐慌の時代、過剰人口論から海外移住が奨励されるが、その後の戦争の時代は「産めよ殖やせよ」のスローガンに象徴されるように過少人口論が支配する。戦後は、食糧難から過剰人口論に転じ、現在の少子化対策は過少人口論を反映している。1990年の1.57ショックは、社会に少子化の深刻さを認識させる契機となったが、その後登場する政策は、少子化対策であって人口政策ではない。

　(3)　**人口問題の捉え方**　　人口変動自体は、死亡数と出生数の差である自然増減と、流出数と流入数の差である社会増減により規定される。出生数が多ければ自然増となり、流入数が多ければ社会増となる。その限りでは、複雑ではない。問題は、出生や社会的移動の背後にある、社会的・経済的・文化的等の各種要因である［図6-1］。このため、一つの対策で十分とはならい点に少子化

対策の難しさがある。

　人口問題は、高齢化と関連付けて語られることが多い。その場合、人口に占める65歳以上の人口の割合である高齢化率が使用される。この高齢化率が7％を超えると「高齢化社会」、14％を超えると「高齢社会」、更に21％を超えると「超高齢社会」と呼ばれる。日本は、既に超高齢社会になっている。[14] しかも、国立社会保障・人口問題研究所の日本の将来推計人口の中位推計（2017年）によれば、団塊の世代が75歳以上となる2025年の高齢化率は30.0％になると見込まれている。その後も高齢者数は増加し、高齢者数のピークである2042年の高齢化率は、36.1％に達する。その後は高齢者数は減少するものの、高齢化率はピークの2065年には38.4％に達すると見込まれている。このため、現在、団塊の世代（第1次ベビーブームの1947年〜1949年生）が後期高齢者となる2025年問題と、団塊ジュニア世代（第2次ベビーブームの1971年〜1974年生）が高齢者となる2040年問題が社会保障の課題となっている。

　高齢化率は、分子である高齢者数だけでなく、分母である人口全体の動向にも影響される。具体的には、平均寿命の伸長（長寿化）が分子を押し上げ、出生率低下による少子化が分母を押し下げることで高齢化率に反映される。ま

図6-1　人口減少問題の基本構造

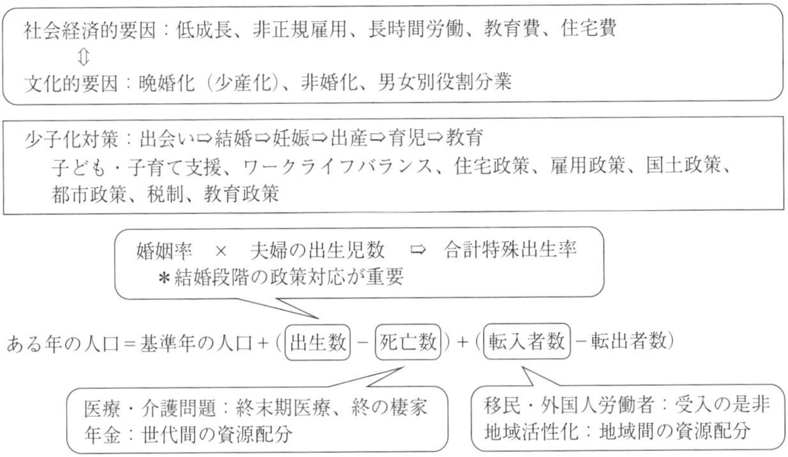

社会経済的要因：低成長、非正規雇用、長時間労働、教育費、住宅費
　　　⇕
文化的要因：晩婚化（少産化）、非婚化、男女別役割分業

少子化対策：出会い⇨結婚⇨妊娠⇨出産⇨育児⇨教育
　　子ども・子育て支援、ワークライフバランス、住宅政策、雇用政策、国土政策、
　　都市政策、税制、教育政策

婚姻率　×　夫婦の出生児数　⇨　合計特殊出生率
＊結婚段階の政策対応が重要

ある年の人口＝基準年の人口＋（出生数－死亡数）＋（転入者数－転出者数）

医療・介護問題：終末期医療、終の棲家
年金：世代間の資源配分

移民・外国人労働者：受入の是非
地域活性化：地域間の資源配分

（出典）筆者作成

た、少子化は、高齢化のスピードを加速化させる。これまでの死亡率と出生率[15]との関係に着目する**人口転換理論**では、人口は第1段階の「多産多死型」から第2段階の「多産少死型」を経て第3段階の「少産少死型」に至ることにより、静止人口となり人口は安定すると考えられてきた。しかし、現実そうはならず、少子化が進んだことになる。

　この少子化の指標には、1人の女性がその年齢別出生率で一生の間に産む子どもの数に相当する**合計特殊出生率**（TFR）がある。この場合、人口維持に必[16]要な合計特殊出生率（人口置換水準）は、2.07（2018年）である。戦後の合計特殊出生率は、既に戦後の第1次ベビーブーム終了後から低下傾向にあり、1956年には、2.22となった。その後も、しばらく人口置換水準前後で推移したものの、第2次ベビーブーム（1971〜1974年）終了後の1975年には、1.91と2.00を下回ることになった。それ以降も低水準にあり、現在まで人口置換水準を上回っていない。

2．世　帯

　⑴　**家族と家庭**　　家族と家庭は同義で使われることもあるが、社会保障においては微妙な違いが存在する。**家族**が夫婦やその子ども等によって構成される集団である点で、婚姻、血縁等の人的要素が強い概念である。**家庭**の方は、生活を共にする家計の単位であり、場所的要素が強い。家族と家庭は、両者が一致する場合もあれば、そうでない場合もある。[17]

　社会保障において、両概念が重要となるのは、それにより施策の対象等が画されることにある。例えば、健康保険における家族療養費等の概念は、家族であって家庭ではない。

　⑵　**世　帯**　　**世帯**とは、国勢調査令によれば、住居及び生計を共にする者の集まり又は独立して住居を維持する単身者である。従って、親族であることを要件としない生計に着目した概念であり、社会保障の適用等の単位ともなる［第1章第4節6参照］。

　その場合の世帯構造は、厚生労働省の国民生活基礎調査に従えば、単独世帯、核家族世帯（夫婦のみの世帯、夫婦と未婚の子のみの世帯、ひとり親と未婚の子のみの世帯）、三世代世帯、その他の世帯に分かれる。我が国では、民法も夫婦[18]

と未成年子から成る**核家族**をモデルとするなど、核家族世帯が重要である。近年は、三世代世帯の減少に加え、非婚化・未婚化、離婚率上昇、高齢化等の影響により、単独世帯が増える傾向にある。また、女性の社会進出による共働き世帯の増加は、保育需要の増大にもつながる。

　このような世帯構造の変化は、社会保障の対象とするニーズのみならず、費用負担の在り方にも影響を与える。更には8050問題（80歳の親が50歳の子どもを支える問題）、介護離職等の社会問題との関係でも、世帯構造は重要である。

3. 経　　済

　(1) **経済が社会保障に与える影響**　　経済の特徴は、経済予測は存在するものの、その予測困難性である。とりわけ、年金の財政検証に必要な長期の経済予測は困難を伴う。このため、全要素生産性（TFP）等のように予測困難な技術革新も織り込んだコブダグラス型生産関数を用いるなど、独自の経済モデルによらざるを得ない。[19]この点では、人口推計の確度は、むしろ高いと言える。

　また、経済との社会保障の関係は入り組む。需要不足失業、構造的失業等のように、景気循環による景気後退や経済構造の変化が失業の引き金となるのが典型である。[20]つまり、自発的失業や摩擦的失業のように、自らの意思や適職探しの結果としての失業ではなく、自らの意思によらない非自発的失業では、経済状況やその構造変化が原因となる。

　生活保護の保護率も、失業、賃金等を通じて経済の影響を受ける遅行指数である。経済の間接的影響としては、社会保険の保険料収入も挙げられる。例えば、被用者保険や労働保険は、賃金等の報酬比例の保険であり、同じ保険料率でも、景気が悪化すれば保険料収入は減少する。

　解雇等による失業に至らずとも、正社員による年功序列、終身雇用等の雇用慣行や雇用形態の変化も社会保障に及ぼす。例えば、定年制と関係する老齢年金、退職金と関係する企業年金、非正規労働の増加による社会保険の適用関係や第二のセーフティネットといった問題である。

　そのほか経済は、長時間労働等の働き方の問題を通じて、**ワーク・ライフ・バランス**（仕事と生活の調和）にも関わってくる。労働契約法（3条3項）は、労働者及び使用者が仕事と生活の調和にも配慮しつつ労働契約を締結・変更す

べきことを規定している。このための官民挙げた取組としては、関係者の合意により2007年に策定された「仕事と生活の調和（ワーク・ライフ・バランス）憲章」がある。

(2) **社会保障が経済に与える影響**　このような経済を原因とする因果律とは逆に、社会保障が経済に影響することもある。例えば、高齢者が多い地域においては、年金からの消費支出が地域経済の下支えとなる。労働集約的な福祉・医療サービスは、地域の雇用の場でもあり、雇用創出効果がある。医薬品等が先端産業であり、その面の経済効果は言うまでもない。より間接的な影響としては、介護離職や子育て問題に表れるように、介護保険や保育所整備がなければ、労働力の確保に支障を来すことにもなる。その点では、社会保障は経済活動を可能にする基盤でもある。

社会保障は経済政策ではないにせよ、経済との関係で単なる負担ではないことになる。見方を変えれば、経済にとって社会保障は企業が活動を展開する市場（マーケット）でもあることになる。

4．社会問題

(1) **社会問題の複雑化**　社会保障は、あるがままの社会を受け止めた上で問題に対処する側面がある。このため、非行、虐待、単親・核家族等の世帯構造、自殺、孤立・孤独死、引きこもり、8050問題、アルコール・薬物・ギャンブル等の依存症、外国人労働者、仕事と家庭の両立など、社会保障が対象とする課題の中には社会問題が多い。更に保育、高齢者介護、多文化共生等に見られるように、働き方、世帯構造、グローバル化等の社会の変化が社会保障のニーズを顕在化させる。

現代の社会問題は、その複雑性も特徴である。虐待、自殺、依存症など、社会問題の中には個人の行為だとしても、個人に帰責するだけでは問題は解決しないものも多い。しかも、問題の背景や原因も多様で、それぞれの問題が重なり合うこともある。それだけに問題に関する因果関係が明確に特定できないことにもなる。

(2) **貧　困**　社会保障における貧困問題の比重は、現代に至るまで高いものがある。防貧である社会保険によっても、公的扶助のような救貧施策はなく

ならなかった。むしろ子どもの貧困、貧困の連鎖など、貧困に関連する新たな課題が登場している。

ところで、何をもって貧困かの基準は一様ではない。貧困研究においては、貧困調査の伝統を有する英国が重要である。19世紀末、ロンドンで貧困調査を行ったのが**ブース**（C. J. Booth）であり、そこで**貧困線**（line of poverty）が概念として登場することになった。[21]同時期、ヨークで貧困調査を行った**ラウントリー**（B. S. Rowntree）は、貧困線（poverty line）との関係で、貧困を**一次貧困**（primary poverty）と**二次貧困**（secondary poverty）に分けている。[22]このうち前者は、単なる肉体維持に必要な最小限の所得が得られない状態である。これに対して、二次貧困は、肉体的維持に必要な所得があるにもかかわらず、その所得が有益又は無益な他の支出（浪費、賭博等）に向けられるために、実質的な貧困状態である。

このような貧困概念は、ベーシックヒューマンニーズ（Basic human needs）のように、衣食住、社会サービス等の基本的必要が充足されない**絶対的貧困**（absolute poverty）にも関わる。我が国でも、戦後の生活保護において、マーケットバスケット方式における最低生活費（理論生計費）が使用された。これはラウントリーの一次貧困と同じ発想である。すなわち、栄養所要量から必要な飲食物費を算出し、他の必要経費も加味した基準である。

社会が豊になると絶対的貧困では捉えきれない、社会との関係での貧困問題が顕在化する。豊かな社会における貧困である。**タウンゼント**（P. Townsend）は**相対的剥奪**（relative deprivation）概念が有名である。これは、社会の標準的な生活様式から見て、個人、家族又は集団にとってその帰属する社会から見て最低限の食事内容、耐久消費財保有、社会関係・活動等の満たされているかという剥奪指標でもって計測する手法である。[23]

貧困を相対的に捉える点では、**相対的貧困率**が重視されるようになる。これは、各世帯の所得を等価可処分所得に調整した上で、その中央値の一定割合（50％、60％等）を貧困線として計算した低所得層の割合である。我が国では、子どもの貧困問題との関係で注目されるようになった。そのための「子どもの貧困対策の推進に関する法律」に基づき、子どもの貧困率等の定義を定める政令において相対的貧困率が採用されている。

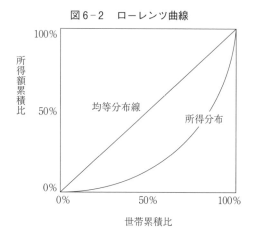

図6-2　ローレンツ曲線

所得額累積比

100%

50%

0%

均等分布線

所得分布

0%　　　　　　50%　　　　　　100%

世帯累積比

（出典）厚生労働省「平成29年所得再分配調査結果報告書」5頁を参考に筆者作成

　このほかの指標としては、所得分布の均等度を示す**ジニ係数**と**ローレンツ曲線**がある。このうちローレンツ曲線は、世帯等の所得を低い順に並べ、世帯数等の累積比率を横軸に、所得額の累積比率を縦軸にとった場合の曲線である（所得が均等分布であれば、四角形の45度線となり、不均等であれば45度線から遠ざかる）［図6-2］。ジニ係数は、ローレンツ曲線と均等分布線（45度線）とで囲まれる弓形の面積が均等分布線より下の三角形部分の面積に対する比率をいう（0〜1の値をとり、数字が小さいほど所得格差が小さい）。我が国では、厚生労働省が所得再分配調査の中で公表している。

　(3)　**社会的排除**　　以上の貧困概念が示唆するのは、貧困問題が低所得に対する現金給付のような金銭問題だけではないことである。言い換えれば、社会問題は金銭的問題というより社会学的問題となる。このことが、フランスから世界に広まった**社会的排除**（英語 social exclusion、仏語 exclusion sociale）とも関係する。[24] 伝統的な貧困が貧困線に代表される金銭問題だとすれば、新しい貧困（仏語 nouveau pauvre）は、家族関係や社会関係の脆弱さに起因する不安定性（仏語 précarité）とも関係する。その点で、社会的排除は、社会の中で周辺に追いやられた人々（単身者、高齢者、障害者、移民等）の問題である。[25] 結果的に社会的に排除された人々は、社会の中で孤立し、社会保障制度へのアクセスも阻害

される。

　社会的排除への対応としては、社会との関係性の強化であり、アウトリーチ
も含めた社会保障制度のアクセスの改善である。また、社会的排除の背後に、
人々の意識や偏見・差別等があれば、意識改革、差別解消等も必要となる。この
ような対応も含めた社会の在り方が**社会的包摂**（英語 social inclusion、仏語
inclusion sociale）であり、社会的排除の対概念となる。

　(4)　**基本法に見る社会問題**　　近年、重要な社会問題は、基本法の制定につな
がることが多い。その点で、以下の基本法を通じて、現代の社会問題に接近す
ることができる［第3章第1節3参照］。

　①男女共同参画社会基本法（1999年）　　男女共同参画を言い換えれば、ジェ
ンダー平等である。男女が、社会の対等な構成員として、自らの意思によって
社会のあらゆる分野における活動に参画する機会を保障することが基本法の考
え方にもなっている。

　②食育基本法（2005年）　　食の重要性は、それが生存のみならず、健全な心
身や豊かな人間性に関わる点にある。その点では、子ども食道が食の提供だけ
でなく、子どもの居場所、交流等にとって重要なこととは、食育にも通じる取
組である。

　③住生活基本法（2006年）　　衣食住の一つが、住まいである。住生活基本法
は、住生活の安定の確保及び向上の促進が国民の生存権保障の不可欠基盤であ
ることから、施策における低所得者、高齢者等への住生活の保障を規定してい
る。

　④自殺対策基本法（2006年）　　自殺問題は、「いのちの電話」の活動のよう
に従前から重要性が認識されていた。しかし、問題の深刻さが広く認識された
のは、バブル崩壊後の自殺者の増加であった。その点でも自殺対策は、社会保
障だけでなく社会経済の在り方にも関わる。このため、自殺対策基本法では、
自殺につながる諸要因の解消を含め、関連施策との有機的な連携の下での総合
的な取組が規定されている。

　⑤がん対策基本法（2006年）　　がんは医療の問題であると同時に、社会福
祉、雇用、教育等にも関連する。例えば、がん患者の雇用の継続、小児がんに
おける学習と治療の両立などの問題である。がん対策基本法は、関連施策との

有機的な連携に配慮した総合的な取組を規定している。

⑥肝炎対策基本法（2009年）　肝炎対策にとって、予防、治療、研究等の医療的な側面が重要なのは言うまでもない。それに加え、経済的支援、肝炎医療を受ける機会の確保等のための雇用者との連携を肝炎対策基本法は規定している。

⑦スポーツ基本法（2011年）　スポーツ基本法は、スポーツ施策の総合的・計画的な推進を目指すものである。スポーツの中には、障害者スポーツも含まれている。同法は、障害者への配慮、全国障害者スポーツ大会等を規定している。

⑧アルコール健康障害対策基本法（2013年）　アルコール健康障害は、健康のみならず虐待、自殺等の問題とも関係する。そのため、アルコール健康障害対策基本法は、医療面での対応のみならず、社会復帰、就労等の促進のための施策と相まった総合的な取組を規定している。

⑨アレルギー疾患対策基本法（2014年）　アレルギー疾患対策基本法は、アレルギー疾患対策に関して、医療面の対策のみならず、福祉施設設置者等に対しても、適切な医療的・福祉的・教育的配慮を規定している。

⑩ギャンブル等依存症対策基本法（2018年）　ギャンブル依存症は、多重債務、貧困、虐待、自殺、犯罪等の社会問題と密接に関係する。このため、ギャンブル等依存症対策基本法では、相談支援、就労等の社会復帰支援等の推進、精神保健福祉センター等の連携協力体制等が規定されている。また、都道府県ギャンブル等依存症対策推進計画については、医療計画、都道府県健康増進計画、都道府県アルコール健康障害対策推進計画等の計画との調和の確保が義務付けられている。

⑪健康寿命の延伸等を図るための脳卒中、心臓病その他の循環器病に係る対策に関する基本法（2018年）　循環器病対策は健康寿命の伸長にとって重要である。このため、いわゆる循環器病対策基本法では、予防、治療等の医療面の取組のほか、循環器病患者等の生活の質の維持向上、保健、医療及び福祉に係る関係機関の連携協力体制の整備及び従事者の養成等も規定されている。

第 3 節　社会保障制度改革

1．証拠に基づく政策立案

　政策は、立法事実となる社会経済的要因を政策当事者が認識するだけでは実現しない（もちろん、第Ⅰ部で述べたことには、政策の定石としての意義がある）。利害関係者、国会等との関係性の中で政策が形成され、それが実現するための一押しが必要となる。「天の時、地の利、人の和」のような面もあるが、それだけに頼ることはできない。

　現代においては、合理的根拠である証拠に基づく政策立案、すなわちEBPM（エビデンス・ベースト・ポリシー・メイキング）が重視されるようになっている。[27] これは、政策の立案をその場限りのエピソード・ベースから、政策効果の測定に重要な関連をもつ情報や統計等のデータにより政策目的を明確にした合理的根拠（エビデンス）に基づくものに変革することを意味する。

　負担と給付の両局面において、社会保障は、財政、人口、経済活動等とも深く関わっている。それだけに、エビデンスに基づいた社会経済の変化への深い理解と対応を抜きには、制度の持続可能性を確保することはできない。特に近年では、バブル崩壊後の経済状況や赤字財政の中で、少子高齢化、更には人口減少社会への対応を迫られてきており、EBPM の重要性は高まっている。

2．社会保障の不可逆性

　社会保障の国政上の重要性の高まりの背景には、制度が内包する不可逆性がある。このことは、社会保障改革が固有の困難を伴う理由でもある。

　第1に、社会保障の規模の増大である。[28] 社会保障の社会経済に占める比重が小さければ、資本主義の市場の失敗に対する修正原理に止まるはずである。しかし、現実には、社会保障の拡大は、福祉・医療サービス等に見られるように、それ自体が産業として市場を形成することになった。しかも、財源が税や保険料という強制徴収金ということもあり、費用がサービスに対する対価ではなく、負担と意識されることになる。これが対価関係が完結する一般の市場と異なる準市場の特徴である。つまり、国民意識の面で負担の増大として、市場

拡大が手放しで喜ばれない遠因となる。その一方、市場の拡大は、サービス提供者等の利害を増幅させ、経営難につながるような改革を困難にする。

第2に、民主主義及び制度構造の問題である。社会保障は法制度であり、国会の手続きを経て法律として制度化される必要がある。その際、民主主義の1人1票の原則からすれば、少子高齢社会においては、数が多く投票率も高い高齢者の声が反映されやすい。これを**シルバー民主主義**と一般に言う。そうでなくとも、一旦確立した社会保障給付の縮減やその水準の引下げは、政治的には困難を伴う。民主主義は、制度の改善には効果を発揮するが、逆方向には機能しにくい。

第3に、生存権保障としての制約である。憲法（25条2項）は、社会保障等の向上及び増進の義務を規定している。この規定が制度後退禁止原則まで意味するのかは議論の余地があるにしても、給付の縮減又は水準の引下げが憲法上の議論を惹起するであろう[29]。そうでなくとも、年金を典型とする社会保険においては、拠出に見合わない給付は、負担と給付との牽連性からも問題がある。

このような制度見直しの制約要因を踏まえたとき、社会保障改革は、一層の合理性と客観性が求められることになる。

3．社会保障改革の手法

(1) **エビデンスとしてのデータ**　　社会保障は、もともと統計等のデータがなければ成り立たない分野である。例えば社会保険は、保険の技術のみならず統計の整備があって実現した制度である。まさにEBPMを体現するのが社会保障である[30]。

政策の基礎資料としての統計には、①**一次統計**（調査等を行うことで得られたデータである調査統計、許認可等の行政活動を通じて得られたデータである業務統計）と②**二次統計**（一次統計を加工したデータ）がある。制度の設計に当たっては、これら統計を活用することで、制度の正確性、信頼性、透明性等が担保される。更に持続可能性の観点からは、制度の将来像が求められる。そのため、一定の前提を置き、それを将来に投影する推計が用いられることがある[31]。例えば、社会保障給付費の将来推計である。その場合には、将来を予測するというよりも、一定の前提をおいたトレンドやデータの積上げで計算することが多い

ので、将来予測とは異なる。そうであっても、データに基づき政策議論が行われることには意義がある。

　近年では、社会保障・税一体改革に関連して、2011年に推計（社会保障に係る給付費等の将来推計）が参考資料として出されている。その後も、新人口推計と経済の見通しをを踏まえ、2012年に改訂後の将来推計（社会保障に係る費用の将来推計の改定）が出された。[32] 比較的最近では、2018年に内閣官房・内閣府・財務省・厚生労働省から経済財政諮問会議に「2040年を見据えた社会保障の将来見通し（議論の素材）」が提出されている。これは、2040年頃を見据え、社会保障の給付と負担の姿を幅広く共有するために作成されている。つまり、2040年問題への対応が念頭にあることになる。それによれば、2018年度で121.3兆円（GDP 比21.5%）の社会保障給付費が、2025年度には140.2〜140.6兆円（GDP 比21.7〜21.8%）に増加する。更に、その後も給付費は増加し、2040年度時点で188.2〜190.0兆円（GDP 比23.8〜24.0%）となる見込みとなっている。

　(2)　**改革のパラダイムシフト**　　社会保障は、その生成発展的な性格故に、不断の改革が宿命である［第2章第2節参照］。ただし、改革の中身には、少しずつ変化が生じている。特に消費税の1989年の導入から2019年の10%引上げまでの30年間は、社会保障の変容を迫る30年間でもあった。

　まず、給付と負担、その財政規模の観点からは、年金と医療保険に加え介護保険の改革の重要性が増している。過去の改革では、財政が逼迫すれば、給付の引下げや負担の引上げが常道であった。例えば、1984年の健康保険の被保険者本人の1割負担導入が典型である。ところが、年金は、2004年の制度改革の際のマクロ経済スライド、保険料上限固定方式等の導入、65歳年金支給開始時点の所得代替率50%の下限設定により、負担と給付に依存する改革にたががはめられた。また、医療保険も、2002年の改革により、給付率の7割維持が法律上も規定され、単なる給付率の引下げによる財源の捻出は困難になっている。従って、財政規模の大きい年金と医療を通じて、単なる給付と負担の見直しによる財政対策の余地は乏しいと言える。むしろ、年金の場合であれば、老後の所得保障のセーフティネットとしての低年金・無年金対策、医療の場合であれば、高齢者医療制度の創設、医療計画及び地域医療構想を通じた医療の機能分化、地域包括ケアシステムの構築といった制度の持続可能性を見据えた構造面

からの対策に重点が移ってきている。

　少子化及び高齢化の関係では、介護保険に加え少子化対策の重要性も増している。介護については、1989年のゴールドプラン、1990年の福祉八法改正を皮切りに2000年の介護保険制度の施行実施まで、急速に基盤整備が進められてきた。それに対して、少子化対策については、1990年の1.57ショックまで、専門家を除くと注目されてこなかったのが現実である。また、戦時中の出産奨励策の記憶から、政府においても少子化対策を前面に出すことに躊躇があったのかもしれない。しかし、1994年にエンゼルプランが策定されたのを皮切りに、保育所整備を中心とした少子化対策が展開されることになった。

　そうした中で、消費税の引上げとともに制度の持続可能性を問う改革として登場したのが、社会保障・税一体改革であった。付言するなら、これは、社会保険中心主義により、税を上回る社会保険料という別財源でもって徴収コストをかけずに社会保障の充実を図るというパラダイムが限界を迎えたことを意味する（例えば、厚生年金保険料の18.3％固定）。

　⑶　**社会保障と税の一体改革**　　社会保障にとって最大の実務上の課題は、給付もさることながら財源の確保である。保険料は社会保障の固有財源ではあるものの、引上げにも限界がある。見方によっては、介護保険は社会保障に新たな保険料財源を投入する手段でもあったが、もはや社会保険化できる分野は見出しにくい状況になっている。[33]　そうした中で、2008年の社会保障国民会議から始まった**社会保障・税一体改革**は、政権交代も挟みながら2012年の関連法の成立までの長い期間を要した。[34]　そこで打ち出された全世代型社会保障の理念等は、その後の改革の基本路線ともなっている。このことは税制にも反映されている。消費税の３％から５％への引上げに関連して、消費税の充当先が高齢者三経費（年金、高齢者医療、介護）であることが1999年から予算総則に明記されてきた。[35]　一体改革後の現在、消費税の充当先は、消費税法（１条２項）上も、「制度として確立された年金、医療及び介護の社会保障給付並びに少子化に対処するための施策に要する経費」と明記され、予算総則上も、それに対応する経費が計上されている。このように、少子高齢化時代において安定的に財源を確保し、社会保障の持続可能性を高める上で、消費税は重要性を有している。

　⑷　**改革の手法としてのプログラム法**　　2012年の税制抜本改革法によれば、

2015年10月に消費税率を10％に引き上げることになっていたが、10％への引上げ時期が2019年10月に延期された。これは、世界経済の不透明感が増す中、新たな危機の回避に向けて、あらゆる政策を講ずることが必要となっていることを踏まえた措置であった。

社会保障については、社会保障制度改革推進法に基づき設置された「社会保障制度改革国民会議」において、2012年から2013年にかけて議論が行われ、報告書として「確かな社会保障を将来世代に伝えるための道筋」が取りまとめられた。報告書では、日本の社会保障を高度成長期の「1970年代モデル」から「21世紀（2025年）日本モデル」へ転換し、全世代型の社会保障を目指すことが総論に盛り込まれた。政府では、この報告書等を踏まえ、社会保障制度改革の全体像及び進め方を明らかにするための「持続可能な社会保障制度の確立を図るための改革の推進に関する法律案」を2013年10月に国会に提出し、同年12月に成立・施行された。

これが、いわゆる**社会保障改革プログラム法**である。同法には、実施すべき社会保障改革と必要な法律の時期の目途が規定され、実際、その後以下のような改革が実施されている。

①子ども・子育て支援　子ども・子育て支援とワーク・ライフ・バランスの実現のための㊀子ども・子育て支援法に基づく保育緊急確保事業、㊁子どものための教育・保育給付、地域子ども・子育て支援事業、㊂社会的養護の充実を実施することとされた。また、子ども・子育て支援法の附則に基づき、2014年には、仕事と子育ての両立をしやすい環境を更に整備するため、「次代の社会を担う子どもの健全な育成を図るための次世代育成支援対策推進法等の一部を改正する法律案」が国会に提出され成立している。

②医療・介護　医療・介護制度改革については、病床機能の分化・連携や地域包括ケアシステムの構築等を図るため、「地域における医療及び介護の総合的な確保を推進するための関係法律の整備等に関する法律案」が2014年に国会に提出され成立している。このいわゆる医療介護総合確保推進法では、㊀医療機能の分化・連携を進めるための地域医療構想の策定、㊁地域包括ケアシステムの構築を図るための介護保険の予防給付の地域支援事業への移行等、㊂都道府県単位の医療・介護に関する基金による財政支援、㊃介護保険の第1号被

保険者のうちの低所得者に対する保険料軽減の強化、㈤高所得者の介護保険の自己負担の1割から2割への引上げ等が盛り込まれている。

③医療保険　法改正を要しない国民健康保険等の保険料の低所得者への軽減、70から74歳の高齢者の患者負担等の見直しが、2014年度から順次実施されている。法改正を要する事項については、2015年に「持続可能な医療保険制度を構築するための国民健康保険法等の一部を改正する法律案」が国会に提出され成立している。主な改正内容は、㈠国民健康保険の財政支援の拡充、㈡被用者保険からの後期高齢者支援金についての全面総報酬割の導入及び全国健康保険協会への国庫補助率の見直し、㈢保険外併用療養費としての患者申出療養の創設等である。

④年金　年金については、制度持続性の更なる強化及び社会経済情勢の変化への対応のため、2016年に「公的年金制度の持続可能性の向上を図るための国民年金法等の一部を改正する法律案」が国会に提出され成立している。このいわゆる持続可能性向上法では、㈠短時間労働者への被用者保険の適用拡大、㈡第1号被保険者の産前産後期間の保険料の免除の創設、㈢マクロ経済スライド等の年金額の改定ルールの見直し、㈣年金積立金管理運用独立行政法人（GPIF）の組織等の見直し等が規定された。

　これらの改革は、2014年以降、順次実施に移されている。このほか、難病及び小児慢性特定疾病対策のため、2014年に「難病の患者に対する医療等に関する法律案」と「児童福祉法の一部を改正する法律案」が国会に提出され成立している。

　社会保障・税一体改革の基本的考え方は、社会保障機能の充実と重点化・効率化である。この意味合いは、財源不足で改善が難しかった児童養護、難病対策等に消費税財源を投入するとともに、重点化・効率化できる施策は見直すということでもある。過去の改革に照らしても、給付改善の際の財源の傾斜配分ではなく、給付改善のない中での純然たる給付削減は困難を極める。改革を実現する上でも、財源の確保は重要と言える。また、一体改革が目指した全世代型社会保障について言えば、そこにある発想は、ゼロサムゲームのような高齢者から若年層への給付の付け替え又は逆方向での負担の付け替えではないことになる。貧困を例に挙げるなら、高齢者にも若年者にもその問題は存在するわ

けである。年齢、職業等のステレオタイプ化された見方ではない現実直視の対応が眼目である。その点でも、普遍的な理念に支えられながら、エビデンスや実態を重視するアプローチと言える。

1） 個人に当てはめると、賃金等の収入（所得）がフロー、預貯金等の資産がストックとなる。フローと比べるとストックは把握しにくい。生活保護のミーンズテストや国民健康保険の保険料の資産割のように、資産に着目する例は存在するが、税を通じて把握可能な収入（所得）を基準とする社会保障給付の方が多い。

2） 社会保障の負担は、社会保障給付として支出され、その受益は国民に帰着する。確かに、社会保障の所得再分配により、個人単位又は世代単位での負担と受益は瞬間的には均衡しない。しかし、年金、子ども・子育て支援等の中長期的視点をもった制度の場合には、現在の負担が社会全体の受益として跳ね返ってくる。その点では、投資としての社会保障をいう視点も重要である。

3） 日本型福祉論で言われた家族が有する「含み資産」とも関係する問題である。

4） 一会計年度における国の一切の収入と支出をそれぞれ歳入、歳出という（財政法2条）。また、一般歳出は、社会保障関係費のほか、文教・科学技術振興、公共事業、防衛等の政策のための経費であり、政策的経費とも言われる。

5） 特定の事業、特定の資金を保有しての運用、その他特定の歳入を以て特定の歳出に充て一般の歳入歳出と区分して経理する必要から、特別会計が設けられる（財政法13条）。

6） 社会保障費用統計は、国立社会保障・人口問題研究所のホームページ（http://www.ipss.go.jp/index.asp）からアクセスできる。2018年度では、社会保障給付費121兆5,408億円（1人当たり96万1,200円）、社会支出125兆4,294億円（1人当たり99万2,000円）となっている。社会保障給付費の部門別では、年金55兆2,581億円（45.5％）、医療39兆7,445億円（32.7％）、福祉その他26兆5,382億円（21.8％）となっている。

7） ILOは、1949年から調査に基づき各国のデータを集計した社会保障給付費を整備してきたが、1996年以降データ更新が途絶えている。しかし、我が国では、それ以降も、国立社会保障・人口問題研究所が、「社会保障費用統計」の中で社会保障給付費が取りまとめられている。

8） 社会支出における「社会的目的」は、①高齢、②遺族、③障害、業務災害、傷病、④保健、⑤家族、⑥積極的労働市場政策、⑦失業、⑧住宅、⑨他の政策分野に分けられている。また、社会支出には、現金給付（例えば、年金、産休中の所得保障、生活保護など）、サービス（現物）給付（例えば、保育、高齢者や障害者の介護など）が含まれる。この点でOECD基準は、ILO基準よりも、対象とする範囲が広い。例えば、直接個人に移転しないため、社会保障給付費には含まれない施設整備費も、社会支出に含まれる。

9） 国民負担率については、1982年に設置された第2次臨時行政調査会は、国民負担率を「増税なき財政再建」の重要な目標として掲げた。例えば、1982年7月の臨時行政調査会答申では、「租税負担と社会保障負担とを合わせた全体としての国民の負担率（対国

民所得比）は、現状（35％程度）よりは上昇することとならざるを得ないが、徹底的な制度改革の推進により現在のヨーロッパ諸国の水準（50％前後）よりはかなり低位にとどめることが必要である」と述べている。その後、1996年8月の財政制度審議会「財政構造改革特別部会最終報告」では、国民負担率に財政赤字を加えた「潜在的な国民負担率」という概念が登場することになった。1997年に成立した財政構造改革法では、「国民負担率（財政赤字を含む）を100分の50を上回らないように抑制すること」が財政運営上の観点として規定されたが、財政構造改革法は、翌1998年に停止されている。

10）　山崎史郎『人口減少と社会保障』（中央公論新社、2017年）

11）　人口については、5年に1回の国勢調査を受けて、国立社会保障・人口問題研究所が「日本の将来推計人口」を公表している。年金の財政の現況及び見通しである財政検証が少なくとも5年に1回行われるのには、検証に必要な人口推計のデータの作成頻度が関係している。

12）　一般社団法人日本再建イニシアティブ『人口蒸発「5000万人国家」日本の衝撃』（新潮社、2015年）103-116頁

13）　1.57ショックとは、1989年の合計特殊出生率が1.57と、「ひのえうま」という要因で最低であった1966年の1.58を下回ったことの社会的反響を指す。「少子化」という言葉が登場するのは、1992年の国民生活白書からである。

14）　総務省が毎年敬老の日に発表する人口推計（2020年9月15日現在）によれば、高齢化率は28.7％である（https://www.stat.go.jp/data/topics/pdf/topics126.pdf）。

15）　国立社会保障・人口問題研究所の人口統計資料集2020（http://www.ipss.go.jp/syoushika/tohkei/Popular/Popular2020.asp?chap=2&title1=%87U%81D%94N%97%EE%95%CA%90l%8C%FB）によれば、高齢化率の倍加年数（7％から14％になるまでの年数）は、日本24年、ドイツ40年、英国46年、フランス115年である。倍加年数の短さは、短期間に高齢者向けの社会保障制度を整備する必要性を高める。

16）　合計特殊出生率は、15から49歳までの女性の年齢別出生率を合計したもので、期間合計特殊出生率とコーホート合計特殊出生率がある。このうち、一般に使用されているのが、期間合計特殊出生率であり、ある期間（1年間）の出生状況に着目し、その年における各年齢（15～49歳）の女性の出生率を合計したものである。例年厚生労働省の「人口動態統計」の中で発表されている。

17）　社会保障分野では、家族は、児童福祉法、社会福祉法、障害者基本法、生活困窮者自立支援法等で「家族その他の関係者」といった形で登場する。この家族の人的要素は、社会保障制度改革推進法（2012年）が、「自助、共助及び公助が最も適切に組み合わされるよう留意しつつ、国民が自立した生活を営むことができるよう、家族相互及び国民相互の助け合いの仕組みを通じてその実現を支援していくこと」を社会保障制度改革の基本的考え方に規定していることにも表れている。家庭については、母子家庭、父子家庭、児童扶養手当及び児童手当法の目的である家庭の生活の安定、育児休業、介護休業等育児又は家族介護を行う労働者の福祉に関する法律の目的である職業生活と家庭生活との両立等の例が見られる。

18）　国民生活基礎調査は、保健・医療・福祉・年金・所得等国民生活の基礎的な事項につ

いて世帯面から総合的に明らかにする統計調査である（https://www.mhlw.go.jp/toukei/list/20-21.html）。

19）　コブダグラス型生産関数では、実質経済成長率＝（労働分配率×労働成長率）＋（資本分配率×資本長率）＋全要素生産性（TFP）上昇率となる。

20）　失業率については、総務省が労働力調査（https://www.stat.go.jp/data/roudou/index.html）を定期的に公表している。同調査によれば、完全失業者とは、①仕事がなくて調査週間中に少しも仕事をしなかった（就業者ではない）、②仕事があればすぐ就くことができる、③調査週間中に、仕事を探す活動や事業を始める準備をしていた（過去の求職活動の結果を待っている場合を含む）の３条件を満たす必要がある。

21）　C. J. Booth, *Life and Labour of the People in London, Vol. 1*, AMS Press, 1970, p.33（人々を8階層に分け、貧困線より下の階層を「貧困（poor）」又は「極貧（very poor）」とする。）

22）　B. S. Rowntree, *Poverty: a study of town life*, H. Fertig, 1971, pp.117-118

23）　P. Townsend, *Poverty in the United Kingdom: a survey of household resources and standards of living*, Penguin , 1979, p.31

24）　R. Lenoir, *Les exclus: Un français sur dix*, Seuil, 1974

25）　社会的排除は、必ずしも積極的な行為により社会との関係性が遮断されるだけではないことから、筆者としては、能動態的な「排除」ではなく、その人が置かれた状況という意味で受動態的な「疎外」が適当と考えてきた。本書では、一般的な用語法に従っている。

26）　伊奈川秀和「欧州におけるソーシャル・インクルージョン政策の展開」日本ソーシャルインクルージョン推進会議編集『ソーシャル・インクルージョン―格差社会の処方箋』（中央法規、2007年）61-71頁

27）　「統計改革推進会議最終取りまとめ」（2017年5月19日統計改革推進会議決定）において、政策立案がエピソード・ベースで実施されているとの認識から、統計等を積極的に利用したEBPMの推進が提示されている。

28）　社会保障給付費の対国内総生産（GDP）比で見ると、1951年度に2.87％であったものが、2018年度には22.16％となっている（http://www.ipss.go.jp/ss-cost/j/fsss-h30/fsss_h30.asp）。

29）　内野正幸『憲法解釈の論理と体系』（日本評論社、1991年）154-155頁

30）　戦後の制度形成期から存在する厚生労働省の社会福祉担当課には、統計担当と社会福祉専門官等が配置されてきた経緯がある。

31）　自然科学的な予測と社会保障における推計とでは、意味合いが異なる。自然科学では予測によって自然現象が影響を受けることはない。それに対して、社会保障の推計は、それが人々の行動や政策に影響を与え、推計通りに事態が展開しないことがある。しかも、推計が社会保障改革のためであれば、尚更である。

32）　いずれの推計も、2025年頃までの医療・介護のサービス需要の状況とそれに必要な費用やマンパワーを推計した上で、年金や子ども・子育てなども含めて推計されているのが特徴である。このことは、過去のトレンドを将来に伸ばすだけの推計でないことを意

味する。また、社会保障改革に必要な充実と重点化・効率化の効果も折り込み、制度の全体像を示している。このことは、推計が消費税引上げの投入先を決める資料でもあることを意味する。

33) 議論としては、育児保険や子ども保険、養育支援給付を介護保険に組み込んだ総合福祉保険等の構想がある（鈴木真理子編『育児保険構想—社会保障による子育て支援』（筒井書房、2002年）、福田素生「総合福祉保健制度の構想—子育て支援の強化と利用者本位の効率的な福祉サービスの提供のために」年金と経済22巻1号、32-38頁、2003年、同「育児支援政策の歴史的展開と今後の方向性—「子ども保険」の構想を受けて—」生活経済政策 No.248、12-16頁、2017年）。

34) 改革関連法は、①消費税率の引上げ等を定めた税制抜本改革法（社会保障の安定財源の確保等を図る税制の抜本的な改革を行うための消費税法の一部を改正する等の法律、社会保障の安定財源の確保等を図る税制の抜本的な改革を行うための地方税法及び地方交付税法の一部を改正する法律）、②社会保障制度改革、国民会議の設置等を定めた社会保障制度改革推進法、③子ども・子育て支援関連の3法（子ども・子育て支援法、就学前の子どもに関する教育、保育等の総合的な提供の推進に関する法律の一部を改正する法律、子ども・子育て支援法及び就学前の子どもに関する教育、保育等の総合的な提供の推進に関する法律の一部を改正する法律の施行に伴う関係法律の整備等に関する法律）、④年金関連の2法（公的年金制度の財政基盤及び最低保障機能の強化等のための国民年金法等の一部を改正する法律、被用者年金制度の一元化等を図るための厚生年金保険法等の一部を改正する法律）から成る。

35) 毎年国会に提出される一般会計政府予算案の冒頭に設けられている総括的な規定である。その中に、消費税の収入が充てられる経費の範囲も規定されている。

第**7**章　公的扶助政策等¹⁾

第1節　セーフティネットの重層構造

1．救貧と防貧

　貧困は社会保障の要保障事由の最たるものであり、社会保障の歴史の中心問題であった［第1章第1節3及び第4節1、第6章第1節4参照］。この貧困対策の観点から、社会保障は**救貧施策**と**防貧施策**に二分される。救貧が貧困の事後的救済であることからすれば、防貧は貧困の防止である。社会保険は、事前の保険料拠出により保険事故の発生に伴う所得喪失又は支出増に予め備える制度であることから、防貧施策である。これに対して、公的扶助は、貧困に陥った場合に最低生活を保障する制度であることから救貧施策である。

　社会保険が普及すれば、公的扶助の役割は低下するにしても、全て社会保険で対応できるとは限らない。例えば、社会保険は保険事故になじむ事象が対象であり、非定型的な貧困原因に対応することは困難である。また、保険料拠出を原則とし、貢献原則により、拠出に応じた給付となれば、常に生活保障として十分とは限らない。貧困の原因は多様であり、社会保障のセーフティネットとしての公的扶助の役割には大きなものがある。

　最低（ミニマム）、最適（オプティマム）、最高（マキシマム）に分けるならば、セーフティネットは、所得保障における最低生活保障の役割を担う。最高水準の生活を社会保障と通じて保障することは想定しにくい。しかし、予期せぬ事態に遭遇した場合に従前所得保障を通じて最適水準を実現することはあり得る。年金等の社会保険による所得保障（防貧施策）には、そのような性格がある。

2．最後のセーフティネットとしての生活保護

　公的扶助の体系において、最後のセーフティネットとなるのが**生活保護**である。しかし、生活保護が唯一の公的扶助ではない。災害時の生活保障となる災

害救助法、いわゆる行き倒れの場合の**行旅病人及行旅死亡人取扱法**なども存在する。

　さらに年金、医療保険、雇用保険等の社会保険と生活保護との間の**第二のセーフティネット**も重要である。セーフティネットの網を重層化することにより、生活保護が最初で最後のセーフティネットとなることを回避できるからである。現在、そのような役割を担う制度として、求職者支援法や生活困窮者支援法がある。

　この他、ホームレスの人の関係では、**ホームレス自立支援法**（ホームレスの自立の支援等に関する特別措置法）がある。また、相対的貧困率の国際比較から、日本の子どもの相対的貧困率の高さが注目されるようになった。子どもの貧困対策としては、**子どもの貧困対策法**（子どもの貧困対策の推進に関する法律）による、社会福祉だけではない、教育、雇用等も含めた対応が必要となっている。

3．貧困と格差

　貧困とも関係する問題に、格差問題がある。「乏しきを憂えず、等しからざるを憂う」と言うように、貧困と格差は一応別概念である。しかし、両者が重なり合ったとき問題は深刻化する。ロールズに即して考えると、生活保護等で貧困に対応すれば、格差は許容されるのかが問題となる。経済成長期であれば、生活保護の基準や低所得者の所得も上がることで、格差は顕在化しにくい。低成長で生活水準や賃金水準も上がらなければ、格差は意識されやすい。そこに貧困の連鎖等が絡むとき、貧困と格差は同時に取り組むべき課題となる。

4．社会福祉としての生活保護

　最低生活の保障を目的とする以上、生活保護には所得保障の側面があるが、それだけではない。生活保護法（1条）は、「自立の助長」を掲げ、ケースワーカーによるケースワークも存在する。その点では、生活保護は、所得保障であると同時に社会福祉（狭義）でもある。実際、いわゆる福祉六法には、生活保護法も含まれる。また、社会保障制度審議会の50年勧告でも、社会福祉は、身体障害者、児童等に限らず、公的扶助という意味での「国家扶助の適用をうけ

ている者」も含め援護育成を要する者が、自立してその能力を発揮できるよう、必要な生活指導、更生補導、その他の援護育成を行うことと定義されている。このような生活保護の社会福祉（狭義）との密接不可分性に鑑みるなら、社会福祉（広義）には、所得保障としての生活保護も含めることが適当である。

5．所得保障としての社会手当

　所得保障には、公的扶助及び社会保険以外に第3の所得保障ともいうべき社会手当が存在している。所得制限があっても、生活保護のような補足性の原則や資力調査を要件としない点で、公的扶助と一線を画する[2]。また、事業主拠出はあっても、本人拠出を要件としない無拠出制の給付である点で、社会保険とも異なる。この言葉は、実定法上の用語ではないが、公的扶助や社会保険とは別の類型として、社会手当を措定することには、政策的な意義がある。すなわち、拠出制の社会保険は、保険事故になじまない事象や必要原則に合致した給付水準を確保できない事態が伴う。それに対して、無拠出制で、かつ、資力調査を伴わない給付は、ニーズに応じた給付をなし得るメリットがある。

　このような理解に立った場合、児童手当、児童扶養手当、特別児童扶養手当等の社会手当には、セーフティネットの層を厚くする役割が期待できる。現在、無拠出制の給付としては、障害基礎年金等を受給できない特別の事情のある障害者に対する特別障害給付金制度等もある。また、年金の中には、老齢福祉年金等の無拠出制のものもある。これらは手当という名称ではないが、実質的には社会手当と理解できよう。

　社会手当は、無拠出とはいえ、必要原則に沿った給付である。これに対して、全ての個人に特段の要件（資産要件、就労要件）なく行う現金給付であるベーシックインカム（basic income）の議論がある[3]。要保障事由を前提としないことから、立場により給付設計や水準が異なることになりやすい。仮に社会保障に位置付けるなら、貢献原則と必要原則ではない支給の正当性が問われることになる。

6．賃金等との関係

　(1)　**最低賃金**　　賃金は、労働契約における労働の対償（対価）である。経済

的には労働も財であり、賃金は労働による限界生産物の価値と等しくなる。その点で労働には市場性があるが、労働者から見れば、賃金は生活の糧である。この賃金を生活保障の観点から規制するのが**最低賃金**である。県単位の最低賃金である**地域別最低賃金**を規定する最低賃金法（9条2項）は、地域における労働者の生計費及び賃金並びに通常の事業の賃金支払能力を考慮要素に入れている。更に、生計費との関係で、労働者が健康で文化的な最低限度の生活を営むことができるよう、生活保護施策との整合性に配慮することも規定されている（9条3項）。

このことからしても、生活保護と最低賃金との関係は密接である。外国では、最低賃金が査定生活保障制度等の基準となっている例も見られる。

(2) **最低水準のデファクトスタンダードとしての生活保護**　　生活保護を各種制度共通の最低生活水準とするという法律上の義務は、本来ないはずである。しかし、最低生活水準を客観的に設定している制度は、生活保護をおいてほかにはない。このために、生活保護以外の制度の中には、直接的又は間接的に生活保護に依拠して何らかの基準を設定するものがある［図7-1］。このことは、生活保護が憲法の最低限度の生活保障を体現する制度であることからも首肯される。

この結果、各種制度の負担と給付の水準の間には相関が生じる。まず、報酬比例である厚生年金の標準報酬の場合、その下限は年金の給付水準の下限を画する要素である。それとの関係で、最低賃金のフルタイムの被用者が働いて得られる報酬に対応する厚生年金の水準がどうかが問題となる。もし、生活保護との整合性に配慮して決定される最低賃金を前提とする厚生年金の水準が生活保護基準を下回るならば、資産等を有しない限り、最低賃金レベルの被用者が老後に生活保護を受給する可能性は高くなる。

国民年金（基礎年金）の場合には、もともと生活の基礎的消費を賄うことを前提に制度設計されており、同列には論じられない。とはいえ、標準報酬月額の下限に対応する厚生年金の保険料水準は、国民年金の保険料水準ともほぼ均衡するようになっている。仮に国民年金の保険料水準が厚生年金の最低保険料水準を大幅に超過するにもかかわらず、厚生年金の受給者より低い年金水準であることは，理解が得にくいであろう。

図7-1　低所得者対策等の相関関係

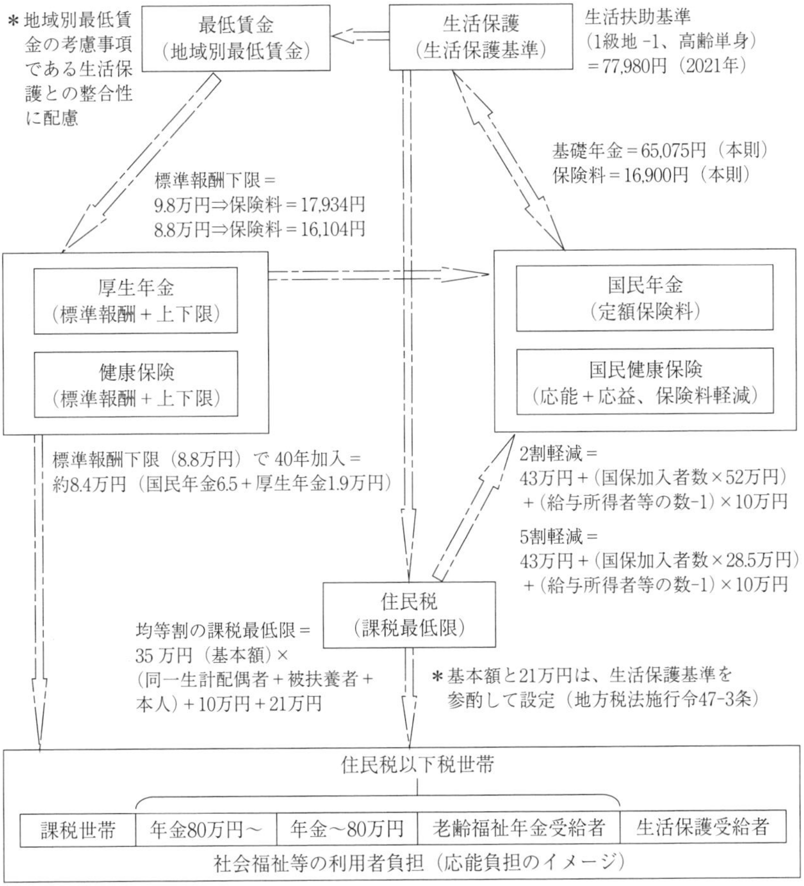

＊地域別最低賃金の考慮事項である生活保護との整合性に配慮

最低賃金（地域別最低賃金）

生活保護（生活保護基準）

生活扶助基準（1級地-1、高齢単身）＝77,980円（2021年）

基礎年金＝65,075円（本則）
保険料＝16,900円（本則）

標準報酬下限＝
9.8万円⇒保険料＝17,934円
8.8万円⇒保険料＝16,104円

厚生年金（標準報酬＋上下限）

健康保険（標準報酬＋上下限）

国民年金（定額保険料）

国民健康保険（応能＋応益、保険料軽減）

標準報酬下限（8.8万円）で40年加入＝
約8.4万円（国民年金6.5＋厚生年金1.9万円）

2割軽減＝
43万円＋（国保加入者数×52万円）
＋（給与所得者等の数-1）×10万円

5割軽減＝
43万円＋（国保加入者数×28.5万円）
＋（給与所得者等の数-1）×10万円

住民税（課税最低限）

均等割の課税最低限＝
35万円（基本額）×
（同一生計配偶者＋被扶養者＋本人）＋10万円＋21万円

＊基本額と21万円は、生活保護基準を参酌して設定（地方税法施行令47-3条）

住民税以下税世帯

課税世帯	年金80万円～	年金～80万円	老齢福祉年金受給者	生活保護受給者

社会福祉等の利用者負担（応能負担のイメージ）

（出典）伊奈川秀和『社会保障法における連帯概念—フランスと日本の比較分析—』（信山社、2015年）141頁を修正

　このほか、生活保護の水準は、住民税の非課税基準とも関係する。生活保護水準より低い所得層から住民税を徴収することは、生存権との関係で問題が多く理解が得られない。このため、住民税の均等割については、生活保護基準を参酌して課税最低限が設定されている。更に住民税は、各種社会福祉サービスの利用者負担の基準や国民健康保険税・料の均等割の軽減制度の基準としても機能しており、結果的に生活保護の水準は各種社会保障制度の負担と給付にも

影響を与えることになる。

　このようなデファクトスタンダードとしての生活保護基準の見直しは、生活保護以外の制度にも影響することに留意する必要がある。例えば、生活保護より国民年金の水準が低いことに関しては、これが最低賃金、厚生年金等も含めた問題であることから、拠出制年金の枠内では出口のない議論になりがちである。低年金の上乗せ給付である年金生活者支援給付金が拠出制年金とは別建てとなる所以も、ここにある。

第 2 節　生活保護[4]

1．生活保護の意義

　(1)　**健康で文化的な生活**　　**生活保護**は、生存権（憲法25条）が保障する健康で文化的な最低限度の生活を各種扶助を通じて実現する制度である。このことが含意するように、健康で文化的な最低限度の生活が何かを多様な生活の場面に即して同定することが必要となる。誰でもが必要とするニーズは衣食住である。このうち住まいは持ち家があれば、既に一応は充足されている。病気や要介護状態になることもあるが、必要性は人や状況によって変わってくる。従って、共通して必要となる食費、被服費、光熱水費等の最低生活費を設定し、それと収入等により自ら賄える部分の差額が生活による保護費となる。このことに象徴されるように、人々の生活の多様な局面に応じた給付（扶助）により、最低生活の保障を実現することを生活保護は目指す。

　(2)　**一般扶助主義**　　普遍主義の理念は、生活保護にも反映している。歴史的には、素行不良や怠惰な者を除外するなど、**制限扶助主義**がとられていた時代もある。更に救貧施策の給付水準は、一般労働者の生活（賃金）水準を上回ってはならないという劣等処遇の原則も存在した。現在、そのような考え方を制度は前提としない。一定の所得等の要件に該当すれば、貧困の原因にかかわらず、権利が発生する**一般扶助主義**に基づく仕組みである[5]。

　(3)　**原理原則**　　生活保護は、多様なニーズを生存権保障に反映する、4原理4原則を設けている。具体的には、①国家責任の原理、②無差別平等の原理、③最低生活の原理、④保護の補足性の原理、⑤申請保護の原則、⑥基準及

び程度の原則、⑦必要即応の原則、⑧世帯単位の原則である。原理が根本的・根源的で例外がないのに対して、原則は事務的・実務的で例外もあり得る。多様な生活実態に適切に対応した生活保障を実現するためには、原理原則の基礎の上で、ケースワークという個別性の強い対応が求められる。

　原理原則は、有機的に理解することができる。まず、生存権保障は国の責任であり、生活保護は国家責任の下で実施される必要がある（①）。このため、生活保護の事務は、地方公共団体（福祉事務所）を通じて実施されるが、基本的に自治事務ではなく法定受託事務である。その際には、平等権（憲法14条）とも関係して、無差別平等に給付されなければならない（②）。また、生存権が保障する水準は、「健康で文化的な最低限度の生活」、すなわち最低生活の保障である（③）。この生存権との関係で問題となるのが、生活自己責任原則である。自助・共助・公助の関係において、自助を優先し、その上での公助となる。生活保護であれば、まずは自らの資産、能力等を活用して、それでも最低生活を維持できない場合に保護が実施されることになる（④）。他に利用できる制度があれば、他法他施策が優先される。生活保護が資力調査（ミーンズテスト）を伴うのも補足性の原則が関係する。親族扶養については、扶養義務が優先するが、扶養義務の履行が保護の前提条件ではない。

　保護の流れに着目すると、保護が職権で開始されるのは、緊急時等の急迫保護のような例外であって、まずは本人等の申請を待って開始される（⑤）。このことは個人の意思の尊重につながるが、漏給の問題への注意が必要である。給付段階の保護の基準及び程度については、健康で文化的な生活水準を維持するために過不足がないようにする必要がある。このため、年齢、世帯構成、地域等の諸事情が考慮されることになる（⑥）。また、生活保護の受給者は個別性があることから、保護が有効かつ適切であるためには、受給者や世帯の違い考慮する必要がある（⑦）。その他の問題として、社会保障の適用単位がある。生活保護の場合には、世帯単位を原則として、例外的に個人単位としている（⑧）。

　このような原理原則を実際に当てはめたのが、以下で述べる各種扶助ということになる。

2．保護の内容

(1) **居宅保護の原則**　　生活保護には、**居宅保護と入所保護**がある。受給者が住み慣れた地域や家で生活を続けることが望ましく、居宅保護が原則となっている。しかし、居宅保護が難しいケースもあることから、保護施設（救護施設、更生施設、医療保護施設、授産施設、宿所提供施設）による入所保護もある。

(2) **扶助の種類**　　給付としての扶助は、①**生活扶助**、②**教育扶助**、③**住宅扶助**、④**医療扶助**、⑤**介護扶助**、⑥**出産扶助**、⑦**生業扶助**、⑧**葬祭扶助**に分かれる。このうち医療扶助と介護扶助は、医療保険、介護保険に対応する扶助であり、現物給付が原則となっている。それ以外は、金銭給付となる。

　扶助の中でも生活扶助は、食費、被服費、光熱水費等の日常生活に必要な費用をカバーする。実際には、食費等の個人的費用と光熱水費等の世帯共通費用に分解されるほか、特定の世帯に着目した加算（母子加算等）がある。住まいに関しては、家賃等が住宅扶助として支給される。子どもの教育に関しては、義務教育のための学用品費等の費用が教育扶助から支給される。医療や介護サービスに係る医療扶助及び介護扶助については、現物給付であることから、費用は医療機関及び介護事業者に支払われる。医療ではあるが、出産の費用は、基準に則して実費が出産扶助として支給される。生業扶助は、就労に必要な技能修得等の実費が支給される。最後の葬祭扶助は、葬祭費用が実費の範囲内で支給される。

　このように各種扶助は、受給者の生活実態に着目したニーズに応じて設計され、基準が設定されている。

3．扶助の基準

　各扶助には、支給水準となる基準が必要となる。医療扶助及び介護扶助のように医療保険、介護保険に準じて設定できる場合もあるが、生活保護が独自に決めざるを得ない場合もある。その典型が生活扶助、住宅扶助、葬祭扶助の基準である。アパートにしろ、生活費にしろ、人々が使う金額は区々である。このため、生活扶助の場合には、全国消費実態調査（全国家計構造調査）に基づく一般世帯の消費水準をデータと生活扶助の基準を比較して、均衡が図れるよう設定されてきている（**水準均衡方式**）。これが制度が前提とする最低生活費であ

り、生活扶助は、最低生活費と収入を比較して、その差額（不足分）を保護費として支給することになる。住宅扶助の家賃等であれば、地域毎の基準額を上限として、実費の範囲で支給される。葬祭扶助も基準額の範囲で支給される。このような基準は、厚生労働大臣が告示等により決めることになっている。

4．ケースワーク

　生活保護においては、福祉事務所にケースワーカーが配置され、**ケースワーク**を伴うことが特徴である。その点で、単なる所得保障ではない。ケースワーカーには、国が定める基準に沿った制度運用が求められ、受給者に対する指導・指示の権限が付与されている。指導・指示に従わない場合には、保護の変更・停止・廃止の可能性もある点では、権力的性格もある。しかし、それに止まらず、保護の目的である自立の助長のための働きかけもケースワーカーにとっては重要である。法律上も、求めに応じて、受給者に対する相談・助言という役割が規定されている。

第3節　第二のセーフティネット

1．特定求職者支援法

　生活保護から見た第二のセーフティネットの必要性は、既存の制度では受け止めきれない狭間や谷間の存在にある。雇用保険には受給期間等が設けられているが、期間延長の仕組みがある。その限りでは、職業訓練等と相まって雇用保障の網が及ぶための工夫が存在する。ところが、非正規労働者の中には、そもそも雇用保険の被保険者でない就労もある。しかも、職業訓練等により職業能力を高めようにも、当座の生活資金がなければ、それどころでない。

　かかる閉塞状態からの脱出を実現するため、制度に関する論理の転換を図ったのが2011年の**特定求職者支援法**（職業訓練の実施等による特定求職者の就職の支援に関する法律）である。すなわち、雇用保険の受給者に職業訓練を実施するのではなく、職業訓練（認定職業訓練）の受講を条件に雇用保険法の附帯事業である職業訓練受講給付金を支給する仕組みである。職業訓練と所得保障が一体となっているところに、制度の特徴がある。労働の意思及び能力を有する者

が求職の申込みを行い、就職支援計画に基づく就職支援措置の指示を受けることにより特定求職者が認定職業訓練を受講する間に職業訓練受講給付金による生活資金が得られることになる。

2．生活困窮者支援法

　被保護者の自立助長の観点から、生活保護の枠内では、就労支援のための被保護者就労準備支援事業、被保護者就労支援事業、生活保護受給者等就労自立促進事業が実施されてきた。この一連の事業は、日常生活の改善から始まって、ハローワークによる支援に至るまでの段階的な支援である。更に安定就労等による保護廃止時に就労自立給付金が支給されることになっており、自立へのインセンティブが付与される。

　しかし、支援の必要性という点では、生活保護受給前の生活困窮者も、被保護者に比肩し得る状況である。この生活保護手前の生活困窮者への第二のセーフティネットとして登場したのが、**生活困窮者自立支援法**（2013年）である。この制度では、就労支援に関して、①自立相談支援事業による就労支援、②生活習慣等の改善を目指した就労準備支援事業、③一般就労に向けた中間的就労による就労訓練事業が用意されている。また、福祉事務所とハローワークとの連携による生活保護受給者等就労自立促進事業は、生活困窮者もその対象に含む。

　また、被保護者の場合も同様であるが、生活困窮者にとって重要なのは住まいである。家賃の支払がある場合には、生活を切り詰めるにしても限界がある。その点で、生活困窮者支援法では、住居確保給付金が用意されている。このほか、住居がない場合（ホームレスの人）に衣食住を提供する一時生活支援事業、家計の改善を図るための家計改善支援事業、貧困の連鎖を断ち切る上で重要な生活困窮世帯の子どもの学習・生活支援事業が実施されている[6]。

第4節　社会手当

1．児童手当

　(1)　**制度の意義**　　児童手当は、社会手当の中でも議論を呼ぶ制度である。

それは、児童手当が所得保障であるにしても、子ども、その親や家庭に関わる制度であり、何を保障するのかという問題があるからである。児童手当法は、家族生活の安定という所得保障と児童の健やかな成長という児童福祉の両方を目的に掲げる（１条）。しかし、2010年度から２年間実施された「子ども手当」では、その趣旨として「次代の社会を担う子どもの健やかな育ち」の支援が掲げられている。制度の理解の仕方にもよるが、そこには児童手当からの名称変更や金額の引上げに止まらない違いがあるとも読める。

国際比較で言えば、児童手当は、ILO102号条約（社会保障の最低基準に関する条約）の「家族給付」に相当する。諸外国で言う家族手当に対応する制度でもある。ただし、制度の成り立ちは、国によっても異なる。少子化対策で知られたフランスの場合であれば、発足時の家族手当は、多子世帯とそうでない世帯がある中で、労働者の養育費を賃金の上乗せではなく手当として支給し、労働者の世帯構成の違いによる事業主の負担の不均衡を是正するための補償的性格を有していた。同一労働同一賃金とも関係するが、日本の場合であれば、賃金の中の各種手当の中に家族手当が位置付けられてきた。その点で児童手当は、賃金等の雇用保障との関係も重要である。

実際、日本の児童手当制度は、当初、「小さく生んで大きく育てる」との期待が込められていたが、現実には紆余曲折を経て現在に至っている[7]。そもそも児童手当法の制定は1972年と先進国では遅く、しかも、ILO102号条約の批准の必要性が後押ししたという事情もある。現在、少子化対策の重要性が増し、児童手当は、子ども・子育て支援法の現物給付と並ぶ現金給付として位置付けられている。

(2) **制度の概要**　対象児童は、中学校修了までの国内居住の児童である。ただし、受給資格者は、児童ではなく、児童を養育する父母等であり、所得制限がある。手当額は、年齢、児童数等に応じた変わってくる。例えば、０から３歳未満で月１万5,000円、３歳から小学校修了までの第１子・第２子が１万円、第３子以降が１万5,000円、中学生が１万円となる。

制度の実施主体は、法定受託事務として市町村であるが、公務員の場合には所属庁である。財源には、国及び地方公共団体からの公費以外に、事業主拠出金（子ども・子育て支援拠出金）が存在している。この事業主拠出は、事業主に

とっての受益という点で拠出と給付の牽連性を前提としている。さもなければ、拠出金は税金と変わらなくなるはずである。その限りでは、拠出金には、社会保険の保険料とも共通の性格が見られる。

２．児童扶養手当

(1) **制度の意義**　児童扶養手当法（1961年）による**児童扶養手当**は、離婚等による母子・父子世帯等の家庭生活の安定（＝所得保障）とともに、自立促進（＝社会福祉）のための制度である（１条）。児童扶養手当制度は、年金や婚姻制度と接点を有する点に特徴がある。

年金との関係では、死別の母子世帯が遺族年金（当時の母子年金）の支給対象であったのに対して、生別母子世帯の離婚等が保険事故になじまないことが、制度登場の背景にある。また、離婚の場合も、親子関係は残り、元配偶者にも子どもへの養育費支払義務があるはずである。しかし、現実には養育費の支払が履行されないことも、制度の必要性として存在する。その点で児童扶養手当制度にとって、民法や民事執行法との関係も重要となってくる。[8]

いずれにせよ、現在の児童扶養手当は、所得保障であると同時に、母子・父子・寡婦福祉法（母子及び父子並びに寡婦福祉法）等のひとり親家庭等の社会福祉施策の一環として、有機的に推進されるべき分野である。

(2) **制度の概要**　支給対象は、18歳到達年度末（障害児は20歳未満）までの児童を養育する母、父、祖父母等である。離婚等による生別母子世帯が多いものの、父子世帯や父・母に代わって児童を養育している祖父母等も対象となる。手当額は、児童の人数のほか、所得制限がある関係で所得額でも変わってくる。[9]例えば児童が１人の場合には、所得により、全部支給の４万1,100円が一部減額される。児童が２人以上の場合には加算がある。２人目の加算額は、全部支給で１万円だが、所得により一部減額される。３人目以降も同様に、全部支給の6,000円が所得により一部減額される。なお、法律上は、母又は父への手当の支給期間が５年（支給事由発生から７年）を超える場合には、就業が困難事情（障害等）がないにもかかわらず就業意欲が見られないときには、手当の半分が支給停止されることになっている。これは、離別等による生活の激変緩和と自立促進の趣旨からくる措置であるが、ワークフェアの影響とも捉えら

れる［第11章第1節1参照］。

　児童扶養手当の支給は、法定受託事務として、都道府県又は市等が実施主体となる。費用は公費であり、国と都道府県・市等が負担する。

3．特別児童扶養手当等

　(1)　**制度の意義**　　**特別児童扶養手当**（1964年）は、重度知的障害児のための重度精神薄弱児扶養手当として導入された。その後、重度身体障害児も取り込み、現在は、重度の精神又は身体障害児の福祉増進のための制度となっている。所得保障の体系上、20歳以降は無拠出制の障害基礎年金が存在することから、特別児童扶養手当は、20歳未満の障害児の所得保障を担うことになる。

　(2)　**制度の概要**　　支給対象は、20歳未満の重度の精神又は身体障害児を養育する父又は母（父母がいない場合等は一定の養育者）である。手当額は、障害の程度に応じて、1級（重度）で5万円、2級（中度）で3万3,000円である。受給者の所得により所得制限が適用される。

　特別児童扶養手当の事務は法定受託事務であり、認定に関しては都道府県が、また、請求等の窓口事務に関しては市町村が担っている。給付費の財源は、全額国による公費である。

　(3)　**特別障害者手当、障害児福祉手当等**　　特別児童扶養手当法は、特別児童扶養手当等の支給に関する法律が正式名称である。「等」の中には、①**障害児福祉手当**と②**特別障害者手当**が含まれる。何れも在宅の障害児・者のうち著しく重度の障害によって生ずる特別の負担の軽減を目的とする手当である。そのような制度趣旨から、障害児の特別児童扶養手当、障害者の障害基礎年金に上乗せされる。

　以上のように障害者の所得保障については、20歳を境に児童福祉と年金による役割分担がなされている。しかし、制度の変遷の中で生じた谷間問題と関係する社会手当に特別障害者給付金がある。かつて大学生等は20歳以上であっても国民年金の任意加入であったことから、その間に発生した障害は障害基礎年金の対象とならなかった。その一方、20歳未満の傷害の場合には、20歳以降は障害基礎年金の対象となることから、学生無年金が問題となってきた。訴訟等を経て制定されたのが、特定障害者に対する特別障害給付金の支給に関する法

律（2004年）である。国民年金の任意加入制度の関係では、1986年3月以前の被用者の配偶者も任意加入であったことから、同様の問題があった。このような任意加入期間に初診日がある障害基礎年金の1級又は2級相当の障害者に支給されるのが、**特別障害給付金**である。年金に関連する制度でありながら、「給付金」という名称が示すように、特別障害給付金も社会手当と言える。

1） 総論で述べたように制度には目的があり、それを実現するのが以下の章で述べる各制度ということになる。
2） 角田豊「法制面から見た社会保障」季刊社会保障研究2巻4号、12頁、1967年
3） Basic Income Earth Network のホームページ（https://basicincome.org/）
4） 生活保護の実務は『生活保護手帳』で動いており、毎年中央法規から発行されている。池谷秀登『生活保護ハンドブック』（日本加除出版、2017年）が分かりやすい。
5） 貧困には原因（失業、傷病、障害、高齢等）があることからすれば、その原因別に制度を設計し、社会福祉サービスとも関係付ける選択肢もある。その場合には、セーフティネットから漏れる低所得者の発生、スティグマ、自立の強制等の問題を回避することが課題となる。
6） 貧困の連鎖問題は、マタイ効果（貧しい人はますます貧しく、豊かな人はますます豊かになる）が関係する。これは、科学研究費の不適正配分（ノーベル賞受賞者への偏り）の問題だが、早期の教育の機会喪失がその後の学習力への影響を通じた教育等格差の増幅効果にも当てはまる（R. K. Merton, 'The Matthew Effect in Science', *Science*, Vol. 159, 1968, pp. 56–63）。
7） 1990年代までも、支給年齢、所得制限、金額等の見直しはあっても、財源が限られていた。喩えるならば、四角形の面積が変わらない中で、縦横の辺の長さを変えてきた歴史とも言える。2000年代に入ると、公的年金等控除の見直し財源が投入されるなど、世代間連帯の表れとも言える変化が起きている。
8） 民法（766条）には、協議離婚の際に子の養育費（監護費用）の分担等の必要事項を定めるべきことが規定されている。また、母子・父子・寡婦福祉法は、児童を監護しない親の扶養義務の履行に関する養育費確保策の実施を努力義務を規定する。
9） 法律上の金額であり、実際には自動物価スライドにより年毎に変わってくる。
10） 特別児童扶養手当にも、自動物価スライド制が導入されている。

第**8**章　年金政策[1]

第1節　年金の意義

1．年金の果たす役割・機能

(1) **個人から見た役割**　社会保険としての年金保険（年金）は、保険事故としての老齢（退職）、障害又は死亡による収入の減退・途絶に対する現金給付を通じて、生活を保障する所得保障制度である[2]。障害や死亡が予期し得ない保険事故であるに対して、多くの人が老後を迎えられる現在、老齢自体を保険事故とは捉えにくいかもしれない。しかし、現在でも何歳まで生きられるかは予測困難である。寿命の予測困難性を長生きのリスクと考えるならば、老齢年金も社会保険と言える。

(2) **社会から見た機能**　年金は、保険料の事前拠出を前提とすることから、収入の減退・途絶に対する事前の備えと言える。その限りでは、年金は防貧施策である。更に社会的に見た場合には、年金には、①貯蓄機能、②所得再分配機能、③保険機能がある。

また、年金には、社会全体としての世代間扶養の側面がある。これは、年金の財政方式に①積立方式と②賦課方式があることに関係する。①**積立方式**であれば、将来各自が受給するのに必要な財源を、予め現役時代の間に積み立てておく方式である。それに対して、②**賦課方式**では、ある時点の年金支給に必要な財源を、その時々の保険料収入から調達する方式である。特に賦課方式の場合には、現役世代から年金受給世代への仕送りに近く、世代間扶養の色彩が強くなる。

2．現行の年金制度の特徴

(1) **社会保険としての年金**　年金は、事前の保険料拠出を前提とする拠出制年金以外に、保険料拠出を要件としない無拠出制年金も制度設計上は可能であ

る。我が国でも、拠出制年金の補完又は補足としての無拠出制年金等が年金制度の枠内に存在している。しかし、社会保険中心主義をとる日本では、社会保険としての年金が中核であることに変わりはない。

(2) **長期保険としての年金**　給付と加入期間（保険料拠出期間）の長短で①**短期保険**と②**長期保険**に分けるなら、年金は長期保険である。このため、財政的にも長期の収支均衡を確保する必要が生じる。ただし、障害年金及び遺族年金については、保険事故である障害又は死亡が短期間の間に発生することもあり得る。しかし、その場合でも、給付が長期間に及ぶことがある。ましてや、典型的な年金である老齢年金の場合には、一定期間加入（保険料拠出）し、その後亡くなるまで受給するという息の長い制度である。

(3) **公的年金としての年金**　制度を管掌する保険者の違いから、年金は、①政府管掌による**公的年金**と①事業主、企業年金基金、国民年金基金連合会、民間保険会社等が実施する**私的年金**（企業年金、個人年金）に大別される。私的年金は、公的年金の上乗せの給付を保障する制度であり、年金の中核となるのは、公的年金である。1961年に国民年金法を制定して以来、日本では、公的年金を老後の生活保障の柱として、**国民皆年金**体制を維持発展させてきた。

(4) **強制加入としての年金**　社会保険においては、資格の得喪に関する事実に該当すれば当然に資格を取得するのが原則である。ただし、実際には届出等がなければ、資格の得喪を確認できない。このため、厚生年金の場合であれば、事業主に届出義務を課した上で、最終的には職権により資格取得の確認（**職権適用**）が可能となっている。このように**強制加入**とする理由としては、逆選択の防止（モラルハザードの防止）、国家のパターナリズム（温情主義）、長生き等のリスクの予測困難性、経済変動のリスクがある。

(5) **政策としての年金**　他の社会保障と比べた場合に、年金には顕著な政策上の特徴がある。第1は、年金には、過去の保険料拠出と将来の年金生活を尊重する必要があることである。このため、既得権又は既得権的な利益に配慮した経過措置、特例等により制度が複雑化する。第2は、福祉・医療サービスの事業者のような利害関係者を欠くことである。国家対国民という図式の中で、改革を推進する機動力が得られないリスクがある。第3に、制度設計に必要な経済見通しの困難性である。特に年金に必要な長期の成長率等の経済見通しは

なく、財政検証において、年金制度として独自に見通しを立てざるを得ない
[第6章第2節3参照]。

3．年金制度の体系

(1) **公的年金と個人年金**　年金には、民間保険である**個人年金**がある。個人
年金も老後への備えであることは、公的年金と変わらない。しかし、公的年金
が強制加入による制度であるのに対して、個人年金は任意加入による契約であ
る。このこともあり、個人年金の場合には、給付に必要な資金を掛金からの積
立金とその運用益（利子）により賄う積立方式が採用される。

　公的年金の場合にも積立方式は可能であるが、必要な給付財源をその年の保
険料で賄うことも可能である。どのような方式を採用するかは政策判断の問題
である。積立方式の場合には、積立金の運用益では対応困難なインフレ等の経
済変動に弱い。また、制度創設時には、受給者が少ないにもかかわらず、将来
に備えて高い保険料を徴収する必要がある。これに対して、賦課方式の場合に
は、拠出者の減少と受給者の増大を招く少子高齢化のような人口構造変化に弱
い。このため、少子高齢化が予測される場合には、積立金を保有することが、
保険料負担を緩和することになる。

　現実には、積立方式から賦課方式への転換は可能であるが、逆は困難であ
る。賦課方式から積立方式への移行段階において、現在の給付と将来の給付に
見合った保険料という**二重の負担問題**が発生するからである。歴史的には、戦
争の後のインフレが招いた積立金の減少や枯渇により、否応なしに積立方式か
ら賦課方式に転換した例もある。このことは、公的年金においては、物価水準
の上昇に対する生活水準の維持又は賃金の上昇による生活水準の向上を年金水
準に反映するための物価スライド又は賃金スライドが可能であることを意味す
る。それと同時に、これらスライドは予め賃金・物価の上昇を予測し制度に織
り込むことは難しいため、公的年金が積立方式から出発しても、賦課方式の要
素を強める要因にもなる[3]。いずれにせよ、物価・賃金スライドは、個人年金に
は難しい公的年金の特徴でもある。

(2) **年金制度の体系**　社会保障は一定のモデルを想定して制度を設計される
ことがある［第6章第2節2参照］。年金の場合には、被用者とそれ以外の自営

業者等の二大類型を念頭に３階建てで設計されている。また、給付水準は、老齢年金が基本となっており、それとの関係で障害年金や遺族年金の水準も設定される。更に世帯構成等によっては、加算等が行われる。

　公的年金は、１階部分の国民年金と２階部分の厚生年金に分かれる。このうち１階部分である**国民年金**の中心となる給付は、全国民共通の基礎年金である[4]。老齢基礎年金は、老後生活の基礎的部分を保障するという考え方に立っており、これにより老後生活の全てを賄う前提には立っていない。これに対して、２階部分の**厚生年金**は、被用者を対象としており、定年等により労働市場から退出した後も、退職前の生活水準の一定程度を保障する役割（従前所得保障）を担っている。つまり、２階部分となる厚生年金は、基礎年金の上乗せであり、保険料拠出の多寡を反映した報酬比例年金となっている。

　国民年金及び厚生年金は、強制加入が原則である。これに対して、多様なニーズに応えるための上乗せの制度として、企業年金等の３階部分がある。企業が従業員の退職後の公的年金の上乗せとして設ける年金であることから企業年金と言われる。このような上乗せの必要性は、企業年金のある大企業等の従

図 8-1　年金制度の体系

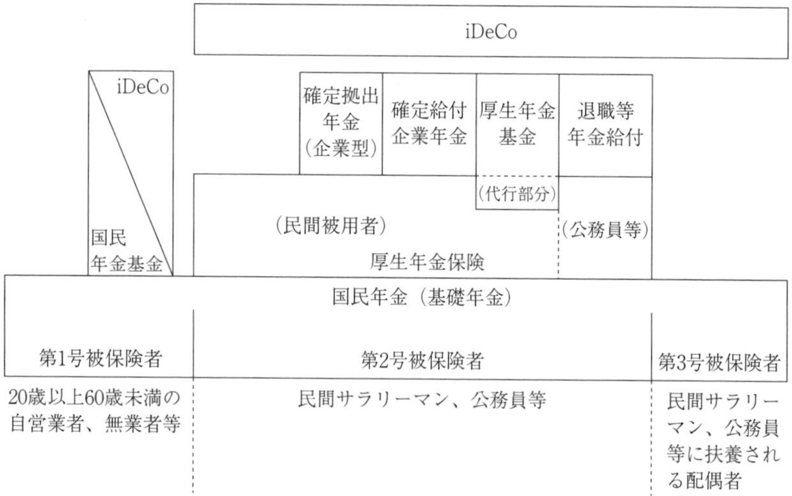

（出典）厚生労働省『令和２年版厚生労働白書』238頁の図を簡略化し作成

図8-2　基本的な2階建て年金の組合せ

[1階部分]		[2階部分]
全国民共通の基礎年金		被用者年金独自の報酬比例年金
老齢基礎年金 障害基礎年金 遺族基礎年金	+	老齢厚生年金 障害厚生年金 遺族厚生年金

（出典）筆者作成

業員に限った話ではない。自営業者や企業年金のない企業の従業員のための3階部分の年金もあり、3階部分は多様化している［図8-1］。

　(3)　**一人一年金**　　老齢、障害、死亡という保険事故が、同時に起きることがある。その場合に老齢年金、障害年金、遺族年金の全部を支給することは、生活保障の観点からは過剰給付とも言える。そこで年金制度では、1人が2種類以上の年金を同時に受給できないのが原則となっている（併給調整）。ただし、厚生年金は基礎年金の上乗せの制度であることから、原則として一支給事由の年金を上下一体で組み合わせて支給される［図8-2］。

　(4)　**年金生活者支援給付金**　　年金を受給しながらの生活保護受給は、年金のセーフティネット機能や信頼に関わる。このため、低所得の基礎年金受給者の生活支援を図るため、消費税の10％引上げ財源を活用した年金生活者支援給付金法が2012年に制定された。同法に基づく**年金生活者支援給付金**は、公的年金その他の所得が一定基準額以下の基礎年金受給者に、月5,000円を基準に行われる年金の上乗せ給付である。無拠出制給付であり、社会手当としての性格を有すると言えよう。

第2節　公的年金の保険関係

1. 保険者と被保険者

　(1)　**保険者**　　医療保険の保険者が分立しているのに対して、年金の保険者は、国民年金と厚生年金の何れも国である（政府管掌）。医療保険においては、保険者自治やその多様な取組が重視されるのに対して、年金では長期的な安定が重視される。このため、歴史的に制度が一元化されてきた経緯がある。厚生

年金の保険者は、以前は医療保険と同じように各種共済組合が保険者となっていた。現在、共済組合は、厚生年金の実施機関として保険料徴収、給付等の事務を担っているが、制度としては一般の被用者と同じ厚生年金が適用される。

(2) **被保険者**　　被保険者については、国内に住所を有する外国人も含め、全ての国民が加入する点において国民年金が重要である。国民年金の被保険者は、第1号被保険者、第2号被保険者、第3号被保険者に分類される。**第1号被保険者**は消去法で規定されており、第2号又は第3号被保険者でない20歳以上60歳未満の者である。**第2号被保険者**は厚生年金の加入者であり、**第3号被保険者**は第2号被保険者の被扶養配偶者のうち20歳以上60歳未満の者である。典型的な第2号被保険者は民間企業の被用者や公務員であり、第3号被保険者はその専業主婦・夫である。この結果、第1号被保険者は、自営業者、農林漁業者、学生、無職者等となる。

国民年金の第2号被保険者は、同時に厚生年金の被保険者であるのが原則である（65歳以降は第2号被保険者でない）。厚生年金は、農業、サービス等の非適用業種の5人未満の個人事業所を除き被用者に適用される。会社、工場、船舶等の適用事業所において常時使用される70歳未満の被用者は、外国人も含め被保険者となる。被用者は、一般には労働者であるが、サラリーマン社長や重役であっても使用関係にあれば適用対象である。このような社会保険独自の**被用者**という概念の関係で注意すべき点がある。1点目は、サービス業等の非適用業種の5人未満の個人事業所の被用者は適用対象でないことである。この場合には、被用者であっても、国民年金の第1号被保険者となる。2点目は、パート、アルバイト等であっても常用的使用関係にある場合には、被保険者となることである。具体的には、週の所定労働時間及び月の所定労働日数が通常の労働者の3/4以上あれば、被保険者とされる。更に、この労働時間及び日数の基準を下回る場合であっても、週の所定労働時間が20時間以上で、雇用期間が1年以上見込まれるなどの要件に該当する場合にも、被保険者とされる。

2. 保険料

(1) **国民年金の保険料**　　国民年金の保険料を納付する必要があるのは、第1号被保険者である。第2号及び第3号被保険者の場合には、必要な財源を厚生

年金の保険者が基礎年金の拠出金として拠出するため、国民年金保険料を徴収しない。

国民年金の保険料は、報酬比例ではなく**定額保険料**である。これ自体は、ベヴァリッジの目指した均一拠出・均一給付の理念を体現しているというより、被保険者が自営業者、農業者等の多様な稼得形態のため所得比例による保険料が難しいことが影響している［第2章第4節2参照］。保険料水準については、少子高齢化の下にあっても持続可能な制度とするため、2004年度の水準に固定し、その範囲内で財源を賄う**保険料水準固定方式**が採用されている。具体的には、月1万7,000円（2004年度の価値）に名目賃金の動向を反映させた改定率を乗じて計算される。

定額保険料は、低所得者ほど負担感が増すことから、**保険料免除**制度が設けられている。免除の中には、申請を必要としない法定免除や産前産後期間の免除と申請を必要とする申請免除がある。このうち法定免除は、保険料納付が困難と考えられる障害年金受給者、生活保護受給者等が対象であり、免除期間は将来の年金の減額につながる。これを避けるため、納付申出により免除を受けず、保険料を納めることができる。これに対して、出産予定月の前月か翌々月までの4か月間を対象とする産前産後期間の免除は、免除期間も保険料納付済期間とされる。申請免除の場合には、所得に応じて保険料の全額又は一部（3/4、半額、1/4）という多段階免除制度である。これら免除については、10年以内であれば、保険料を追納することができる。

なお、学生については、申請免除ではなく学生納付特例が設けられている。また、若年者の未納が多いことから、50歳未満の者を対象に学生納付特例と同様の納付猶予が経過的に設けられている。

(2) **厚生年金の保険料**　厚生年金の保険料は、被保険者の標準報酬月額及び標準賞与額に保険料率を掛けて計算される［第9章第2節7参照］。厚生年金の保険料も**保険料水準固定方式**となっており、18.3％で固定されている。保険料は、労使折半である。被用者負担分は、事業主が給与（月給）及び賞与（ボーナス）から天引きし、事業主負担分と合わせて納付することになっている。第3号被保険者については、独自の保険料はなく、財政的には第2号被保険者の保険料に含まれていると捉えることができる。この点は、離婚時に厚生年金を

元配偶者から分割する**年金分割**制度（2004年改正）により明確化された。つまり、法文上は分割されるのは、年金自体ではなく保険料の標準報酬である。また、第３号被保険者が分割を受けることに関して、第２号被保険者の保険料は、夫婦が共同で負担したという基本的認識が法律に規定されている。

　報酬比例である厚生年金の保険料の場合には、国民年金のような所得を基準とする免除制度はないが、少子化対策の観点から産休及び育児休業期間中の保険料は徴収されない。この場合にも、保険料納付済期間として扱われる。

第３節　老齢年金

1．国民年金

　⑴　**受給資格**　　長期保険である年金の基本は、一定期間加入し、その間保険料を納め、保険事故が起きれば給付がなされることにある。国民年金の老齢基礎年金の場合であれば、20歳から59歳までの40年間加入し、その間保険料を納め、65歳から年金が支給されるのが原則である。第１号被保険者には、この原則が当てはまる。第２号及び第３号被保険者の場合には、第２号被保険者が厚生年金の保険料を納めていれば、基礎年金との関係でも保険料は納付済みとなる。

　ところが、様々な事情で加入せず（できず）、保険料を納めていない場合がある。この未加入や未納の期間の存在を踏まえ、受給に必要な加入期間として**資格期間**が設けられている。現在、原則として10年以上制度に加入する必要がある。資格期間には、実際に保険料を納めた期間（保険料納付済期間）のほか、保険料が免除されていた期間（保険料免除期間）と加入又は保険料納付はないが資格期間に算入する期間（合算対象期間）がある。所得が低く保険料を納められない場合であっても、保険料免除の手続きをとっていれば、資格期間に算入される。合算対象期間は、海外にいるために日本の年金に加入しなかった日本人の場合が典型である（任意加入は可能である）。

　このように資格期間を設ける理由は、人々の納付意識を高め、加入期間が短いことによる低年金を防止するためである。他方、資格期間が長いと、期間を満たせない無年金者を生むことにもなり、その兼ね合いで10年とされている。

(2) **支給額** 　老齢
基礎年金の金額は、40
年間定額保険料を納付
した満額年金（本則が
規定する2004年度で78万
900円）を基準に、それ
より短い加入期間及び

表8-1　免除割合の年金額への反映割合

免除＝納付割合	免除期間の年金額への反映割合
全額免除＝0納付	$0 \times 1/2 + 1/2 = 1/2$
3/4免除＝1/4納付	$1/4 \times 1/2 + 1/2 = 5/8$
1/2免除＝1/2納付	$1/2 \times 1/2 + 1/2 = 3/4$
1/4免除＝3/4納付	$3/4 \times 1/2 + 1/2 = 7/8$

（出典）筆者作成

保険料免除割合・期間に応じて減額する**フルペンション減額方式**となってい
る。基本的な計算式は、以下の通りである。

$$\frac{78万900円 \times 改定率 \times \{保険料納付月数 + \{保険料免除月数 \times （1-保険料免除割合）\times 1/2 + 1/2\}\}}{加入可能年数（40年）\times 12}$$

　この計算式は、保険料免除期間であっても、国庫負担相当分（保険料納付済
期間の金額の1/2）は支給され、一部免除の場合であれば、保険料納付分は年金
額に反映されることを意味する［表8-1］。従って、40年間全額免除であって
も、満額年金の半分は年金が支給されることになる[6]。

　(3) **支給開始年齢** 　支給開始年齢は、65歳が原則である。ただし、65歳時
点で資格期間の10年を満たしていない場合には70歳まで任意加入できるなどの
特例がある。

　このほか、65歳で受給権が発生する場合であっても、60歳以降であれば、任
意に支給開始を繰り上げることができる。逆に70歳（2022年4月からは75歳）ま
でであれば、支給を繰り下げることもできる。平均的な受給期間との関係で不
公平が生じないよう、繰上げ受給の場合には減額（繰上げ月数当たり0.5％の減額）
が、また、繰下げ受給の場合は増額（繰下げ月数当たり0.7％の増額率）がなされ
る。つまり、平均寿命まで生きるなら、繰上げ受給や繰下げ受給とそうでない
場合で損得が生じないようになっている。

2．厚生年金

　(1) **受給資格** 　老齢厚生年金は、上下一体の考え方から、国民年金の老齢

基礎年金の資格期間を満たしていれば、65歳から受給することができる。ただし、65歳以降も働いている被用者はおり、厚生年金では、60歳や65歳ではなく70歳まで加入することができる。

　厚生年金は、もともと被用者の退職に着目した退職年金であったが、２階建ての年金を導入した1985年の改正の際に、老齢年金の性格を有する国民年金に合わせることになった。しかし、定年制度をはじめ、被用者の働き方との関係で、国民年金と異なる退職年金的な性格を維持している部分がある。

　(2)　**支給額**　　老齢厚生年金は、納めた保険料とその期間を反映する**報酬比例**の考え方に立つ。そこには、貢献原則に基づき、退職前の収入の一定割合を保障するという従前所得保障の考え方が見られる。現在の計算式は、以下の通りである。

①平均標準報酬額×5.481/1000×被保険者期間の月数

　この平均標準報酬額は、保険料算定の基になる標準報酬月額と標準賞与額の平均額である。月給以外にボーナス等の賞与を含むことから、**総報酬制**と言われる。総報酬が導入された2003年４月より前は、月給からの保険料が基本であった。このため、年金額も、標準賞与額を加味しない平均標準報酬月額から、以下のように計算されていた。

②平均標準報酬月額×7.125/1000×被保険者期間の月数

　被保険者期間が2003年４月を跨いで両方の期間に及ぶ場合には、期間毎に①と②に分けて計算した年金額を合算することになる。5.481/1000は、月給（1.0）と賞与（0.3）の平均的割合から、7.125/1000を1.3で割ったものである。また、7.125/1000はもともと7.5/1000であったものを５％適正化により５％引き下げた乗率である。これから、40年加入すれば、平均標準報酬月額の３割（30/1000）に相当する水準であったことが分かる。

　標準報酬を計算する際、保険料納付時点のものを使えば、それ以降の賃金の上昇により目減りした金額となる。それを避けるため、賃金の変動を踏まえ現在価値に標準報酬を置き換える**再評価**が行われる。これは、賃金の上昇という経済成長の果実を引退世代も享受できるようにする仕組みと言える。

従前所得保障という点では、賃金の扶養手当や家族手当に類似した加算制度がある。具体的には、20年以上の加入期間を有する受給権者に生計維持関係にある配偶者や高校生以下（障害がある場合は20歳未満）の子どもがいる場合の**加給年金**である。加算額は、配偶者と第1子・第2子が各22万4,700円×改定率（2021年度22万4,700円）、第3子以降が各7万4,900円×改定率（2021年度7万4,900円）である。

　(3)　**支給開始年齢**　　老齢厚生年金も、老齢基礎年金と同じ65歳支給が原則である。ただし、老齢厚生年金の場合には、定年制度との関係を無視することができない。定年は55歳という時代もあったり、男女によっても違っていた。1998年以降は、高年齢者雇用安定法により60歳定年制度が義務化されるなど、段階的に定年が引き上げられてきている。2013年からは、希望者を65歳まで継続雇用すること等が義務化されている（現在は70歳が努力義務）。

　1985年改正より前の老齢厚生年金は、60歳支給開始が基本であり、場合によると、それより前からも支給された。このため改正後も、一挙に65歳支給開始とするのではなく、60歳から64歳までを厚生年金独自の給付として、定額部分と報酬比例部分から成る**特別支給の老齢厚生年金**が支給されることになった。その後、定年制度とも歩調を合わせながら、段階的に特別支給の老齢厚生年金の対象者は縮小されてきている。まず男性について、2001年度から3年に1歳ずつ定額部分の支給年齢が引き上げられ、2013年からは報酬比例部分の支給年齢も引き上げられるようになっている。この結果、2025年度以降は、男性の特別支給の老齢厚生年金はなくなることになる。女性の場合は、男性より5年遅れで特別支給の老齢厚生年金の縮小が進むことになっている。生年月日でいうと、男性で1961年4月生まれ、女性で1966年4月生まれからは、報酬比例部分も含め特別支給の老齢厚生年金はないことになる。

　この特別支給の老齢厚生年金は、65歳から支給される厚生年金とは別の年金である。このため厚生年金についても、60歳からの繰上げ受給のほか、65歳からの繰下げ受給が存在している。

　(4)　**在職老齢年金**　　老齢厚生年金の受給権は、退職とは切り離され、被保険者資格を有する場合であっても、65歳への到達により発生する。また、特別支給の老齢厚生年金の場合には、定年前の被保険者も多い。年金が老後の生活

保障であることからすれば、被用者として収入を得ている場合の保障の必要性
は低下する。このこともあり、受給権者が被用者として在職している場合に
は、報酬によっては、在職停止と言って年金の全部又は一部が停止され、残り
が**在職老齢年金**として支給される。

　現在の在職支給停止は65歳を挟んで異なっている。65歳以上の在職支給停止
による年金を高在老、65歳未満の在職支給停止による年金を低在老と言う。高
在老の場合には、標準報酬月額相当額（標準報酬月額と標準所与額の1/12の合計）
と年金の合計額が基本月額（支給停止の基準額で2021年度は47万円）を超えるとき
に、超過額の1/2が支給停止される。低在老の場合には、標準報酬月額相当額
と年金の合計額により支給停止が開始する基本月額が低く設定されている
（2021年度で28万円）。しかし、高齢者の就労を促進する観点から、2022年4月か
らは、低在老の支給停止の仕組みは、高在老に揃えられる。

3．スライド

　⑴　**物価スライドと賃金スライド**　　経済の変化に伴い物価や賃金は変動す
る。そこで年金の価値を維持し、生活水準の向上・低下を反映するために、物
価又は賃金の変化に応じて年金額を見直すのが、物価スライド及び賃金スライ
ドである。長期的に見ると、物価より賃金の上昇の方が大きい。これは、技術
革新等による生活水準の向上を意味する。

　現在の年金のスライドは、年金の支給開始時に過去の標準報酬の再評価によ
る改定を通じて行われる**賃金スライド**と、支給開始後に毎年の物価の変動を基
準として行われる**物価スライド**というのが基本的仕組みである。ただし、物価
も賃金も低下し、かつ、物価より賃金の低下の方が大きい場合には、現役世代
の生活水準の低下に鑑み、裁定後の年金も賃金スライドが行われるといった例
外もある。なお、賃金スライドの賃金については、現役の被用者は税金、保険
料を負担していることから、それらを差し引いた可処分所得を基準とすること
から、**可処分所得スライド**と言う。

　⑵　**マクロ経済スライド**　　年金の財政構造を見ると、受給者の寿命の伸長は
給付費を押し上げ、少子高齢化による受給者と比べた被保険者の相対的減少は
保険料収入が減少させる。現在の保険料水準固定方式の下では、財政均衡のた

めの保険料の引上げはとり得ない。これを解決するために導入されたのが**マクロ経済スライド**である。具体的には、被保険者数の変動率と平均余命の伸びから計算された調整率だけ賃金や物価スライドによる年金の引上げ幅から差し引く。この調整は、保険料水準固定方式の下でも財政が均衡する時点で終了することになる。

　マクロ経済スライドは、あくまでスライドによる年金の引上幅の縮減措置であり、これにより年金の絶対額が下がるわけではない。仮に賃金・物価スライドがマイナスの場合には発動されず、賃金・物価スライドがプラスでも調整率を引くとマイナスになる場合は年金額の改定が行われない。つまり、マクロ経済スライドにより年金の名目額が引き下げられることはなく、最低でも名目価値は維持される。

第4節　障害年金

1．国民年金

　(1)　**受給資格**　　障害のために就労、生活等に困難を来すことに着目した年金が**障害基礎年金**である。老齢年金のような資格期間はないが、障害基礎年金の場合には、以下のような初診日要件、障害要件及び保険料納付要件を満たす必要がある。

　　①被保険者期間、20歳前又は60歳から64歳までの間に障害の原因となった傷病の初診日があること

　　②障害認定日（基本的に初診日から1年6か月を経過した日、その間に治癒した場合は治癒した日）に一定の障害の状態にあること

　　③加入期間の2/3以上が保険料納付済期間又は免除期間となっているか、直近1年間に保険料の未納がないこと

　このうち20歳前に初診日があったり生まれつき障害がある場合には、保険料納付要件は問われない。つまり、20歳前障害の場合には、無拠出で年金が支給されることになる（所得制限あり）。

　(2)　**支給額**　　支給額は、障害の重い方から1級と2級に分けられているが、加入期間に関係なく金額が決まる。2級の障害基礎年金が老齢基礎年金の

満額（78万900円×改定率）となっており、１級の障害基礎年金はその1.25倍である。障害基礎年金の受給権者に高校生以下（障害がある場合は20歳未満）の子どもがいる場合には、子の加算が上乗せされる。加算額は、第１子・第２子が各22万4,700円×改定率（2021年度22万4,700円）、第３子以降が各７万4,900円×改定率（2021年度７万4,900円）である。

２．厚生年金

(1) **受給資格**　　厚生年金の場合も、初診日において厚生年金に加入している者が一定の障害状態になった場合に一定期間以上の国民年金の保険料の未納がなければ**障害厚生年金**が支給される。このうちの障害要件については、障害基礎年金と違い１級と２級に加え３級がある。また、保険料納付要件は、国民年金の保険料納付済期間と免除期間で判断される。つまり、第１号被保険者が第２号被保険者になった場合には、時期によっては、第１号被保険者期間中の保険料の納付状況も加味して判断されるわけである。

(2) **支給額**　　障害厚生年金も老齢厚生年金と同じように報酬比例年金である。ただし、一定水準の年金を保障するため、300月（25年）より加入期間が短い場合も300月で計算することになっている。これは、障害基礎年金が満額を前提として計算されるのと似た発想である。

　このように計算される報酬比例年金は、２級の障害厚生年金である。１級の場合には、２級の金額の1.25倍となる。１級と２級の障害厚生年金の受給者に配偶者がいる場合には、**配偶者加給年金**として22万4,700円×改定率（2021年度22万4,700円）が加算される。３級の障害厚生年金は、２級の報酬比例年金と同じであるが、配偶者加給年金がない。また、３級の場合には、障害基礎年金の支給がない関係で最低保障額（58万6,300円）が設けられている。

(3) **障害手当金**　　傷病の初診日から５年を経過する日までに傷病が治癒した場合に３級より軽い障害の状態にある場合に支給される一時金が**障害手当金**である。支給額は,加入期間に基づき計算された報酬比例年金の２倍（障害厚生年金の２年分）が原則である。加入期間が300月未満の場合は、300月と見なして計算され、それが最低保障額となる。

第 5 節　遺族年金

1．国民年金

(1)　**受給資格**　　一家の支え手である被保険者や受給権者が亡くなった場合に、その遺族に支給されるのが**遺族基礎年金**である。共稼ぎの増加のような社会経済の変化、基礎年金による個人単位化等もあり、遺族年金の対象は縮小する傾向にある。これは、世界的傾向である。

　遺族基礎年金の場合だと、受給者は、死亡時に生計維持関係（年収850万円以下）にあった子どものある配偶者と高校生以下（障害がある場合は20歳未満）の未婚の子どもに限られる。また、死亡者については、国民年金の被保険者、60歳から64歳の元被保険者、保険料納付済期間と免除期間が25年以上の老齢基礎年金の受給権者、保険料納付済期間と免除期間が25年以上の者の何れかに該当する必要がある。

(2)　**支給額**　　遺族基礎年金の金額は、保険料納付済期間等とは関係なく老齢基礎年金の満額（78万900円×改定率）である。遺族基礎年金には、加算制度がある。配偶者の場合には、第1子・第2子について各22万4,700円×改定率（2021年度22万4,700円）、第3子以降について各7万4,900円×改定率（2021年度7万4,900円）である。子どもの場合には、子ども2人であれば第2子の加算額、3人以上であれば第2子と第3子以降の加算額を基に計算される。

2．厚生年金

(1)　**受給資格**　　**遺族厚生年金**の対象範囲は、遺族基礎年金より広く、配偶者、子ども、父母、孫、祖父母である。ただし、全員に支給されるのではなく、配偶者と子どもの組合せを除き、この対象者の順番で先順位にある者だけである。また、妻以外には、年齢要件がある。夫、父母及び祖父母の場合は55歳以上、子ども及び孫の場合は、高校生以下（障害がある場合は20歳未満）である。

　死亡者については、厚生年金の被保険者、被保険者期間中の初診日から5年を経過していない資格喪失者、1級又2級の障害厚生年金の受給権者、保険料

納付済期間と免除期間を合わせた加入期間が25年以上の老齢厚生年金の受給権者、加入期間が25年以上の者の何れかに該当する必要がある。

(2) **支給額** 遺族厚生年金の支給額の基本的な考え方は、死亡者の老齢厚生年金の3/4である。加入期間が25年以上の老齢厚生年金の受給権者、加入期間が25年以上の者が死亡した場合は、まさにこれによる。ところが、厚生年金の被保険者、被保険者期間中の初診日から5年を経過していない資格喪失者、1級又2級の障害厚生年金の受給権者の場合には、報酬比例年金である老齢厚生年金の水準が低くなることがある。このため、加入期間が300月未満であっても、300月として計算することになっている。

(3) **遺族厚生年金と老齢厚生年金の併給調整** 死亡者の配偶者が厚生年金の第2号被保険者の場合には、その配偶者には65歳以降遺族厚生年金と老齢厚生年金の両方の受給権が発生することがある。しかも、遺族厚生年金の方が自らの老齢厚生年金より高いこともあり得る。その場合の併給調整の仕方は変遷があるが、2004年の改正以降は、老齢厚生年金相当額まで遺族厚生年金を支給停止することになっている。つまり、遺族厚生年金は老齢厚生年金を上回る部分だけが支給され、老齢厚生年金の掛け捨てが回避されることになる。

1) 年金について理解を深めるには、堀勝洋『年金保険法〔第4版〕—基本理論と解釈・判例』（法律文化社、2017年）がある。
2) 年金は、老齢、障害、死亡を保険事故として給付が行われる。そのことからすれば、老齢保険、傷害保険、死亡保険かもしれないが、一般に年金と呼んでいる。また、言葉から来るイメージとは違い、実際の年金は月額に置き換え、2月に1回支給される。
3) 公的年金が完全積立方式によることが難しい要因としては、制度創設時には積立金が存在しないため、その時点の高齢者等にも給付を行うとすれば、当該部分は賦課方式とならざるを得ないことがある。
4) 国民年金のうち全国民共通の給付は、老齢基礎年金、障害基礎年金及び遺族基礎年金である。それ以外に第1号被保険者を対象とする独自給付として、付加年金、寡婦年金及び死亡一時金等がある。
5) 多段階免除の結果、所得との関係では応能負担に近くなる。
6) 国庫負担割合が1/3から1/2となったのは、2009年4月である。そのため、2009年3月以前の免除期間については、国庫負担割合1/3を前提に年金額が計算される。

第 9 章　医療政策[1]

第1節　医療保障の意義

1. サービスとしての医療

　社会保障の中でも、病気や怪我（両方合わせて傷病）は、その発生が予見しにくい社会的リスクの典型である。しかも、現代の高度な医療技術の下では、治療に多額の費用を要する場合も多い[2]。

　傷病は、傷病治療のための支出の増大と就労不能等による所得の喪失を同時に引き起こす。このための**医療保障**の中には、所得喪失を補塡する傷病手当金等の所得保障もあるが、その中核は傷病の治療等のための給付である。更に医療保障においては、保険あってサービスなしとならないよう、保障内容に値する医療提供体制が必要である。その際には、サービスが一部の地域や人だけでなく国民全体に行き渡ること（サービスの均霑化）への配慮も必要となる。このため、医療保障としては、医療費の保障のみでは十分と言えず、医療提供体制も射程に置く必要が出てくる。

　この財源調達も含めた費用の問題である**ファイナンス**（医療費保障）と、サービス提供の在り方に関わる**デリバリー**（医療保障）の関係を巡り、世界的の医療保障の制度設計は多様性に富んでいる[3]。大別すれば、①日本、ドイツ、フランス等のような医療保険（疾病保険）による社会保険方式、②英国の国民保健サービス（NHS）等の公営医療方式、③米国で大きな比重を占める民間保険方式である[4]。

　実は、この分類にはファイナンスとデリバリーが混在している。社会保険を所得喪失又は支出増大に対応する仕組みであると理解すれば、その背後にはデリバリーの問題が隠れている[5]。公営医療方式の場合には、公費（税金）を財源とする直轄事業であれば、ファイナンスとデリバリーは一体化する。社会保険方式の場合でも、保険者が医療機関を設置・管理・運営すれば、類似の状況が

発生する。実際ドイツやフランスでも公立病院、非営利病院等が多く、デリバリーにおいては公的性格が強い。民間保険が中心の米国においても、高齢者・障害者等を対象とするメディケア（Medicare）や低所得者を対象とするメディケイド（Medicaid）等の公的制度が存在している。更に、米国の医療制度改革で導入されたオバマケアでは、個人の保険加入義務、民間保険への規制等の結果、民間保険とはいえ、完全に市場原理に委ねられているわけでもないことになる。

　制度の選択は、立法政策の問題であるとともに、一旦構築された制度を全く別制度に転換することは経路依存性という点でも困難である。そこには、如何なる制度を選択しようとも、サービスを伴うが故に利害関係者を生み出し、既得権の問題抜きには改革が議論できないことが影響している。

2. 日本の医療保障の特徴

　保健医療の方向性を示した1874年の医制、医療保険の嚆矢である1922年の健康保険法からの長い歴史の中で、日本の医療保障は、諸外国と比較した場合の幾つかの特徴を有している。

　第1は、社会保険中心主義の下での**国民皆保険**である。無保険者の解消は、諸外国でも重要な政治課題である。フランスが第二次世界大戦後の改革で掲げた社会保障（社会保険）の一般化（généralisation）は、日本の国民皆保険に相当する。近年のオバマケアの眼目は、無保険者の解消である。日本の国民皆保険は、1961年までに国民健康保険の適用拡大を通じて実現された。その点では、国民健康保険という地方公共団体が保険者となる地域保険が国民皆保険の要石であり、地域保険の存在が第2の特徴ということになる。社会保険を採用する国では、労働者における労使、自営業者における同業同種が保険者（金庫等）の基盤となっている。地域保険の存在は、社会保険を採用する国でも希有な例と言える。これは、日本の地方公共団体の事務処理能力の証左である。

　第3の特徴は、医療サービスへの**フリーアクセス**である。すなわち、医療保険加入者は、医療機関選択の自由が保障されている。このことは当然のように思えるが、社会福祉の措置制度の下でサービスの利用が措置権者の決定によることを考えれば、当然ではない。政策判断ではあるが、医師に開業の自由を付

与し（自由開業医制）、病院も民間病院が多いことが、フリーアクセスと結びついてくる。諸外国では、病院へのアクセスを管理するため、一般医、家庭医等にゲートキーパーの役割を付与する場合がある。しかし、日本では、診療所と病院の機能分化が十分ではないこともあり、そのような制限が困難な土壌を形成している。

3. 政策としての医療保障

(1) **医療費と経済との乖離**　医療費のうち、社会保障からの給付部分は、社会保障給費により把握することができる。しかし、給付概念には、社会保障がカバーしない一部負担金等を含まないことから、保険診療に係る医療自体の規模には、厚生労働省が毎年発表する**国民医療費**が使われる。[9]

　医療費は、過去から増大してきたが、問題は、医療費と保険料収入を規定する賃金や経済の動向と乖離が生じることである。医療費の増加要因としては、人口の高齢化（病気がちな高齢者の増加）、医療の高度化、一部負担金等の見直し、診療報酬改定等がある。このうち一部負担金、診療報酬改定等は、制度要因と言える。これに対して高齢化や高度化は、それぞれ需要側と供給側の要因である。高齢化は不可逆的であり、生産性の向上による費用節約効果は医療には当てはまらない。それだけに、何れの要因も単純には制御できない。一部負担金の引上げや診療報酬の抑制には、痛みを伴う。高齢化も人為的には、操作できない。医療の高度化により、治らなかった傷病の治癒が期待できる。

　このように医療費は、医療保険の枠内だけで議論することができない問題である。とりわけ、医師（医療供給者）誘発需要に見られるように医療のデリバリーは、医療費を考える上でも重要である。専門知識を有する医療専門職と患者との間には、情報の非対称性がある。このため、供給側がサービス量の決定に主導権をもつことになる。また、一般的な市場であれば、供給が増加すれば価格が低下するが、医療保険では、価格は需給関係を自動的には反映しない。患者側にとっても、医療保険により負担が軽減されており、価格への感応度は低い。これら要因が重なることで、医療費の増加が進むことになる。

(2) **社会問題としての医療**　医療を取り巻く環境の変化は、経済に限らない。とりわけ人口減少は、国家対国民、高齢者対若年者、都会対地方などの構

造問題を惹起する。現在、世代間の公平、地域間の公平、地方分権が重要となっているのは、まさにその表れである。更に医療は、生命倫理、臓器移植、個人情報保護、インフォームドコンセントなど、医療の高度化とも関係する課題にも直面している。また、高齢化による生活習慣病の増加は、「治す医療」から「治し支える医療」への転換も必要としている。そうした中にあって、制度縦割りではない、また、医療保険だけではない医療横断的な政策論の重要性が増している。

(3) **医療の対立構造**　医療提供体制を巡る多様な利害関係、医療保険制度の分立など医療制度固有の事情がファイナンスとデリバリーの交錯と相まって政策を困難なものにする。医療保障に固有の構造としては、デリバリーを担う医療関係者とファイナンスを担う保険者の対立構造がある。そこにデリバリーに関する医療政策固有の事情が加わる。自由開業医制による民間医療機関中心の提供体制において、医療法等の法律は、規制以外の政策誘導手段を欠く嫌いがある。また、規制自体も憲法（21条）の営業の自由との関係もあり、需給調整という点で強制力の弱い許認可制度に止まる[10]。

この医療固有の事情が問題として顕在化するのが診療報酬である。情報の非対称性が存在する医療においては、サービスの対価である診療報酬は、市場メカニズムによる価格決定ではなく、一種の公共料金である診療報酬により決定される。この他の点も含め、医療は管理された中で競争が展開する準市場である。更に診療報酬も単純な価格体系ではなく、医療を一定方向に政策誘導する要素を織り込んだ価格表となっている。このため、診療報酬はファイナンスの問題であると同時に、デリバリーにも深く関わることになる。しかも、医療の診療側と医療保険の支払側では、中央社会保険医療協議会等の場で利害が対立する構造にある。このため、政策としての医療保障は、対立構造を内在した政策であることになる。このことも含め、医療保障に関しては、ファイナンスとデリバリーを関連付けながら理解する必要がある。

第2節　医療保険

1．目的と機能

(1)　**目 的**　ファイナンスを担う医療保険の主目的は、傷病等（疾病、負傷、出産又は死亡）に関して保険給付を行うことにある。言ってみれば、医療保険は、国民の健康の確保を通じて、その生活の安定と福祉の向上を図る制度である。この健康の確保は、傷病等の治療等という事後的対応だけでなく、事前の健康づくり、健診・保健指導等と相まって効果を上げることができる。このため、現行制度は、疾病予防等の積極的活動も重視する傾向にある。なお、傷病等は所得の喪失を伴うことから、その補填が必要となる。このため、傷病等による休業の際の所得保障として傷病手当金等の現金給付が存在する。

(2)　**機 能**　医療保険が対象とする傷病等のリスクは、予見可能性が乏しい。確率的には低くても、大病に見舞われれば、多額の出費が発生するのも特徴である。この点、傷病等の治療に要する医療費負担を緩和する医療保険には、リスク分散機能がある。しかも、医療費の中には高額医療も存在しており、保険給付を通じた水平的所得再分配が起きることになる。また、保険料には応能負担の要素があることから、垂直的所得再分配の機能も存在している。

医療保険は、連帯を表象する制度でもある。このことは、高齢者医療確保法（高齢者の医療の確保に関する法律）の目的規定（1条）が「国民の共同連帯の理念等に基づ」くことを謳っていることからも分かる。実際、後期高齢者医療制度には、若年世代の加入する医療保険制度からの拠出金（支援金）が存在しており、世代間連帯の表れである。また、被用者保険の保険料には事業主負担が存在するのは、被用者及びその家族の健康が企業等にもメリットがあるからである。この点も含め、被用者保険には、職域連帯が存在している。更に国民健康保険等の地域保険となると、そこには地域住民の地域連帯が存在している。

2．制度体系

医療保険は、社会保険の中でも制度が分立していることが特徴である。制度が歴史的に形成されてきたこともあるが、短期保険であることも制度分立に影

響している。年金のような長期保険は、社会経済の変化を乗り越えることが制度として必須である。これに対して、一つの制度がなくなったとしても、受け皿となる制度があれば、国民皆保険体制は維持できる。いわば医療保険のセーフティネットであり、国民健康保険がその役割を担っている。何故なら、国民健康保険以外の制度の加入者でない場合には、国民健康保険の被保険者になるからである。

　その上で制度を大別すれば、①75歳以上の後期高齢者等を被保険者とする**後期高齢者医療制度**、②それ以外の若年者を対象とする制度としての被用者保険等の**職域保険**及び③一定の区域内の住民を被保険者とする国民健康保険のような**地域保険**に分かれる［図9-1］。このうち被用者保険は、労働者、公務員等の被用者を対象とする制度である。具体的には、民間被用者を被保険者とする健康保険、船舶所有者に使用される船員を被保険者とする船員保険と公務員等を組合員とする共済組合である。更に健康保険は、大企業等が設立した健康保険組合が保険者となる組合管掌健康保険、それ以外の被用者が加入する全国健康保険協会管掌健康保険に分かれる。共済組合も、国家公務員等を組合員とする国家公務員共済組合、地方公務員等を組合員とする地方公務員共済組合、私立学校の教職員を組合員とする私立学校教職員共済組合が存在する。

　これら被用者保険の適用関係を整理すると、職場に共済組合がある場合には、健康保険からの給付は行われない。船員の場合にも、その労働の特殊性から独立した制度が設けられている。また、健康保険に関しては、健康保険組合がある場合には、全国健康保険協会（協会けんぽ）ではなく健康保険組合の組合となる。全体としては、全国健康保険協会管掌健康保険が、被用者保険のセーフティネットということになる。なお、国民健康保険の中には、医師、歯科医師、薬剤師、土木建築、弁護士等の同業同種で構成される国民健康保険組合が存在する。そこに見られる職域連帯を重視するならば、国民健康保険組合は職域保険と整理することが適当である。

　このように若年者の制度は分立するのに対して、後期高齢者医療制度は一元化が実現している。これは、後期高齢者医療制度創設の議論の結論として、後期高齢者等のために若年者とは別の独立型の制度を創設するに至ったことによる。

図9-1　医療保険制度の体系

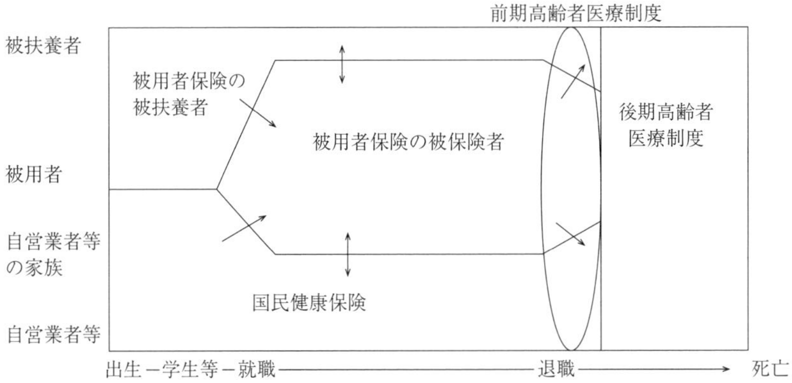

（出典）筆者作成

3．適用関係

(1)　**保険者**　　医療保険の**保険者**は、制度の分立に加え、同一制度内で複数の保険者が存在することがあるため、年金制度と比べても数の多さが目立つ。

　まず国民健康保険組合以外の国民健康保険の場合には、制度が都道府県単位化されており、都道府県とその都道府県内の各市町村が共同保険者となる。共済組合の場合には、私立学校教職員共済組合は単一の保険者であるが、国家公務員共済組合及び地方公務員共済組合の保険者は複数存在している。健康保険の場合には、健康保険組合が複数であるのに対して、全国健康保険協会管掌健康保険の保険者は全国健康保険協会のみである。なお、船員保険の保険者も全国健康保険協会である。従って、全国健康保険協会は２つの制度の保険者ということになる。後期高齢者医療制度は、都道府県単位の広域連合が運営主体となっている。

　保険者の役割の最たるものは、被保険者等に係る制度の適用、保険料の賦課・徴収、保険給付の支給である。この限りでは、年金等の社会保険等共通する。ただし、全国健康保険協会の保険料徴収事務は、基本的に日本年金機構が担っている。また、医療保険の場合には、医療サービスの大半が保険者以外の医療機関を通じてなされることから、その対価である診療報酬の支払、その関連での医療費適正化の取組、更に疾病予防、健診等の保健事業も保険者の役割

となってくる。この点で、保険財政等の制度の管理・運営以外に、保健事業等も含めた**保険者機能の強化**が重要である。

(2) **被用者保険の被保険者等**　　被用者保険の保険関係は、健康保険法を例にとると、保険者、被保険者及び事業主を中心に構築されている。その場合の被保険者は、適用事業所に使用されている被用者等である。事業所が法人の場合の代表者又は役員であっても、いわゆるサラリーマン社長のような場合には被用者となる。この点が、労働者を対象とする労働保険との相違点である。このほか、被保険者となるためには、所定労働時間が通常の労働者の 3/4 以上であることが原則として必要である。[11]このような一般の被保険者とは別に任意継続被保険者の類型が存在する。これは、被保険者が資格喪失日の前日までに継続して 2 か月以上の被保険者期間がある場合に申請することにより、2 年間は引き続き被保険者となることができる仕組みである。

　被保険者は、保険料を事業主とともに負担する義務主体であると同時に給付の受給権を有する権利主体である。このため、保険料を負担しない被扶養者を如何に保険関係に取り込むかが問題となる。健康保険は、被保険者が主たる生計維持者である直系尊属、配偶者、子、孫、兄弟姉妹、それ以外の同一世帯に属する 3 親等内の親族等を**被扶養者**と位置付ける。[12]その上で、健康保険法は、被扶養者を対象とする給付として、家族療養費をはじめ「家族」が付いた名称の給付を規定している。この場合の給付の名宛て人は被保険者であるが、実際には被扶養者に給付がなされるよう法律的な工夫がなされている。[13]

　健康保険は適用事業所の事務所や事業所（以下単に「事業所」という）を単位として適用される。法人（株式会社等）の事業所は、一律に強制適用事業所である。それに対して、個人事業所の場合には、従業員が常時 5 人以上いれば、農林漁業、サービス業等を除き、強制適用事業所となる。強制適用事業所でない場合にも、従業員の半数以上の同意を条件に任意適用事業所となることができる。

(3) **国民健康保険の被保険者**　　国民健康保険の**被保険者**は、都道府県内に住所を有する者である。これは、都道府県単位の地域保険であることとも関係する。また、各人の生活の本拠としての住所（民法22条）が、実際には住民票を通じて管理されていることも重要である。住民基本台帳がなければ、国民健康

保険制度の運営は困難を来すことになるであろう。

　国民健康保険も強制加入で国籍要件がないことから、住所を有すれば、在留期間が３か月を超えるなどの要件に該当する外国人も適用対象である。その点で国民健康保険の被保険者概念は包括的である。しかし、他の医療保険制度との関係では、劣後する。例えば、健康保険等の被用者保険、後期高齢者医療制度、国民健康保険組合等の加入者は被保険者とならない。更に生活保護の受給者も適用除外である。保険料拠出を前提とする短期保険である国民健康保険において、仮に拠出能力を欠く生活保護受給者を被保険者とすれば、厳しい国民健康保険財政を更に悪化させることになる。立法政策の問題でもあるが、医療保険制度が分立していることも、この適用除外に影響している。

　国民健康保険が世帯単位で適用されることも、被保険者概念に影響する。被用者保険と異なり、被扶養者概念は存在しない。被保険者の要件に該当する世帯員は、それぞれが被保険者となる。

４．医療給付[14]

　(1)　**医療給付の体系**　　医療保険の給付は、①医療サービスに関する**医療給付**と②所得喪失等の補填のための**現金給付**（金銭給付）に分けられる。このうち医療給付は、更に現物給付と現金給付に分かれる。医療に係る現金給付の場合には、「○○費」という名称になっているのが一般的である。ただし、現金給付の中には、被保険者に支給される現金給付を医療機関等に直接払うことにより現物給付化されることがある。その場合、現金給付の現物給付化（法定代理受領方式）も現物給付に含めて考えることができる。

　健康保険法を例にとると、現物給付としては、①療養の給付、②入院時食事療養費、③入院時生活療養費、④保険外併用療養費、⑤訪問看護療養費、⑥家族療養費、⑦家族訪問看護療養費がある。また、現金給付である医療給付としては、⑧療養費、⑨高額療養費、⑩高額介護合算療養費がある。医療以外の給付としては、⑪傷病手当金、⑫出産手当金、⑬埋葬料、⑭家族埋葬料、⑮出産育児一時金、⑯家族出産一時金、⑰移送費、⑱家族移送費がある[15]。

　傷病の治療等に対応する医療給付については、この範囲を如何に画するかが問題となる。例えば、美容整形も医療ではあるが、保険給付の対象ではない。

また、確立していない研究段階の治療法や薬も、その段階では保険給付の対象とはならない。予防医療となると、微妙な部分がある。ニコチン依存症のように、禁煙による疾病予防に関連する治療に医療保険の適用拡大された例もある。そのほか、市販薬（大衆薬）もセルフメディケーション（自主服薬）として重要であるが、保険給付の対象ではない。その一方、ビタミン剤、湿布薬等の市販品類似薬が保険給付の対象となる場合がある。眼鏡の扱いが典型であるが、諸外国の例を見ても、保険給付の対象範囲は、生存権保障との関係一定の限界があるにせよ、政策判断に依存する部分が大きいと言えよう。

　更に社会保険において、給付をデリバリーと如何に結びつけるかも問題である。現行制度は、傷病の治療等のための療養の給付を給付の柱に位置付け、それを現物給付としている[16]。サービスを現物給付で保障することは、生存権保障の理念にも合致する。ところが、そのためには医療保険が給付するサービスを明確にし、過不足ないものにする必要がある。さもなければ、不十分なサービスへの報酬支払、法定の一部負担金以外の過度な負担が発生する可能性がある。そこで現行制度が前提とするのが、**混合診療**の禁止である[17]。

　この場合の混合診療とは、療養の給付による保険診療とその対象とならない保険外診療（**自由診療**）を組み合わせることである。外食に喩えれば、定食にオプションでもう一品つけることが禁止されることになる。情報の非対称性のある医療では、患者が自由診療部分を適切に選択することが難しい。このため、混合診療以外の選択ができず、自由診療部分の費用負担ができなければ、生存権保障上も問題を生じる。このため、現行制度は、療養の給付で必要な医療が完結するようにし、それ以外のサービスを療養の給付とは別の仕組みを用意することで対応している［図9-2］。

　混合診療の禁止に抵触しない制度的工夫とは、現金給付の現物給付化である。医療のうちの一定のサービスを療養の給付から切り離し、その費用の一定部分を医療保険から現金給付として支給する。しかし、償還払いでは、加入者は一旦費用の全額を立て替える必要があるため、場合によっては、医療保険が支給する費用部分（療養費）を被保険者ではなく、医療機関等に保険者が直接支払うようになっている。また、保険外とはいえ、制度に則ったサービス提供が条件となるので、全くの自由診療というわけではない。この結果、加入者は、

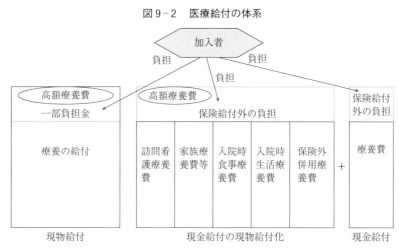

図 9 - 2　医療給付の体系

（出典）筆者作成

一定のルールに則り提供されるサービスのうち、療養費ではカバーされない残りの費用を負担すればいいことになる。このような類型のサービスは、「療養の給付」とは区別するため「療養費の支給」という名称となっている。

　(2)　**療養の給付**　　療養の給付は、その名の通り、医療の現物給付であり、加入者は資格を証明する被保険者等を提示することで治療等を受けられるのが原則である。ただし、加入者は、治療等に当たる保険医療機関等に費用の一部を一部負担金として支払う必要がある。一部負担金は、義務教育就学前の子どもが2割、70〜74歳の高齢者が2割（所得が高い場合は3割）、75歳以上の高齢者等は1割（所得が高い場合は2割又は3割）、その他が3割となっている（2021年改正後）。

　なお、一部負担金の割合に応能負担とすることには、議論の余地がある。医療保険の場合、保険料が既に応能負担となっており、負担と給付の両面で応能負担となることは、牽連性という点で貢献原則を弱めることになるからである。この点では、次に述べる高額療養費にも応能負担の要素が入っていることで、貢献原則は一層弱まる。

　(3)　**高額療養費**　　定率の一部負担金の場合、医療費が高く療養期間が長いほど負担が重くなる。社会保障のリスク分散機能の観点からは、負担が重い時

ほど負担を軽減すべきとも言える。このための負担軽減策として設けられたのが**高額療養費**である。高額療養費では、加入者の年齢や所得等に応じた負担の上限額を設け、負担が自己負担限度額を超えた場合に、その限度額の超過部分が給付されることになる［図9-3］。更に、世帯単位での負担を緩和するために、世帯員の負担を合算する世帯合算、一定期間に高額療養費に多数該当する場合に負担の上限を下げる多数該当といった仕組みも用意されている。

医療保険から実際に給付される割合を**実効給付率**（負担から見れば実効負担率）という。療養の給付に加え、高額療養費があることにより、加入者全体の実効給付率は高くなる。定率の一部負担金の目的には、加入者のコスト意識の喚起がある。その一方で定額負担と異なり、負担が負担能力を超える可能性もある。そこで定率負担の上限を設定することにより、定率負担と定額負担を組み合わせた効果を狙っているのが高額療養費ということになる。しかし、療養費は、元来償還方式による事後的な現金給付であるため、加入者は一旦費用の立

図9-3　高額療養費のイメージ

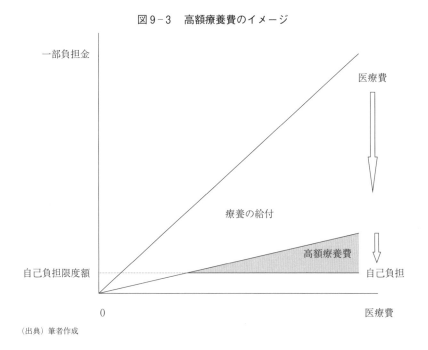

（出典）筆者作成

て替えが必要となる。これを回避し高額療養費を現物給付化するための方策として、限度額適用認定証が導入されている。同一医療機関での1月の一部負担金が自己負担限度額を超えた場合に、保険者から限度額適用認定証の交付を受けることにより、自己負担限度額を超える一部負担金の支払が不要となる。

　医療保険と介護保険の両方を利用する場合には、一部負担金等が高額になる可能性がある。このため、高額医療・高額介護合算制度により、両方の負担を合算し、年齢、所得等に基づき設定された負担限度額を超える部分が**高額介護合算療養費**（介護保険に係る部分は、高額医療合算介護サービス費）として支給される。

　(4)　**入院時生活療養費**　　療養病床に入院する65歳以上の高齢者（特定長期入院被保険者）について、入院時の生活療養（食費、光熱水費に関係する療養環境）が**入院時生活療養費**として支給される。この場合、平均的な家計における食費及び光熱水費等を勘案して決められる生活療養標準負担額を加入者は負担する。入院時生活療養費は、介護保険における負担との均衡から設けられたものである。

　(5)　**入院時食事療養費**　　特定長期入院被保険者以外の加入者が入院した場合の食事に係る費用は、療養の給付ではなく、**入院時食事療養費**として支給される。この場合、平均的な家計における食費、介護保険施設等における食費等を勘案して決められる食事標準負担額を加入者は負担することになる。入院時食事療養費には、家にいても食費は必要であることとの均衡が制度背景としてある。

　(6)　**訪問看護療養費**　　居宅で訪問看護ステーション（訪問看護事業者）の訪問看護師等から療養上の世話や必要な診療の補助を受けた場合、その費用が現物給付化された**訪問看護療養費**として支給される。給付開始に当たって医師の指示書が必要であるが、看護師の独立開業を可能にした点で意義がある。

　(7)　**保険外併用療養**　　加入者が療養の給付に相当する治療等と併せて、保険外併用療養である①選定療養、②評価療養、③患者申出療養を受けた場合に、当該保険外併用療養は全額自己負担になるのに対して、保険診療相当部分が**保険外併用療養費**として支給される。この結果、保険外併用療養の範囲で混合診療が認められることになる。

保険外併用療養のうち**選定療養**は、加入者の選定により特別室に入院する場合の部屋代のような快適性（アメニティ）に関わるサービスが典型である。もう一つの**評価療養**は、高度先進医療や治験段階の薬による治療のように、将来の保険給付の対象にするかの評価段階の治療等が対象となる。その点で、選定療養が保険診療への取込みを想定していないのに対して、評価療養の方は、将来的に保険診療の対象となる可能性がある。**患者申出療養**は、評価療養から漏れるような国内未承認薬等がある場合に、患者からの申出を出発点に使用できるようにする仕組みと言える。

　(8)　**療養費**　療養の給付等の給付を受けることが困難であると保険者が認めた場合（海外出張や旅行中の傷病等でやむを得ない場合等）には、保険医療機関等以外での受診であっても**療養費**が支給される。その点で療養費の支給は、例外的である。給付水準は、療養の給付等の給付範囲で一部負担金に相当する金額が控除された金額となる。また、療養の給付等と異なり、現金給付である。

5．現金給付

　(1)　**傷病手当金**　被保険者の病気休業中の生活保障のために、休業4日目（待期期間3日）から支給されるのが**傷病手当金**である。健康保険の場合、直近12か月の標準報酬月額の平均額の2/3が原則的な給付水準であり、支給開始から1年6か月の範囲で支給される。病気休業のための所得保障であることから、事業主から報酬を受けられる場合等には、傷病手当金との調整が行われ、支給されないことがある。

　(2)　**出産手当金**　被保険者の出産の前後の休業中の生活保障のため、出産日（出産が予定日以後の場合は、予定日）より以前42日（多胎妊娠98日）から出産の日後56日までの間、**出産手当金**が支給される。健康保険の場合の金額は、原則、直近12か月の標準報酬月額の平均額の2/3である。

　(3)　**出産育児一時金**　加入者が出産した際に、その出産費用に相当する定額が**出産育児一時金**として支給される。金額は、産科医療補償制度（分娩関連の重度脳性まひの補償制度）に加入していない医療機関等での分娩は40.4万円であるが、同制度に加入している場合には、その掛金に相当する金額が上乗せされる。出産育児一時金は現金給付であるが、医療機関等や本人の選択により、保

険者が出産育児一時金を医療機関等に直接支払う直接支払制度がある。

　⑷　**埋葬料・埋葬費**　　被保険者が死亡し、生計維持関係にあった家族が埋葬を行った場合に、**埋葬料**として5万円が支給される。家族がいない場合には、埋葬を行った人に対して、埋葬料の額の範囲内で、埋葬にかかった費用が**埋葬費**として支給される。

　⑸　**移送費**　　加入者が療養を受けるために、医師の指示で緊急やむを得ず移送された場合は、**移送費**が支給される。従って、一般的な通院費ではない。支給額は、実費の範囲で、最も経済的な通常の経路と方法により移送されたときの費用が基準となる。

　⑹　**制度による差**　　以上の給付は、健康保険等の被用者保険を主に想定している[18]。船員保険、国民健康保険や日雇特例被保険者の場合には、働き方の違い等もあり、給付に違いが見られる［図9-4］。また、被用者保険の被扶養者の場合には、傷病手当金及び出産手当金がない。

　国民健康保険及び後期高齢者医療制度に特徴的な給付に**特別療養費**がある。これは、被保険者等が保険料の滞納が1年以上続き、かつ、特別な理由がない

図9-4　制度による給付の違い

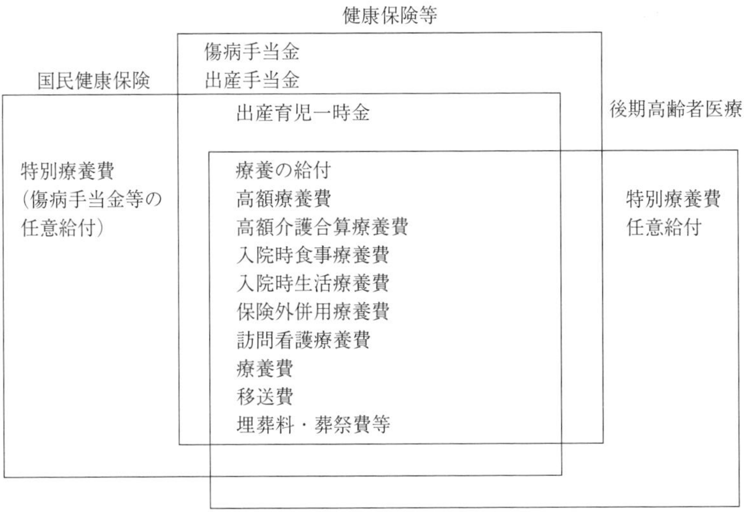

健康保険等

国民健康保険

傷病手当金
出産手当金

出産育児一時金

療養の給付
高額療養費
高額介護合算療養費
入院時食事療養費
入院時生活療養費
保険外併用療養費
訪問看護療養費
療養費
移送費
埋葬料・葬祭費等

後期高齢者医療制度

特別療養費
（傷病手当金等の
任意給付）

特別療養費
任意給付

（出典）筆者作成

場合に被保険者証に代えて発行される被保険者資格証明書に関係する。被保険者資格証明書での受診の場合には、療養の給付等による現物給付ではなく、一旦全額を立て替える必要がある特別療養費が適用される。これにより、保険料の納付を促す狙いがある。なお、国民健康保険の出産育児一時金及び葬祭費（葬祭の給付）は、特別な理由があるときは行わないことが認められている（相対的必要給付）。また、条例等に基づき傷病手当金の支給等の給付を設けることも可能である（任意給付）。

6. 保険医療組織

(1) **指定保険医療機関等**　現物給付の考え方からすれば、保険者が医療機関等を自ら設置することも選択肢である。実際、国民健康保険の保健事業による国民健康保険診療施設、健康保険組合の直営病院・診療所等が存在する。しかし、保険者が設置・管理・運営する医療機関等のみで全国のサービスを賄うことは現実的ではない。これは、日本の自由開業医制とも関係する。日本では国民皆保険より前から民間や国公立の病院が存在しており、それらを療養の給付等の担い手と位置付ける手段が厚生労働大臣による**保険医療機関**等の**指定**制度である。この指定によりファイナンスとデリバリーが接合することになる。なお、医療機関等から見た場合、指定を受けることは義務ではないにしても、保険診療なしでの経営は困難である。

指定制度の下では、前述の混合診療の禁止も含め、①**療養担当規則**（保険医療機関及び保険医療担当規則）、②**薬担規則**（保険薬局及び保険薬剤師療養担当規則）又は③高齢者の医療の確保に関する法律の規定による療養の給付等の取扱い及び担当に関する基準が規定する保険診療や保険調剤の基本的ルールを遵守することが義務となる。義務に違反する場合には、保険医療機関等の指定の取消等の処分がある。

しかし、保険医療機関等の指定の名宛人は、法人形態であれば保険医療機関等であって、保険診療に当たる医師や薬剤師ではない。このため医師や薬剤師による適切な保険医療を確保する必要から、保険医及び保険薬剤師の登録制度が別途設けられている。この**二重登録制**により、医療機関のみならず保険医等も療担規則の義務を負うことになる[19]。

(2) **指定拒否**　医療計画においては、都道府県知事が病床過剰地域の増床等の中止を勧告することができる。しかし、勧告は命令のような強制力がないため、都道府県知事には、病院の開設者による増床等を最終的に阻止する権限はない。ところが、厚生労働大臣による保険医療機関の指定は、病院開設許可とは別の仕組みであり、都道府県知事の勧告に従わない場合には、過剰病床を除いて保険医療機関の指定を行うことができる。換言すれば、過剰病床の指定拒否ということになる。

(3) **診療報酬等**　療養の給付等は有償サービスであり、保険者は対価を診療報酬として支払う必要がある。市場メカニズムとの関係では、保険医療の対価は公定価格であり、一種の公共料金でもある。保険医療の診療報酬は、①保険医療のサービスや技術に関する**診療報酬点数表**、②医薬品の保険からの償還価格である**薬価基準**、③診療報酬本体から切り離して評価される保険医療材料（一定の医療機器や材料）の償還価格である**特定保険医療材料**によって構成されている。これらは、サービス、モノ等の価格表であると同時に保険医療の対象範囲を画することになる。

このうちの診療報酬点数表は、その名の通り医療行為の価値を重み付けした点数であり、診療報酬は、それに単価（10円）を乗じて計算される。診療報酬は、通例2年に1度、内閣が決定する改定率に基づき改定される。その際の全体の改定財源が一定であるとすれば、診療報酬改定とは、改定財源の点数による分配ということになる。診療報酬の改定は、公益委員だけでなく診療側（医療関係者）と支払側（保険者）という当事者が入った審議会である**中央社会保険医療協議会**が審議の上で答申する。審議会ではあるが、価格交渉の場とも言える。

診療報酬点数表が、サービスや技術の評価であるとすれば、薬価基準と特定保険医療材料はモノの評価である。これらがモノであるため、保険医療機関等が医薬品が特定保険医療材料を別途購入した上で使用することになる。その際の価格は薬価基準や特定保険医療材料の価格と一致することは義務付けられていない。その点では、市場メカニズムによる価格競争が機能すると同時に、医療保険の価格との乖離を生じることにもなる。特に薬価と市場実勢価格との乖離を**薬価差益**と呼ぶ。このような乖離を減らすため、診療報酬の改定の際に

図9-5 療養の給付等の基本的な枠組み

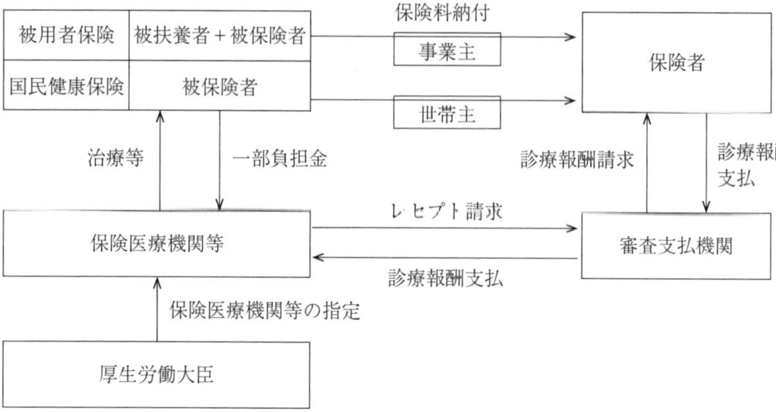

（出典）筆者作成

は、薬価基準及び特定保険医療材料の償還価格も改定されることになる。なお、薬価については、診療報酬改定の中間年にも改定される。

(4) **審査支払** 保険医療機関等は、給付に要する費用から患者の一部負担金等を控除した上で診療報酬を保険者に請求する必要がある。その際、保険者が多数存在していることから、保険医療機関等から見て請求先を集約した方が効率的である。また、保険者から見ても、審査支払には専門的な知識を必要とする。このため、一種のハブ機能を有する審査支払機関として、**社会保険診療報酬支払基金と国民健康保険団体連合会**が設けられ、保険者からの委託により審査・支払を行うことになっている。

　診療報酬の流れとしては、まず保険医療機関等は、月単位で審査支払機関に**レセプト**（診療報酬明細書）に提出する。審査支払機関は、診療内容等を審査した上で、保険者に請求を回す。その後、診療報酬は、逆方向で保険者から審査支払機関、保険医療機関等に流れる［図9-5］。このレセプトは、入院・外来別、加入者別に作成され、単に診療報酬の金額（点数）だけではなく、傷病名、投薬、検査等の治療内容が記載される。これにより、審査支払機関による医学面からの審査が可能となっている。時間軸で見ると、レセプト請求が診療の翌月、審査支払がその翌月であることから、保険医療機関等は、その間の資金繰

りを考える必要がある。

7. 財 政

(1) **保険料**　社会保険に不可欠な保険料には応能負担要素があるが、その設定方法は、稼得形態の違いもあり、被用者保険と国民健康保険で異なる。被用者保険の場合には、賃金に保険料率を掛けて計算する応能負担が基本的考え方である。その際、賃金について、標準報酬制が用いられるのが特徴である。具体的には、保険料及び給付（傷病手当金等）の算定を簡便にするため、毎月の給料等の報酬については、その金額を一定の幅で区分した等級（厚生年金の32等級より多い計50等級）別の標準報酬月額に当てはめ、該当する標準報酬月額に保険料を掛けて保険料を計算する。また、ボーナス等の賞与にも賦課される総報酬制が採用されており、税引前の賞与総額から1,000円未満を切り捨てた標準賞与額（年度の合計で573万円が上限）に保険料を掛けて計算する。保険料率については、医療保険者の介護納付金を賄うための**介護保険料率**とそれ以外の**一般保険料率**に分かれる。一般保険料率には、各保険者が納付する後期高齢者医療制度の財源となる後期高齢者支援金が含まれる。

　具体的な保険料率は、各保険者の賃金、給付費等の多寡によって変わってくる。[20] その他の被用者保険の特徴は、原則として**労使折半**により、半分が事業主の負担になっていることである。[21] 具体的には、事業主が被用者に支給する報酬から被用者負担分の保険料を源泉徴収し、事業主負担分と合わせて保険者（全国健康保険協会管掌の場合には、原則日本年金機構）に納付することになる。

　地域保険である国民健康保険の保険料は、被保険者の稼得形態が多様であり、加入世帯の各世帯員が被験者であることから、応能負担部分と応益負担分を組み合わせた保険料方式である。また、保険料ではなく、地方税の目的税である**国民健康保険税**として保険財源を徴収することもできる。具体的な保険料は、都道府県の標準保険料率等を参考に市町村が保険料率を決定する。[22] その際の保険料の算定方式としては、4方式（所得割＋資産割＋被保険者均等割＋世帯別平等割）、3方式（所得割＋被保険者均等割＋世帯別平等割）、2方式（所得割＋被保険者均等割）が存在する。このうち**所得割**と**資産割**は、それぞれ被保険者の所得、固定資産税に基づいて計算されることから、**応能割**と言われる。それに対

して、**被保険者均等割**と**世帯別平等割**は、それぞれ世帯の被保険者当たりの定額、1世帯当たりの定額で計算されることから、**応益割**と言われる。いずれの方式であっても、応能部分と応益部分が存在する。なお、地域保険である国民健康保険は、事業主の介在しない制度であり、世帯主が保険料の納付義務を負う。

後期高齢者医療制度の保険料は、国民健康保険に類似する。ただし、国民健康保険と異なり個人単位であり、被保険者各人に賦課される。また、保険料の算定方法も、国民健康保険でいうところの2方式に相当する**所得割**と**被保険者均等割**のみである。

以上の保険料に見られる応能負担と応益負担は、設定方法の論点の一つである。応能負担は所得再分配の観点から望ましいとしても、受益からかけ離れた負担を高所得層に強いることは問題がある。逆に応益負担の場合には、低所得層にも高所得層と同じ負担を求めると拠出に困難を来す。このため、保険料には上限が設けられることがある。被用者保険であれば標準報酬等級の上限、国民健康保険や後期高齢者医療制度であれば賦課限度額である。また、国民健康保険や後期高齢者医療制度の被保険者均等割等の応益部分については、低所得層に対する保険料軽減措置が講じられている。これにより、応能負担と応益負担との均衡が図られることになる。

(2) **国庫負担等**　医療保険における**国庫負担**、**国庫補助**等（国庫負担等）の目的には、制度の分立に起因する財政力格差の是正がある。また、地域保険の場合には、保険料の事業主拠出の欠如も高率の国庫負担等に関係してくる。この結果、国庫負担等の水準は、制度によってバラツキが大きい。セーフティネットの受皿となる制度ほど、国庫負担等の率が高く、義務的な性格を帯びる傾向にある。

例えば、大企業等の健康保険組合管掌健康保険の場合には、給付費等に対する定率の義務的な国庫負担等は存在しない。それに対して、中小企業が多い全国健康保険協会管掌健康保険の場合には、定率の国庫補助が存在する。補助率は、給付費等の13％から20％の範囲で決められるが、当分の間は（法律改正がない限り）、法律上16.4％（法定準備金を超える積立分の16.4％相当分を減額）に固定されている。また、船員保険の場合には、予算の範囲内で定額の国庫補助となっている。

地域保険である国民健康保険への公費の投入割合は高い。また、保険者間の財政力格差も大きいことから、その格差を是正する仕組みも用意されている。国からは、都道府県に対する一律の定率国庫負担（32％）と財政を調整するための調整交付金（9％）が設けられている。このうちの調整交付金は、都道府県官の財政力の不均衡の是正を目的とする普通調整交付金、市町村の特別の事情を考慮した特別調整交付金に分かれる。更に都道府県からも調整交付金（9％）が支出される。このほかにも、国及び都道府県の一般会計から国民健康保険の財政を支援するための負担金、交付金等の仕組みが存在している[23]。

　後期高齢者医療制度の場合も、給付費等に対する公費投入割合が約5割となっている[24]。国、都道府県及び市町村が負担するが、その負担割合は4：1：1である。

　(3)　**財政調整等**　　保険料負担能力、給付費等の不均衡等に起因する財政力格差を是正する仕組みの一つが国庫負担等の公費投入である。それが国全体としての国民連帯の表れだとすれば、制度間又は保険者間の連帯を具現する財政調整等の仕組みも存在している[25]［第3章第2節3参照］。

　その典型が高齢者医療制度である。医療の特徴として、働いている現役時代は、保険料の負担能力が高く、医療費が比較的かからないのに対して、引退後は、保険料の負担能力が低く、医療費が比較的かかるという逆相関が一般に見られる。これは必然的に高齢者の多い制度の財政を悪化させる。この医療の本源的問題を解決する方法の一つが後期高齢者医療制度である［図9-6］。

図9-6　後期高齢者支援金の考え方

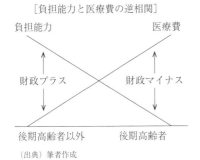
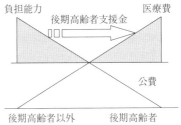

［負担能力と医療費の逆相関］　　　　　［後期高齢者医療制度］

（出典）筆者作成

第9章　医療政策　　**211**

後期高齢者医療制度は、後期高齢者（原則75歳以上の高齢者）を他の医療保険制度から切り離した独立型の制度である。この財政的意味合いは、必要な財源を後期高齢者本人の保険料や公費だけではなく、後期高齢者以外の者が加入する医療保険制度からの**後期高齢者支援金**で賄うための受皿ということにある。つまり、それだけでは不十分な後期高齢者の保険料財源を世代間の連帯とも言うべき後期高齢者支援金により補完することになる。この結果、後期高齢者支援金は給付費等の約4割となる。

　後期高齢者でない前期高齢者（原則65〜74歳）の場合にも、負担能力と医療費の乖離が存在する。このため、前期高齢者が加入する医療保険制度間の財政力の格差を是正するための財政調整の仕組みである前期高齢者医療制度が存在している。これにより、基本的に加入者の年齢が高く財政力の弱い国民健康保険等に向けて被用者保険等から前期高齢者納付金が拠出されている。

第3節　医療提供体制

1. 医療サービスの基盤としてのデリバリー

　医療もヒト、モノ、カネが不可欠なサービスである。医療保険がカネに関わるのに対して、医療提供体制はヒトとモノに関わる。ただし、この三つは無関係ではなく、前述の通り、保険医療機関等の指定等を通じて制度的にも接合している。更に人口の高齢化、介護保険の登場等により、高齢者福祉分野とも関係性を深めている。それを象徴する表現が、「治す医療」から「治し支える医療」への転換であり、地域包括ケアシステムの構築である。また、社会保険制度から見ても、介護保険の財源には医療保険者からの介護納付金が存在しており、両制度は接合している。このように、ファイナンスとデリバリー、ファイナンスにおける医療保険と介護保険といった形で、社会保障を巨視的に考える必要性が高まっているのが昨今の状況である。[26]

　とはいえ、医療と社会福祉は独自の歴史的発展を遂げてきている。また、ファイナンスとデリバリーは、医療費の増大の局面で利害が対立することがある。従って、自由開業医制のような医療政策の固有性も意識しながら、医療保険も考える必要がある。

2. 医療の提供主体

(1) **医療機関等**　諸外国では、開業医と病院とで役割や機能が大きく異なることがある。日本でも医療機関等の役割分担（機能分化）が唱えられる。その際、重要なのが診療所と病院の概念である。また、薬に関して、その処方を担う医師と調剤を担う薬剤師を分離する**医薬分業**も医療提供にとって重要である。その関係では、**薬局**も医療提供体制の一翼を担うことになる。[27]

医療サービスの基本的な法律に**医療法**がある。医療法が規定する広義の医療関係施設に**医療提供施設**がある。病院や診療所のほかに、介護保険法が規定する介護老人保健施設及び介護医療院、調剤を実施する薬局も医療提供施設に含まれる。医療機関（診療所、病院）以外の施設が医療関係施設に含まれる背景には、医療機関と他の医療関係施設との連携や協働の必要性が高まっていることがある。

とはいえ、医療提供の中核は診療所と病院である。このうち、**診療所**は医師又は歯科医師が開設する無床の施設又は19床以下の入院施設を有する施設である。この病床数との関係で、**病院**は20床以上の入院施設となっている。従って、診療所と病院の違いは、機能もさることながら、病床数にあることになる。また、医療における官民の関係という点では、日本では、地方公共団体等が開設する公的医療機関よりも、中小の民間医療機関の方が多いのが特徴である。このことも医療政策に影響を与える。

(2) **医療職種**　医療サービスも、福祉サービスと同様に労働集約的かつ専門的な分野である。しかも、人の命に直接関わる医療行為等を担う職種であることから、多様な資格制度が設けられている。**医師、歯科医師、薬剤師**については、それぞれ医師法、歯科医師法、薬剤師法が業務独占、名称独占も含め資格を規定している。また、**保健師、助産師、看護師**の資格法としては、保健師助産師看護師法がある。この他の医療職種についても、資格法が存在している。これらの職種は一定の教育を前提とした資格制度であることから、需給関係の変化により一挙に養成できない。そのため、医療サービスの中長期的な需給関係を踏まえた養成や地域偏在の解消が必要になる。

3. 医療計画等

(1) **医療計画** 医療サービスを全国的に過不足なく均霑化するためには、面的な資源配分を盛り込んだ行政計画が有効である。医療費には、医師数、病床数等との相関が見られるからである。このため、**医療計画**では、都道府県を単位とする医療圏（身近な一次医療圏、一般的な医療を提供する二次医療圏、先進的な医療に対応できる三次医療圏）を前提として、国民にとって重要な疾病や緊急課題に対応するための事業が規定される。同時に二次医療圏を単位とする病床数の基準（**基準病床数**）を設定し、病床過剰地域における増床や開設を抑制する手段が設けられている。その場合、民間病院に対しては、都道府県知事は勧告権に止まるが、健康保険法により、保険医療機関の指定を行わない権限が厚生労働大臣に付与されている。

元来、医療法は、衛生に関する規制法であった。医療の機能分化においては、診療報酬による経済的誘導が主要な役割を果たしてきた。しかし、1985年改正による医療計画の導入以降の累次の改正を経て、医療法は、医療の機能分化の観点からも重要な法律になっている。とはいえ、基本的に特別な病院や病床の類型化に止まっていたのが、これまでの流れであった。例えば、病院類型としては、①地域医療の確保のための後方支援を担う**地域医療支援病院**、②高度医療技術の開発・評価、高度医療等の提供を行う**特定機能病院**（大学病院等）、③臨床研究・治験等の実施の中核的な役割を担う**臨床研究中核病院**は存在するが、その他は一般病院である。病床区分としては、①**療養病床**、②**精神病床**、③**感染症病床**、④**結核病床**が存在するが、それ以外は**一般病床**となる。5区分のうち病床の多くを占める一般病床は、2014年改正により地域医療構想とともに導入された。地域医療構想との関係の医療機能の分化の観点からは、**高度急性期、急性期、回復期、慢性期**の4機能に分類される。これは、介護保険も含めた地域包括ケアシステムと関係しており、団塊の世代が後期高齢者となる2025年を見据えて、地域医療構想を通じて、急性期に集中する既存病床の転換を図ろうとするものである。

(2) **地域医療構想** 高齢化、人口減少等の人口構造の変化は、生活習慣病等の疾病構造のみならず、医療資源の地域偏在の問題を引き起こす。2014年の医療法改正では、団塊の世代が後期高齢者となる2025年に向けて、都道府県が

高度急性期・急性期・回復期・慢性期の病床区分に基づく医療需要と病床の必要量を推計し、在宅医療も含めた医療の在り方を盛り込んだ**地域医療構想**が策定されることになった。地域医療構想は、二次医療圏を基本とする構想区域を単位に策定されるが、医療機関からの病床機能報告により選択された病床機能に基づき、関係者が医療提供体制の在り方を議論することに意義がある。つまり、医療計画の一部を構成する地域医療構想は、計画を通じて政策誘導を行う手段と言える。

1） 医療政策について理解を深めるには、島崎謙治『日本の医療―制度と政策［増補改訂版］』（東京大学出版会、2020年）がある。

2） 1か月の医療費が1億円を超えるような高額医療も存在する。高額医療については、健康保険組合連合会が例年「高額レセプト上位の概要」を発表している。

3） 多様な各国の制度分析については、島崎・前掲注1）、フランスについては、伊奈川秀和『フランス社会保障の権利構造』（信山社、2010年）等がある。

4） 第一次世界大戦後に創設された国際労働機関（ILO）が社会保障に取組み始めた当初は、疾病保険条約等の社会保険条約の採択に傾注した。このことは、社会保険が19世紀後半のドイツの宰相ビスマルクに始まり、第二次世界大戦前には、ドイツのみならず、フランス等の大陸諸国、更に日本にも拡大していったことが関係する。しかし、そのILOが1944年に出したフィラデルフィア宣言（f・g・h）は、社会保険方式を前提としていない。そこでは、実現すべき義務は、a．基本収入を与えて保護する必要のある全ての者に対する基本収入の保障とb．広範な医療給付である。さらに、1944年の所得保障勧告（67号）とは別に、医的保護勧告（69号）が同時に採択されている。このことは、医療保障が社会保険方式のみでないことを前提としている。

5） 医療における社会保険が費用を保障するのみなのか、現物給付の形でサービスをも保障しているのかは、検討の余地がある。日本の医療保険の現物給付方式は医療自体を保障しているとも理解できるが、現物給付を通じた医療費の保障であるとも理解できる（岡光序治『社会保障行政入門』（有斐閣、1994年）69頁）。

6） 公営医療は、日本の社会福祉の措置制度を考えれば、さほど驚く方式でもない。措置制度の下では、社会福祉法人への措置委託が存在するが、制度の建前はむしろ措置権者自らが福祉サービスを提供することのようにも理解できる。逆に言えば、公営医療方式であっても、措置制度のように民間委託を活用すれば、ファイナンスとデリバリーが分離することになる。

7） 民間保険を強制加入にするという選択肢は、日本の自動車の自賠責保険にも見られる。フランスの疾病保険がカバーしない一部負担部分を賄うための補足制度（共済、民間保険等）も労働協約を通じて加入が義務化されている。

8） 健康保険法（43条2項）でも、1994年に規定が削除されるまで、入院に当たっては保険者の承認が必要であった。

9） 国民医療費の対象は、傷病の治療のための診療費、薬局調剤医療費、入院時食事・生活医療費、訪問看護医療費等であるため、保険外の医療費、正常分娩費、健診費用等は含まれない。

10） 伊奈川秀和「福祉・医療サービスにおける経営主体に関する考察」福祉社会開発研究12号、15頁、2020年

11） 所定労働時間が3/4未満であっても、従業員数で一定規模以上であれば、1年以上の雇用が見込まれ、週単位の所定労働時間数20時間以上、月額賃金8万8,000円以上の短時間労働者を被保険者とするなどの適用拡大が図れてきている。

12） その他の要件として、日本国内に住所を有すること、又は渡航目的等に照らして日本国内に生活の基礎のある留学中の学生等であることがある。

13） 現金給付の現物給付化という手法であり、詳細は、伊奈川秀和『〈概観〉社会保障法総論・社会保険法［第2版］』（信山社、2020年）143頁を参照されたい。

14） 医療保険の制度間の差は縮小してきた。一部負担も制度間の差ではなく、年齢や所得等を基準とした差である。以下では健康保険の給付を前提に述べ、必要に応じて他の制度にも言及している。制度による差があるのは、法定給付よりも、付加給付である。

15） 国民健康保険の場合には、世帯主以外の家族も被保険者であることから、職域保険のような「家族〇〇費」のような給付は存在しない。また、医療給付以外の給付のうち埋葬料（費）及び出産育児一時金については、国民健康保険の場合にも、特別な理由がある場合以外は実施が必要である。これに対して、傷病手当金及び出産手当金は、任意給付とされている。なお、保険料（税）の滞納が続く場合に、現物給付が適用されず、医療費を全額支払った後に保険給付部分が償還される仕組みとして特別療養費が存在する。従って、一般的な国民健康保険の給付は、療養の給付（①）、入院時食事療養費（②）、入院時生活療養費（③）、保険外併用療養費（④）、訪問看護療養費（⑤）、療養費（⑧）、高額療養費（⑨）、高額介護合算療養費（⑩）、埋葬料（⑬）、出産育児一時金（⑮）、移送費（⑰）、特別療養費となる。後期高齢者医療の場合には、療養の給付（①）、入院時食事療養費（②）、入院時生活療養費（③）、保険外併用療養費（④）、訪問看護療養費（⑤）、療養費（⑧）、高額療養費（⑨）、高額介護合算療養費（⑩）、移送費（⑰）、特別療養費が法定されている。それ以外は、条例によることになる。

16） より具体的には、診察、薬剤・治療材料の支給、処置、手術等の治療、居宅での療養上の管理・その療養に伴う世話等の看護、入院・その療養に伴う世話等の看護が給付の対象である。

17） 問題の詳細は、伊奈川・前掲注13）188頁を参照されたい。

18） 整理すると、療養の給付の対象とならないのは、以下のような医療である。このような限界が存在するのは、医療保険が国民から貴重な保険料等を財源とすることも理由である。①生活サービス、快適な環境（アメニティ）等に関連する費用：例えば、個室等の特別料金、特別な材料による給食等、金歯等の特別な歯科治療材料等の特別なサービスを行った場合には、医療保険制度からは、選定療養として通常のサービスに相当する費用のみを支給し、差額は患者の自己負担となる。②高度先端・研究開発に係る医療に要する費用：医療保険では、新しい医療技術については、効果が確認され、一般的に普

及したと考えられる時点から社会保険医療の対象に取り込むのが基本である。このため、大学病院等で実施される最先端の高度先進医療の場合には、通常の医療に相当する費用のみを医療保険から支給し、高度先進医療に相当する費用は保険対象外とする評価療養の制度で対応することになっている。③予防・健康増進等の費用：医療保険は、自己の意思によらない傷病という保険事故に着目する制度であるため、健康診査、人間ドック等のように保険事故と観念できない費用は対象外である。ただし、生活習慣病等の予防・健康増進等は医療費の節約に効果があると考えられることから、40歳から74歳までを対象とする特定健康診査・特定保健指導のほか各種保健事業が保険者によって実施されている。④労災保険、介護保険等：業務災害に伴う医療は労災保険の対象であり、労災保険が優先する。また、介護保険の給付の中には、老人保健施設及び介護医療院における施設サービスのように医療行為を伴う場合があるが、介護保険の対象である。⑤傷病の治療以外の医療：傷病の治療ではない美容整形のような審美的な医療、出産育児一時金の対象となる正常分娩等は、療養の給付の対象とならない。

19) 措置制度の下で措置権者の委託により福祉サービスを提供する社会福祉法人等の置かれた状況と一見類似する。公私及び官民の関係性から見ると、保険医療機関等の指定を官が責任を負う公のサービスの措置委託に近い契約関係と捉えると、医療過誤等の際の指定権者又は保険者の公的責任の問題が出てくる。しかし、ファイナンスの仕組みである医療保険制度は、措置制度のような公的責任に根差した制度とは異なりそうである。指定制度の性格を巡っては議論がある（島崎・前掲注1）446頁とその引用文献参照）。自由開業医制の下で医療機関等には入退出の自由があり、指定権者にも一定の場合に指定拒否、取消等の権限があることからすれば、契約関係と捉えるのが適当である（伊奈川・前掲注13）192頁）。

20) 全国健康保険協会管掌の場合には、都道府県単位で保険料が設定されている。

21) 健康保険組合の場合には、全国健康保険協会管掌健康保険と異なり、組合規約で事業主の負担割合1/2以上に引き上げることができる。また、組合財政安定化のための組合間の共同事業があり、そのための調整保険料率が一般保険料率とは別に存在する。

22) 保険料は、一般被保険者に係る基礎賦課額、後期高齢者支援金等賦課額、介護納付金賦課額に分けて算定される。

23) 国民健康保険は、都道府県と市町村が運営する場合も、保険料（税）財源が存在することもあり、収支を明確にするため、一般会計とは別に特別会計が設けられる。国は保険者ではないので、一般会計からの歳出となる。

24) 現役並み所得者については、公費投入がない。

25) 財政調整等の仕組みについては、伊奈川秀和『社会保障法における連帯概念—フランスと日本の比較分析—』（信山社、2015年）98頁、162頁を参照されたい。

26) サービスとしての医療と社会福祉のマネジメントに関しては、伊奈川秀和『〈概観〉福祉・医療運営論』（信山社、2020年）を参照されたい。

27) 医薬品、医療機器等については、医薬品、医療機器等の品質、有効性及び安全性の確保等に関する法律（薬機法）が、また、薬剤師については、薬剤師法が規定している。

第10章　社会福祉政策

第1節　社会福祉の意義

1．社会福祉の固有性と役割

　社会保障制度審議会事務局の『社会保障統計年報』(1991年版)によれば、社会福祉とは、「普通一般の社会生活をする上でハンディキャップを有していたり、社会において弱い立場にある国民に対して国、地方公共団体等が援助していこうという制度」である。この定義は、公的扶助を含まない社会福祉である。しかし、社会福祉に関しては、生活保護や社会保険である介護保険を含めることもできる。広狭何れの定義であっても、サービス(現物給付)抜きの社会福祉は想定しにくい。そのことが、年金等の所得保障とは異なる。つまり、医療とともに対人サービスであることに社会福祉の特徴がある。

　前述の定義には、戦後復興期の最低生活の保障重視の時代環境で制度が形成され、措置制度を中心に発展してきたことの影響も見られる。実際、社会福祉は、低所得者対策と認識され、その水準も最低限に止まってきた面がある。これを指摘する社会保障制度審議会の「社会保障体制の再構築(勧告)～安心して暮らせる21世紀の社会をめざして～」(1995年)は、今後の社会保障の理念として、「広く国民に健やかで安心できる生活を保障すること」を掲げている。

　現在、保育、介護等のように所得の多寡に関わらない普遍的なニーズを有したサービスも多い。その点で社会福祉の役割は、生活困窮者、障害者、児童、高齢者等が健やかで安心できる生活が可能となるよう多様なニーズに対応することにある。

2．社会福祉の多義性

　福祉(welfare)という言葉は多義的である。幸福、福利等の意味で使われることもある。その点では、英語のウェルフェアは、**ウェルビーイング**(wellbeing）に近い意味をもつ。国際ソーシャルワーカー連盟（IFSW）の「ソーシャルワーク専門職のグローバル定義」（2014年）を見ると、ウェルビーイングを高めることがソーシャルワークの定義に含まれている。この点では、ウェルフェアとウェルビーイングは密接な関係を有しており、福祉は、自ずと人々の幸福や不幸に関わることになる。[1]

　福祉に「社会」を加えた社会福祉の理解も、一義的ではない。社会福祉の共通事項を規定する社会福祉法も社会福祉を真正面からは定義していない。社会福祉法が掲げる概念としては、**①社会福祉を目的とする事業**、**②社会福祉に関する活動**、**③社会福祉事業**、**④地域福祉**がある［図10-1］。このうち社会福祉を目的とする事業は、「事業」の性格上反復継続性を前提としており、社会福祉法の許認可等の規制を受け、助成の対象ともなり得る社会福祉事業以外の事業も含めた広い概念である。また、社会福祉法（5条）は、福祉サービスの提供の原則について、社会福祉を目的とする事業を経営する者が提供する福祉サービスが「多様」であることを前提に規定されている。従って、社会福祉を目的とする事業には、社会福祉事業に包含されない多様な福祉サービスが含まれる。これら事業に対して、社会福祉に関する活動は、事業性を前提としないボランティア等の個人や団体による任意の活動である。地域福祉とは、地域における社会福祉と定義されている。この地域福祉の担い手としては、地域住

図10-1　社会福祉に関係する概念

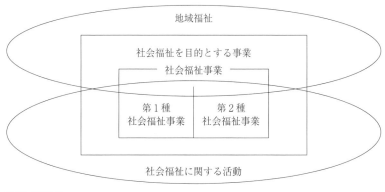

（出典）筆者作成

民、社会福祉を目的とする事業を経営する者及び社会福祉に関する活動を行う者が想定されている。

　これら社会福祉の構成要素のうち中核となるのは、社会福祉法人が主たる担い手となる社会福祉事業である（社福法2条・23条）。社会福祉事業は、①**第1種社会福祉事業**と②**第2種社会福祉事業**に分かれる。何れについても抽象的な定義は存在せず、個別の事業の列挙方式による定義である。2種類の社会福祉事業を帰納法的に分析するなら、両者の間に規制の厳しさの違いが見られる。第1種社会福祉事業は、入所や経済的搾取による人権侵害のリスクが高い事業である。それに対して第2種社会福祉事業は、通所、在宅等のサービスを典型として、比較的人権侵害のリスクが低く、規制の程度も弱くなっている。

3．社会福祉学

　社会福祉事業の概念に象徴されるように、社会福祉を演繹的に定義することは難しい。そうであれば、社会福祉が何かを学問分野との関係で理解することも有用である。社会福祉に関する学問は、理論的であると同時に実践的でもある**社会福祉学**である。

　まず、社会福祉を社会福祉学の理論から見ることにする。戦前の理論としては、大河内一男の社会政策が有名である。彼は、1938年の中央社会事業協会『社会事業』の中で、資本主義の再生産との関係で社会政策が労働者を対象とするのに対して、社会事業はそこから脱落し要救護性を有する経済秩序外的存在を対象とする点で補充的位置にあるとした[2]。戦後になると、孝橋正一がマルクス主義経済学の立場から社会事業を論じる。彼によれば、公共一般施策を補充する社会的方策施設に与えられた名称が社会事業であり、資本主義制度の構造的必然の所産である社会問題に向けられた合目的・補充的な公・私の社会的方策施設の総体である[3]。大河内と時代は異なるが、孝橋も社会事業を社会政策の補充論として議論している。

　補充性を認めながらも、社会福祉の相対的独自性をもつことを主張するのが吉田久一である。彼は、社会福祉が歴史的社会的実践であることから出発し、次のように定義している[4]。「社会福祉は主として資本主義社会の矛盾から生ずる『生活不安』や、その担い手である『生活者』に、社会が『共同福祉』的思

想を以て、問題の克服に、組織的な『政策』や『サービス』を通じて援助し、その『自立』を促す歴史的社会的実践である。」

このほかにも、社会福祉の独自性を運動論的に捉え、「生活権」保障を軸に構成する一番ヶ瀬康子がいる。その整理によれば、労働問題に対して、個別性の強い生活の営みに関わる生活問題と定義した上で、社会福祉を体系化している。社会福祉の体系化という点で重要となるのが、独自性を深化させた固有論がある。この主唱者である岡村重夫は、社会生活における基本的欲求の充足に社会福祉固有の視点を見出す。この場合の社会生活の基本的欲求とは、経済的安定、職業的安定、家族的安定、保健・医療の保障、教育の保障、社会参加ないし社会的協同の機会、分化・娯楽の機会である。これらの基本的欲求に対応するためには、社会保障をはじめとする制度が存在する。その中にあって、社会福祉は、社会関係の客体的側面（生活条件を客体的に規定する特定制度からの側面）ではなく、主体的側面（社会関係における生活主体者の側面）に着目する。そこで生じる個人の社会関係の不調和又は欠損若しくは社会制度の欠陥という固有の領域において、社会福祉は、社会生活上の困難への援助、働きかけ等により対応することになる。

以上の理論等で尽きるわけではないが、社会福祉を一言で定義することは、困難な作業である。それは、社会保険が保険技術という手段に着目した類型であるのに対して、社会福祉が変化する社会問題を対象とする分野であることが影響する。つまり、社会福祉においては、問題への対応も一様でなく、社会福祉に介護保険という社会保険が登場するように、社会福祉は常に変化の波にさらされるからである。その中には、児童虐待等の虐待や権利擁護のように、概念化と相まって問題として重要性が認知される例もある。

かかる多面性や多様性を有する社会福祉の特徴を抽出するなら、第1は、その対象が社会で生活する生活者であることである。これは労働者を対象とする労働法と生活者を対象とする社会保障法との関係からも是認できよう。第2は、障害、傷病、老齢、貧困等により、社会との関係で発生する生活上のニーズに対応する作用としての生活保障である。ただし、生活保障ということであれば、およそ全ての社会保障は生活保障となってしまう。そこで、第3点として挙げるべきは、他の社会保障によっては保障されないか不十分なニーズへの

対応を社会福祉は主眼とすることである。[8]このことは、生活保護の補足性の原則、老人福祉法等における措置の残置、年金の射程外にある生別母子世帯等への児童扶養手当、障害年金の上乗せとなる福祉手当等に反映している。

　最後の点は、社会福祉と他の社会保障施策（一般対策）との関係について、仲村優一の言うところの①並立的補充性、②補足的補充性、③代替的補充性に通じる。[9]このうち並立的補充性は、社会福祉と他の社会保障施策が独自の領域をもって相互補完的に併行していることを意味する。例えば、老後保障において年金、高齢者医療制度等と併存する形で高齢者福祉が存在する場合である。その他、精神障害や住宅の問題が、一面では保健医療や住宅政策の対象である問題であるが、別途社会福祉の問題にもなることも同様である。次の補足的補充性は、他の制度の一部を構成しながらも、社会福祉の考え方や技術方法等が組み込まれ、社会福祉が補足的役割を果たすことを意味する。例えば、医療における医療ソーシャルワークのように、医療の場に社会福祉の相談・援助が生かされる場合が典型である。最後の代替的補充性は、他の社会保障制度の未発達等による不備のために社会福祉が代替的役割を果たすことを意味する。国民皆保険・皆年金体制が整う前は生活保護の比重が高かったことが一例である。逆に介護保険が登場前の社会的入院の問題は、病院等の医療機関が社会福祉との関係で代替補充性を有していたことになる。その点では、満たされないニーズ（unmet needs）がある時、ニーズが放置されないためには、何らかの制度がニーズを吸収することになる。その点では、社会福祉がセーフティネットとなることが多い。

4．社会福祉政策

　社会福祉の多義性は、政策的には社会福祉が各種施策の母体となってきたことにも表れている。戦前の内務省時代からの「**社会局**」の存在は、社会福祉の歴史と相当程度重なる。それと同時に、社会保険、労働政策等も社会局が担った社会政策から発展してきた。自然科学を核とする医療保障と異なり、社会科学・人文科学的色彩の強い社会福祉は、社会経済の変化に応じて発生する諸課題を受け止めざるを得ない。現代であれば、虐待、孤独・孤立、自殺等の複雑な問題である。社会福祉の中に障害、介護等の医療とも関係する分野を取り込

んでいるのも、それら課題が医療保障だけでは完結しないためである。その点で社会保障の生成発展的性格がよく表れるのが社会福祉である。社会福祉がその固有性を追求すると同時に、可塑性に富んだ分野として関連分野との連携や協働を重視する必要があるのも、そのためである。

第2節　社会福祉の構造

1．要保障事由別の体系

　社会福祉制度の類型化の一つは、社会福祉の対象者の属性やニーズに即して要保障事由別に制度を整理することである。例えば、子どもやその家庭、障害者、高齢者、低所得者等である。ただし、子どものうちの障害児、高齢の障害者、障害を有する女性、しかも低所得でもあるケースのように要保障事由の交錯・複合化が起きる。制度上は単一の制度体系に寄せざるを得ないことがあるにしても、複数のニーズの存在を踏まえる必要がある。貧困問題から見れば、複数の困難とセーフティネットの不足が貧困の誘因となる。

　そのような留保の上で言えば、子ども福祉（児童福祉）、高齢者福祉（老人福祉）、障害者福祉等の類型化は、要保障事由に即した体系としての意義がある。しかし、要保障事由の過度の細分化は、制度の縦割りを招き、制度の狭間や谷間の問題を誘発する。例えば、障害における3障害（身体、知的、精神）との関係における発達障害、難病等の問題である。更に現代の社会福祉では、縦割りの社会福祉に包含されない地域福祉も登場している。その点で、社会福祉の共通事項を規定する社会福祉法や、ソーシャルワークの共通資格である社会福祉士等の資格法には、縦割りの社会福祉を整序する意義がある。

2．ファイナンスとデリバリー

　社会福祉の社会福祉たる所以は、その中核にサービスがあることである。医療保障と同様に、ヒトとモノなしには成り立たないのが社会福祉である。そのことを端的に示すのが**福祉サービス**の概念である。言い換えれば、福祉サービスとは、対人サービスであり、高齢者や障害者の介護、子どもの保育、生活困窮者の自立支援、ソーシャルワークなどが含まれる。

福祉サービスの提供には、社会福祉士、介護福祉士、精神保健福祉士、保育士等の専門職が関わる。しかし、分業化された福祉サービスにおいては、専門職がサービスを提供する場が必要となる。また、専門職が労働者であれば、無償労働は許されない。それ故、ファイナンスとデリバリーは、専門職が専門性を発揮する前提条件となる。

　医療においてファイナンスとデリバリーが分離される傾向が強いのに対して、措置制度による公的責任の下で福祉サービスが提供され、発展してきた社会福祉においては、両者が一体化していた。現在、福祉サービスは、措置によってのみ提供されるわけではなく、介護保険の社会保険方式をはじめ多様な提供方式が存在する。このため、提供方式により、ファイナンスとデリバリーの関係は変わってきていることになる。

3．施設・事業者と法人

　社会福祉法（5条）の規定からすれば、社会福祉を目的とする事業を経営する者が提供するサービスには多様な福祉サービスが含まれる。そして、社会福祉のデリバリーとは、福祉サービスを提供する体制となる（6条）。その場合の経営主体としては、**社会福祉法人**が福祉サービスの中核としての社会福祉事業の主たる担い手となる（24条）。ただし、「主たる」という言葉から推察できるように、社会福祉法人が唯一の経営主体ではない。[10] 2000年施行の介護保険制度が契機となり、多様な主体の参入が進んでいる。分野によっても異なるが、社会福祉法人以外の非営利法人である医療法人、NPO法人（特定非営利活動法人）、生活協同組合等のほか、営利法人である株式会社の参入も見られる。如何なる法人形態であっても、事業を継続的かつ安定的に経営できる能力を有することが重要である［第4章第5節参照］。

　福祉サービスを論じる場合には、法人等の経営主体とその法人が経営する施設や事業を分けて考える必要がある。つまり、法人等は、適切に福祉サービスを提供する上で責任を負う責任の帰属主体である。

　福祉サービスの内容や場に着目した場合には、施設、事業等の概念が重要となる。例えば、福祉サービスの給付に関する施設サービスと在宅サービスの区分である。施設には特別養護老人ホーム等の入所施設もあるが、それ以外に利

用者宅からの通所による保育所等の通所施設等が存在する。在宅サービスは利用者宅で提供されるサービスである。言い換えれば、泊まり、通い、訪問という3類型に大別できる。ただし、高齢者介護のグループホーム（認知症対応型共同生活介護）のように自宅ではないが施設でもない居住系のサービスもあったりする。このような類型化が必要な理由は、各類型に応じて給付が設計されていることがある。それに加え、経緯的理由としては、社会福祉が施設中心主義から脱施設化、在宅重視に転換してきたことがある。

4．利用方式

　医療保障と比較した場合の特徴は、福祉サービスの利用開始に当たり、何らかの手続きを要することである。医療のフリーアクセスのような原則は、福祉サービスには見出せない。逆に言えば、医療で問題となるゲートキーパー機能を福祉サービスは備えていることになる。理由には経緯的なものもあろうが、傷病のように素人目にも明白で医師等の専門的判断に委ねるのが適当な医療と異なり、社会福祉は社会的な判断要素がある。ニーズや支援の必要性は、既に困難に直面している利用者だけでは判断できない場合がある。医療とは異なるが、社会福祉にも情報の非対称性があり、利用者支援が必要となる。ソーシャルワークの導入段階であるインテークを経て支援が開始されることも、このことと無縁ではない。

　福祉サービスの利用方式は、社会保険方式とそれ以外の方式でも異なる。**社会保険方式**は、第5の社会保険として登場した介護保険である。介護保険も、保険料拠出を前提に給付に対する権利が付与される点で医療保険に類似する。しかし、利用面での相違点としては、第1に利用に当たって要介護認定等の事前プロセスを要することである。事業者や施設の選択は、利用者に認められているが、要介護度等に応じた給付となっており、事前に市町村長の要介護認定等を受ける必要がある。第2に混合診療が禁止され、医学的にサービス量が決まる医療保険と異なり、サービスの上乗せ・横出しが想定される介護保険では、**混合介護**が認められていることである。これとの関係から、現物給付ではなく、現金給付の現物給付化によりサービスが提供される。

　社会保険方式以外の方式には、契約を前提するものとそうでないものがあ

る。伝統的な方式は、契約を前提としない**措置方式**であった。現在でも、生活保護法の保護施設、児童福祉法の児童養護施設等に見られる。この場合の措置とは、福祉サービスの利用に関する行政（措置権者）の決定（行政処分）である。行政は自らサービスを提供することもあるが、社会福祉法人等に委託（措置委託）し、その対価としての費用（措置費）を支払うことが認められてきた。公私分離原則とも矛盾せず、社会福祉法人による福祉サービスの提供を財政的にも担保する仕組みである。しかし、利用者は、申請により福祉サービスを受ける権利を有しないというのが行政の解釈である。つまり、利用者は行政の要否の判断の結果（＝反射）としてサービス（＝利益）を受ける（**反射的利益**）が、生活保護のような申請権はないことになる。

それに対して、契約は、契約の当事者である利用者に何らかの権利を付与することを前提とする。契約による方式としては、①保育所方式、②個人給付方式、③任意契約方式がある。このうち、**保育所方式**は、1997年の児童福祉法の改正で、措置方式に代えて導入された。保育の実施義務を市町村が負うが、利用者に市町村への申請と保育所の選択が認められることが、措置方式との違いである。行政の解釈によれば、市町村と利用者との間には公法上の契約関係が生じることになる。その後、子ども・子育て新制度（2012年）により、市立保育所を除き、保育所は個人給付方式に変更された。もっとも、私立保育所のほか、助産施設及び母子生活支援施設も保育所方式である。

個人給付方式は、「措置から契約へ」を標榜した社会福祉基礎構造改革により障害者支援費制度が2003年から導入されたことにより登場した。その後、2006年から障害者自立支援法の自立支援給付に転換し、更に2013年は障害者総合支援法の下での自立支援給付となるが、個人給付方式は維持されている。子ども・子育て新制度でも採用されている個人給付方式は、利用者と施設や事業者との間の契約を前提に、各制度の実施主体の決定により給付がなされる。ただし、給付は、利用者に支給するのではなく、施設や事業者に直接支払うことを原則としている（法定代理受領）。その限りでは、保険料拠出を伴わないことを別とすれば、介護保険のような社会保険に類似した制度である。

任意契約方式は、利用者と施設や事業者との間の直接契約を前提とする仕組みである。典型的には、軽費老人ホーム、福祉ホーム等の施設に見られる。場

合によれば、施設や事業者に運営補助が行われることがある。

第3節　福祉各法によるサービス提供

1．子ども福祉（児童福祉）

(1)　**子ども（児童福祉）の体系**　　児童福祉法（4条1項）によれば、児童とは18歳未満の者である。この成長期にある年齢限定の児童が、児童福祉の対象となる。戦後の社会福祉の中でも、子ども福祉は、1947年に児童福祉法が制定されるなど、その先導役となった分野である。児童福祉法の冒頭には、児童の権利条約も取り込んだ原理規定が置かれるなど、子ども福祉の基本法的な性格も有している。[11] その後の子ども福祉の発展過程で、母子衛生が1965年に切り離され、現在の母子保健法に至る。また、児童関係の社会手当が、時期の違いはあるが整備されることになる。

　児童福祉法の中でも重要な施設が**保育所**である。共稼ぎ世帯の増加等により、都市部を中心とする待機児童問題が政策の重要性を高めてきた。少子化対策や仕事と家庭の両立施策との関係もあり、子育て支援の重要性は近年高まる一方であった。そうした中で、保育所のみならず、幼稚園及び認定こども園も含めた子ども・子育て支援法が2012年に制定された。これにより、児童手当及び保育所は、財政的には子ども・子育て支援法が規定するところとなった。

　子ども福祉は、社会福祉以外の施策との関係が深い分野である。例えば、前述の幼稚園との関係での教育や少年非行等の関係での少年法である。また、児童虐待の深刻化から、**児童虐待防止法**が制定されており、警察や裁判所との関係も深い。

　現在、少子化問題は、高齢化と並ぶ政策課題となっている。少子化対策は、子ども福祉等の社会保障だけでなく、労働、住宅等との関連施策との関係も重要である。少子化対策に関係する**少子化社会対策基本法**の名称には、「社会」が入っているのも、そのような問題意識からである。

(2)　**児童福祉法の内容**　　母子保健法、児童手当法、障害者総合支援法、子ども・子育て支援法等が登場した現在でも、**児童福祉法**は、それらに吸収されない多様な施策を包含した総合法規となっている。とりわけ、要保護児童対策の

ような権力的要素もある施策における児童福祉法の役割は大きい。とかく待機児童、幼児教育無償化等の耳目を引きやすい問題に目が行きがちであるが、児童福祉法の精神に照らすならば、子どもを全体的・包括的に捉えることが重要である。実際、児童福祉法は、児童相談所、児童委員、保育士制度等も規定しており、組織法及び資格法の部分もある。更に、福祉犯罪に関する禁止規定や罰則も存在する。

　その中にあって、法律の大宗を成すのが「福祉の保障」に関する以下の施策である。

　①障害児に対する医療の関係の療育の指導、小児慢性特定疾病医療費の支給等

　②障害児の居宅生活の支援

　③助産施設、母子生活支援施設及び保育所への入所

　④障害児の施設入所等に関する障害児入所給付費、高額障害児入所給付費及び特定入所障害児食費等給付費並びに障害入所医療費の支給

　⑤障害児の通所給付である障害児相談支援給付費及び特例障害児相談支援給付費の支給

　⑥要保護児童の一時保護、児童自立支援施設及び児童養護施設への入所、里親委託等の保護措置等

　⑦児童福祉を害する行為の禁止

以上の福祉の保障は、国及び地方公共団体だけでなく民間の事業者や施設等も担っている。このため、児童福祉法では、事業、養育里親・養子縁組里親及び施設に係る許認可、指導監督等が規定されている。必要な財源は、地方への財源移譲により施設等の設置主体や種類によっても異なる。基本的には、国が1/2、都道府県が1/4、市町村が1/4を負担することになっている。

　(3)　子ども・子育て支援法　　2012年制定の子ども・子育て支援法は、喫緊の課題である待機児童問題という立法事実だけではなく、社会保障と税の一体改革による消費税の引上財源の投入があって実現できた法律である。法律の制定に当たっては、小学校入学前の児童を対象とする保育所と幼稚園という二大体系の整合性の課題があった。つまり、両施設の一元化を図ろうという過去から続く幼保一元化の議論である。対象年齢の重なりから一見類似するものの、児

童福祉施設である保育所と学校である幼稚園は、性格を異にする施設である。この幼保一元化問題の流れから、2006年に認定こども園法（就学前の子どもに関する教育、保育等の総合的な提供の推進に関する法律）が制定されている。**認定こども園**には、幼保連携型、幼稚園型、保育所型及び地方裁量型の４種類がある。認定こども園は、幼稚園と保育所の機能を兼ね備えた施設であり、幼稚園と保育所の施設体系は維持されている。幼保連携型であれば、幼稚園であると同時に保育所ということになる。

　子ども・子育て支援法では、教育と社会福祉、幼稚園と保育所の施設体系の問題は、同法が給付法に徹することで回避されている。すなわち、幼稚園、保育所、認定こども園を対象とする共通の給付としての**施設型給付**の導入である。その他にも子育て支援に必要な小規模保育（子ども6〜19人）、保育ママと言われる家庭的保育（1〜5人）、居宅訪問型保育、事業所内保育からなる**地域型保育給付**がある。施設型給付と地域型保育給付と合わせて**子どものための教育・保育給付**と呼ばれる。実施主体である市町村は、保護者からの申請により支給要件の認定を行うことで給付が開始される。施設や事業者の選択のための利用者支援はあるが、最終的には保護者の選択に委ねられ、施設や事業者には給付費が直接支払われるのが基本である。このような個人給付方式を採用することにより、保育ニーズが増大する中にあっても、予算の制約を受けにくい仕組みとなっている。なお、2019年からは、幼児教育・保育の無償化が実施されているが、制度上は無償化に必要な費用を、**子育てのための施設等利用給付**等により支給することでもって実現している。

2. 障害者福祉

　(1)　**障害者福祉の体系**　　障害者福祉の体系的特徴は、**障害者基本法**の存在とその基本原則に則った各種施策の実施である。更に国際的な動向も国内施策に影響する。その点で障害者基本法は、2006年に国連で採択された**障害者権利条約**（障害者の権利に関する条約）の国内担保法の性格を有している（日本の批准は2014年）。例えば、条約が規定する社会モデルによる障害の定義、無差別、合理的配慮、国内監視体制等は、障害者基本法の障害者の定義、合理的配慮の不提供を含む差別の禁止、当事者主体の障害者政策委員会の設置等に反映されて

いる。

　障害者福祉では、条約以外にも国際的な動向や理念が影響する。1983年からの国連障害者の十年をきっかけに、ノーマライゼーションの理念が各種障害者計画等を通じて社会に浸透した［第2章第5節7参照］。現在に至るまで各種計画が策定されている。現在は、障害者基本法に基づく障害者基本計画が最も上位の計画となっている。

　障害者福祉は、戦後、身体障害者福祉法（1949年）を嚆矢として、その後知的障害者の知的障害者福祉法などが整備されてきた。制度の発展過程で紆余曲折が顕著なのが、精神障害者分野であった。1950年には精神衛生法が制定されるが、医療と保護が中心であり、福祉面の強化は、1995年の精神保健福祉法（精神保健及び精神障害者福祉に関する法律）への転換を待たなければならなかった。

　現在、障害者の権利擁護、虐待防止に関する**障害者虐待防止法**（障害者虐待の防止、障害者の養護者に対する支援等に関する法律）、障害者の差別禁止に関する**障害者差別解消法**（障害者の差別の解消に関する法律）、盲導犬、介助犬や聴導犬に関する**身体障害者補助犬法**など、障害者福祉が扱うべき範囲は拡大している。また、障害児教育、障害者雇用など、連携すべき分野も拡大している。

　(2)　**障害者総合支援法**　　2012年の障害者自立支援法の改正による**障害者総合支援法**は、障害者基本法にも謳われた基本的人権の享有主体としての尊厳等の理念をより明確化することになった。また、制度の谷間問題という点では、対象となる障害に難病等を追加している。

　個人給付方式である障害者総合支援法は、介護保険との類似性も見られるが、相違点も多い。給付の支給決定に当たって、介護保険の要介護度に相当する**障害支援区分**がある。しかし、介護の必要度である要介護状態区分等とは異なり、単にサービスの必要度を求める尺度ではない。障害程度区分は、障害の多様な特性等の心身状態に応じた標準的な支援の度合を総合的に示すものである。そのほか、介護保険の定率負担（応益負担）と異なり、負担上限月額の範囲での応能負担である。

　サービスの利用に当たっては、市町村の支給要否決定が必要となる。とはいえ、措置とは異なり、障害者の置かれた状況、障害者の意向等を勘案して決定

される。また、一定の場合には、特定相談支援事業者等が作成したサービス等利用計画案が提出される。

支給決定等を受けたサービス利用に関しては、**サービス等利用計画**が作成される。この計画作成等に関わる**計画相談支援**以外の相談支援としては、**基本相談支援**と**地域相談支援**がある。

障害者への支援内容としては、①**自立支援給付**（介護給付費、訓練等給付費等）と②**地域生活支援事業**がある。給付の柱である**介護給付費**は、障害者のニーズを反映して、居宅介護、重度訪問介護、同行援護、行動援護、療養介護、生活援護、短期入所、重度障害者等包括支援、施設入所支援と多様である。もう一つの柱である**訓練等給付費**は、自立訓練（機能訓練、生活訓練）、就労移行支援、就労継続支援、就労定着支援、自立生活援助、共同生活援助である。以上の給付が全国統一的な制度であるのに対して、地域生活支援事業は、地域の特性や利用者の状況に応じて弾力的な実施が可能である。市町村の地域支援事業としては、相談支援事業、成年後見制度利用促進事業、意思疎通支援事業、日常生活用具給付等事業、移動支援事業、地域活動支援センター等がある。また、都道府県の場合には、専門性が高い相談支援事業など、専門性や広域性の高いものが対象である。

この他の障害者サービスとしては、公費負担医療である自立支援医療や補装具の支給がある。このうち自立支援医療とは、身体障害者の機能障害部位に対する医療、障害児の身体障害に関する医療、精神障害者の通院医療がある。

(3)　**身体障害者福祉法等**　　身体・知的・精神の３障害については、**身体障害者福祉法、知的障害者福祉法、精神保健福祉法**が存在する。障害者総合支援法が登場した現在、これら３法の役割も変化している。特に重要なのは、障害の定義や手帳制度等である。まず身体障害者福祉法は、18歳以上で視覚、聴覚、平衡機能、音声機能、上下肢等の障害を有することとともに**身体障害者手帳**の交付を受けていることを身体障害者の要件としている。[12] 知的障害者福祉法には、知的障害者の定義及び手帳の規定はない。しかし、都道府県が**療育手帳**等の手帳を交付している。精神保健福祉法は、精神障害者を統合失調症、精神作用物質による急性中毒又はその依存症、知的障害、精神病質等の精神疾患を有する者と定義する。この精神障害者の要件ではないが、手帳制度として**精神障**

害者保健福祉手帳がある。なお、障害者総合支援法の給付を受けることが著しく困難なやむを得ない事由がある場合には、身体障害者や知的障害者に対して措置に基づきサービスが提供される。そのほか、障害者総合支援法に包含されないサービス等には、これらの法律が規定するものがある[13]。

　障害類型の関係では、関係者の立法化に向けての働きかけもあり、3障害以外の発達障害、難病等に対する認識も高まっている。その結果、2004年に**発達障害者支援法**、2014年に**難病法**（難病の患者に対する医療等に関する法律）が制定されている。また、2021年には、医療的ケア児の支援、その家族の負担軽減等のための医療的ケア児支援法（医療的ケア児及びその家族に対する支援に関する法律）が成立している。

3．高齢者福祉

　(1)　**高齢者福祉の体系**　　高齢者福祉は、児童福祉と並んで年齢により画される分野である。高齢者又は老人の年齢について、老人福祉法等は65歳を基準とするが、制度によっても違う。ましてや社会的には、成人年齢のような絶対的な基準はない。老化の不可逆性・進行性からすれば、あくまでも制度的に設けられた基準である。年齢差別が話題になる所以も、この辺りにある。

　高齢者に関係する法律や制度は多い。高齢者問題は年金、定年制、退職金、高年齢者雇用、高齢者医療、住宅、バリアフリー等に及んでおり、高齢者施策は社会福祉の専管領域ではない。そのような社会全体としての取組の必要性もあり、高齢者に関係する基本法は、**高齢社会対策基本法**という法律名である。現在、同法に基づく高齢社会対策大綱により総合的な施策が推進されている。

　高齢者福祉としては、介護保険法の施行により、介護問題の比重が高くなっている。経緯的には、1963年の老人福祉法が生活保護法から分離する形で制定されているように、貧困問題との関係も無視できない。要介護高齢者の入所施設である特別養護老人ホームも、生活保護法の養老施設の発展型であり、措置制度と相まって、必ずしも一般的な要介護高齢者の入所施設と社会的に認識されてこなかった。高度経済成長と同時進行する高齢化による介護ニーズは、1973年の**老人医療無料化**とフリーアクセスの関係もあり、老人病院等の医療機関が吸収してきた面がある。この医療による介護の代替の影響は現在にまで及

んでおり、高齢者福祉にとって高齢者医療制度との関係も重要である。更に**地域包括ケアシステム**の関係で、未来志向的な形での社会福祉と医療の協働や連携が求められる時代にも入っている。

　介護問題は、権利擁護の側面も併せて考える必要がある。判断能力が不十分な高齢者は、成年後見制度（後見、保佐、補助）の対象になり得るとしても、判断能力によっては、支援さえあれば自立した日常生活を送れることもある。そのための日常的な金銭管理、福祉サービスの利用等の援助を行うのが、**日常生活支援事業**である。逆に権利が侵害される問題に高齢者虐待がある。虐待を受けた高齢者の保護のほか養護者の支援等の措置を盛り込んだ**高齢者虐待防止法**（高齢者虐待の防止、高齢者の養護者に対する支援等に関する法律）が2005年に制定されている。

　⑵　**介護保険法**　　社会保険である**介護保険法**も、被保険者の保険料拠出を前提とする。ところが高齢者の場合、介護ニーズと拠出能力の間には負の相関があるため、高齢者の保険料拠出のみで財源を賄うことの困難に直面する。その場合の工夫としては、老齢年金のような長期保険の設計もある。しかし、多くの人が年金支給開始年齢を迎えるのと違い、年齢が低いほど高齢であっても要介護状態の発生確率は低い。保険料の未納を考えても、若者も含めた長期保険による制度設計は現実的ではない。このため、介護保険制度は、65歳以上の**第1号被保険者**に加え、40歳から64歳までの第2号被保険者を設けることで、保険料財源を調達している。

　そこから生じるのが給付の問題である。短期保険として設計された介護保険の場合には、**第2号被保険者**にも給付を通じた受益が必要である。さもなければ、第2号被保険者の保険料は税金と同じになってしまう。他方、第2号被保険者への給付は、障害者福祉サービスとの線引き問題を生じさせる。このため、受給権に関して、第1号被保険者は要介護状態又は要支援状態にあることが要件となるのに対して、第2号保険者の場合には、それらの状態が加齢に起因する特定疾病（初老期における認知症、脳血管疾患等）によるものに限定されている。

　社会保険において保険者が不可欠である。職域保険と地域保険がある中で、介護保険は市町村を保険者とする地域保険である。多くが退職年齢である第1

号被保険者の場合には、市町村が所得段階別の保険料徴収に当たる。しかし、国民健康保険の保険料未納問題に鑑み、第2号被保険者の保険料は、市町村（介護保険の保険者）ではなく各被保険者が加入する医療保険がその保険料の賦課方法に則して徴収し納付することになっている。また、第1号被保険者についても、年金から保険料を天引きする特別徴収が認められている。

重い方の**要介護状態**と軽い方の**要支援状態**は、それぞれ5段階、2段階で介護ニーズを判断する基準である。医療と異なり、介護サービスは、多々益々弁ずという面がある。このため、給付開始に当たっては、介護の要否とニーズの多寡を判断するための**要介護認定**等の事前手続きを設けている。また、要介護状態の加入者が適切なサービスを選択し組み合わせるための仕組みとして介護サービス計画（ケアプラン）を設けている。加入者が自ら計画（セルフケアプラン）を作成することも可能である。しかし、給付には、要介護度等に応じた区分支給限度基準額が設けられ、給付管理が必要となってくる。そのため、居宅サービスの場合であれば、計画作成の専門家である**介護支援専門員**（ケアマネジャー）に**居宅サービス計画**の作成を依頼することも可能である。また、施設入所の場合には、施設の介護支援専門員が施設サービス計画を作成する。これに対して、要支援状態の加入者に対するサービス（介護予防サービス）については、地域包括支援センターが**介護予防サービス計画**の作成を担う。

介護保険の給付は混合介護を認める関係から、その多くが現金給付の現物給付化（法定代理受領）である給付費の支給の形態をとる。また、要介護者への**介護給付**には居宅サービス、施設サービス、地域密着型サービス、住宅改修があるのに対して、要支援者への**予防給付**の場合には、施設サービスがないのが特徴である。前述の居宅サービス計画及び介護予防サービス計画の作成費用は、居宅介護支援、介護予防支援の給付に位置付けられるが、利用者負担がない。他の給付の場合には、原則1割（所得が高い場合には2割又は3割）の利用者負担があるのとは異なる。[14)]

介護給付のうち居宅サービスとしては、訪問介護等の訪問サービス、通所介護等の通所サービス、短期入所生活介護等の短期入所サービスがある。また、有料老人ホーム等は、居宅扱いであり、そこでの介護相当のサービスは特定施設入居者生活介護として給付の対象となる。居宅での生活を可能にする上で必

要な福祉用具貸与、特定福祉用具販売も給付の対象となる。これに対して、施設サービスとしては、介護老人福祉施設（特別養護老人ホーム）、介護老人保健施設、介護医療院等への施設介護サービス費がある。地域密着型サービスは、定期巡回・随時対応型訪問介護、小規模多機能型居宅介護など多様である。共通の特徴は、市町村の実情に応じて小回りが利くサービスということにある。予防給付では、施設サービスがないほか、訪問介護、通所介護等に相当するサービスが地域支援事業の対象になっている。それらを別とすれば、予防給付は、介護給付に準じたサービス内容である。

　社会保険における給付は、定型的である。このため、給付で吸収できないニーズや、介護予防のような積極的意味合いをもった取組は、市町村の**地域支援事業**という形で制度に取り込まれている。更に地域支援事業は、介護予防・日常生活支援総合事業（介護予防・生活支援サービス事業、一般介護予防事業）、包括的支援事業（地域包括支援センター運営等）、任意事業に細分化されている。

　事業者や施設のサービス提供の対価は、**介護報酬**として支払われる。被保険者からの保険料で賄われない部分は、国、都道府県、市町村が公費により全体の50％を負担している。

　(3)　**老人福祉法等**　　介護保険が登場した現在、介護サービスの大半は介護保険法を通じて提供されるが、そこに包含されない高齢者福祉も存在する。また、**老人福祉法**は、高齢者福祉の事業や施設の拠り所ともなるなど、依然として固有の意義を有している。例えば、特別護老人ホームは、都道府県知事の指定により介護保険法上の介護老人福祉施設となるが、同時に老人福祉法の老人福祉施設でもある。このほかの老人福祉施設である養護老人ホーム、軽費老人ホームなどの介護保険の施設でないものもある。また、養護老人ホームへの入所は、市長村の福祉の措置として措置制度の対象である。また、やむを得ない事由により介護保険サービスの利用が著しく困難な場合は、補完的に措置が発動される。この他、有料老人ホームは老人福祉施設ではないが、都道府県知事への届出制度が設けられている。

　1）　グローバル定義によれば、「ソーシャルワークは、社会変革と社会開発、社会的結束、および人々のエンパワメントと解放を促進する、実践に基づいた専門職であり学問

である」と定義され、ウェルビーイングを高めることは、ソーシャルワークの目的となる。

2） 大河内一男「我が国に於ける社会事業の現在及び将来―社会事業と社会政策の関係を中心として―」『大河内一男集第1巻』（労働旬報社、1981年）115-136頁

3） 孝橋正一『全訂社会事業の基本問題』（ミネルヴァ書房、1972年）24頁

4） 吉田久一『日本社会福祉理論史』（勁草書房、1995年）16-17頁

5） 一番ヶ瀬康子『社会福祉事業概論』（誠心書房、1964年）21-22頁

6） 岡村重夫『社会福祉原論』（全国社会福祉協議会、1983年）68-92頁

7） 社会保障法の荒木誠之は、社会保障法を所得保障法と生活障害保障法に分け、更に所得保障法を年金のような生活危険給付法と生活保護のような生活不能給付法に分ける。生活保護を除くと、社会福祉のうちの福祉サービスは、医療とともに生活障害保障法に分類される。社会福祉の定義について、荒木誠之『生活保障法理の展開』（法律文化社、1999年）115頁では、「それは金銭給付による経済的保障ではなく、日常生活上のハンディキャップを持つ人びとへのサービスを提供するする制度を指している。私見ではこれを生活障害に対する保障と称するのが適当である」と述べている。生活障害をニーズを裏腹の関係と理解すれば、生活上のニーズは生活障害に対応する概念となる。

8） 社会福祉を演繹的・積極的に定義することは困難であり、程度問題はあるが、帰納的・消極的に定義せざるを得ない。これは、多様な作用を含む行政権を定義するとき、国家作用のうち立法作用と司法作用を除く残余であるとする消極説（控除説）のアプローチに比肩できよう。

9） 仲村優一『社会福祉概論［改訂版］』（誠心書房、1991年）18-20頁

10） それだけに「主たる」担い手である社会福祉法人の意義が問われることになる。中辻直行『いま、福祉の原点を問う　養老院の子の歩んだ道』（筒井書房、2013年）が参考となる。

11） 現行法の総則規定（児童福祉の原理に関する1～3条）では、児童の権利条約（児童の権利に関する条約）を引用しながら、児童を権利の主体と位置付け、子育てに関する親の第一義的責任を規定するなど、条約の精神に則った見直しが行われている。

12） 身体障害者手帳は、18歳未満の身体障害児にも交付される。

13） 精神保健福祉法では、精神障害者の同意に基づく任意入院、同意に基づかない措置入院及び医療保護入院も規定されている。

14） 施設入所の場合には、在宅との公平性等の観点から、居住費と食費が自己負担となる。ただし、低所得者には、特定入所者介護サービス等の補足給付により、自己負担分が軽減される。また、利用者負担が高額になる場合には、上限額を超えた分が高額介護サービス費として支給される。そのほか、医療保険と合わせた負担を軽減するための高額医療・高額介護合算療養費制度がある［第9章第2節4参照］。

第11章　労働政策[1]

第1節　雇用保障の意義

1．勤労の権利と義務

　憲法（27条1項）は、国民の勤労の権利と義務を規定する。このことは、社会保障との関係で2つの含意をもつ。第1は、権利という点では、国民の労働市場への参加を可能にする施策（例えば、障害者や生活困窮者の雇用）とともに、排除された場合の生活を保障する施策（例えば、雇用保険）を講ずる義務である。第2は勤労の義務に関わるが、強制労働は禁じられている（憲法18条、労基法5条等）ことから、勤労の意思のない者まで手を差し伸べるに及ばないという意味合いである（例えば、生活保護の補足性の原則）。もちろん勤労の意欲を高める社会福祉的な働きかけは否定されない。

　歴史的にも現実的にも、雇用は社会保障にとって本質的重要性を有する。まず歴史的には、産業革命以降の劣悪な労働環境に起因する貧困等の社会問題は、社会保障の登場につながる。貧困の原因の点でも、失業は傷病、障害、老齢等と並ぶ生活困窮事由である。また、失業以外の生活困窮事由も、失業に陥る原因である。そのことは、生活困窮の事由から見た生活保護の受給者類型に合致しており、社会福祉の関係からの雇用の重要性を示唆する。

　更に現代においては、雇用は社会保障との関係性を深めている。障害者、生活保護受給者、単親家庭等の福祉的支援の到達点には、就労がある。この関係では、**ワークフェア**（workfare）も問題となる。これは、1997年に誕生した英国のブレア政権が「福祉から就労へ（Welfare to Work）」のスローガンの下、失業者を労働市場へ戻すための就労支援策である[2]。米国では、1996年に貧困家庭に支給される扶助を有期化し就労を促進する貧困家庭一時扶助（TANF）が導入されている[3]。このような動きは、我が国の児童扶養手当等の議論に影響を与えている［第7章第4節2参照］。

この点は兎も角として、働く（ける）ことの重要性は否定されない。失業への失業手当等の支給を消極的労働市場政策とすれば、現在は職業紹介、職業訓練等と通じて失業者を労働市場に復帰させる**積極的労働市場政策**（Active Labour Market Policy）が OECD（経済協力開発機構）を通じて重視されるようになっている。また、就労を継続する上では、保育、高齢者介護等の仕事と家庭の両立支援策が不可欠である。更に、老後との関係では、定年制度は、老齢年金の支給開始年齢、在職老齢年金と密接不可分である。

2．雇用保障の独自性

　人生に占める雇用の比重は、一般に大きなものがある。農業、自営業等を別とすれば、多くの国民は、**労働者**として働くことにより生活の糧を得る。遡れば、1911年の**工場法**の時代から、労働者に対しては特別な法制が設けられてきた。現代においても、過労死、各種ハラスメントなど、職場を舞台とした問題は多いのが現実である。問題背景は様々だが、根底には、労働者が報酬を得る（労務対償性）ために使用者の指揮監督に服する（使用従属性）という**労働契約**の特殊性がある。国際労働機関（ILO）の基本原則は「労働は商品ではない」とは言うが、逆に言えば、労働者の人権保障にとって重要な労働条件の対等決定（対等決定原則）を担保する法規制等を必要とすることにもなる。このため、**労働基準法**、**労働契約法**等の労働法制が独自の分野として存在している。

　社会保障との関係で雇用保障は独自性を有すると同時に、労災保険（労働災害補償保険法）や雇用保険のように社会保険としての交錯領域を形成する。それ以外にも、生活保護の水準と最低賃金をはじめとして関係が深い分野が存在するのが雇用保障である［第7章第1節参照］。

　雇用保障の対象者に着目するなら、その射程である労働者の外延が問題となる。医療及び年金が「国民」を対象とするが故に、職域、地域等の制度設計が問題になるのに対して、労働保険は「労働者」を基本的に対象とするが故に、そこから外れる国民の扱いが問題となる。例えば、企業経営者や職人の一人親方のように労働者ではないにしても、労災や失業類似の事態に見舞われる可能性はある。このため、労働保険は、労働者を基本としつつも、その外延を拡張している。

3．政策としての雇用保障

　雇用保障の独自性は、政策面にも表れる。第1は、経済や経済政策との関係性が他の社会保障分野以上に強いことである。労災は経済活動に伴うものであり、失業は景気循環の波の影響を受ける。労働者の生活の糧である賃金は、経済の付加価値の分配に関わる。第2に、雇用は、労働契約の当事者である労働者と使用者の労使自治に委ねられている部分が大きいことである。政労使と言われるように政府が雇用政策に果たす役割も大きいが、労使の意向を抜きに実効性ある政策を立案することはできない。そのこともあり、審議会（例えば労政審議会）等を通じて政策立案過程で労使が参画することになる。第3に近年の傾向としては、他の社会保障政策との関係性を強めていることである。例えば、定年と年金の支給開始年齢、保育所等と育児休業、障害者福祉と障害者雇用、最低賃金と生活保護など、関係する政策は多い。職業生活とそれ以外の生活は密接不可分であり、国民にとっては連続的でもある。制度は、一定の政策目的から人生の一断面を切り取って構築されている面がある。特に国民生活を包含する労働政策と社会保障政策にとっては、横断的な視点が求められる。

第2節　労災保険

1．目的と機能

　(1) **目　的**　　**労災保険**の目的には、①業務上の事由、複数事業労働者（マルチジョブホルダー）の2以上の事業の業務を要因とする事由又は通勤による労働者の負傷、疾病、傷害、死亡等に対する保険給付の実施、②被災労働者の社会復帰の促進、被災労働者や遺族の援護、労働安全衛生の確保である。様々な目的を有する労災保険において、中核となるのは**業務災害**に対する補償である。

　業務災害に対する補償としては、使用者に補償義務を課し、使用者が直接補償責任を果たすことも選択肢である。実際、労働基準法（75条等）は、使用者に療養補償等のための補償責任（無過失責任）を罰則付きで課している[4]。しかし、使用者に賠償能力がなければ、補償責任の履行は覚束ない。このため、第二の選択肢として、労災補償責任を社会保険として保険化することが世界的にも登場する。労災保険制度も、まさに使用者の補償責任の責任保険としての性

格を有する。

　その上で問題となるのは、同じく負傷、疾病、傷害、死亡等の給付事由を対象とする医療保険及び年金との関係である。選択肢としては、業務上外の区別なく社会保険としての給付を行うことも考えられる。しかし、労働基準法との関係では、業務災害を医療保険と年金に分属させるのではなく、業務災害に関する統一的な責任保険とすることが制度の実を挙げる上でも有効である。特に業務災害の防止という労働基準監督制度との有機的か関係性をもつことが望ましい。その点で、労災保険は社会保険であるとしても、「補償」という言葉が象徴するように、他の社会保険とは異なる独自性を有している。

　(2)　**機　能**　　業務災害に対する給付は、事後給付である。しかし、業務災害が防止されれば、給付の必要性は低下する。一般の疾病で予防が重視されるのと同様に、労災保険の場合にも、労災の防止が望ましい。労災の発生状況に応じて保険料率を増減させるメリット制がとられている理由も、ここにある。その他、脳血管疾患や心疾患に係る予防給付としての性格を二次健康診断等給付は有している。また、保険給付ではないが、社会復帰促進等事業の中にも業務災害の防止に関するものもある。その点で、労災保険には、業務災害の防止という積極的な側面があることになる。

　労災保険は制度改正を重ねることで、労働基準法の災害補償との関係で独自性を強めてきている。例えば、給付の年金化、スライド制の導入、通勤災害への適用、一人親方等への特別加入制度の創設などである。このため、労働基準法との乖離や生活補償機能の増大に着目して、労災保険のひとり歩きや社会保障化が指摘されることがあるが、制度の基礎には依然として使用者の**災害補償責任**がある。[5] このことは、業務外の医療保険や年金と比べて高い水準の給付となっていることとの関係でも重要である。

　また、労災保険を使用者から見た場合には、労災保険の給付が行われるべき範囲で、使用者は災害補償責任を免れる（労基法84条1項）。これは、労災補償責任の責任保険に関係する労災保険の機能である。確かに、業務災害が発生した場合、使用者が必ずしも補償に必要な支払能力や意思を有しないことを考えると、この免責は意味をもつ。

2．適用関係

(1) **保険者**　労災保険は、強制加入の政府管掌保険である。その点で保険者は国であり、労働基準法等の監督行政と一体的に運営される。

その一方で、使用者の責任保険である労災保険では、労働者の保険料はなく被保険者を観念しない。保険関係は、保険加入者である適用事業の事業主と保険者である政府を中心に構成される。労働者又は遺族は、保険給付の対象としてを業務災害等が発生した場合に給付を受けることになる。

(2) **適用事業**　保険関係の外延を画する概念である事業は、原則として労働者を使用する全ての事業である。従って、事業主の法人格の有無や労働者の人数に関係なく適用されるのが原則である。ただし、労働者が常時5人未満の農林水産業の個人経営の事業（暫定任意適用事業）は、暫定的に任意適用になっている。また、国家公務員、地方公務員（現業の非常勤を除く）は、別途制度があるため適用除外となっている。

また、適用範囲を画する労働者の概念は、労働基準法の災害補償との関係でも、同法と同じである。しかし、労働者でなくても、災害に見舞われれば、生活に困難を来す。このため、労働者以外の一定の者に特別加入の途を開いている。具体的には、①中小企業の事業主等、②一人親方（大工、左官等）等の自営業者及び特定作業従事者（一定の農作業に従事する特定農作業従事者、指定農業機械作業従事者、職場適応訓練等受講者、家内労働者、労働組合等の常勤役員、介護作業従事者）、③海外派遣者が該当する。

3．給　　付

(1) **給付の種類**　保険給付は、①業務災害に関する業務災害給付、②2以上の事業に使用される複数事業労働者の2以上の事業の業務を要因とする複数業務要因災害給付、③通勤途上の災害に関する通勤災害給付、④一次健康診断で異常がある場合の二次健康診断等給付がある。このほか、保険給付ではない社会復帰促進等事業がある。

(2) **業務災害給付**　労災保険の中核である**業務災害給付**は、①療養補償給付、②休業補償給付、③障害補償給付、④遺族補償給付、⑤葬祭料、⑥傷病補償年金、⑦介護補償給付に分かれる。このうち休業補償給付、障害補償給付、

遺族補償年金、傷病補償年金には、賃金水準の変動に応じたスライド制が採用されている。また、これらの給付は、労働基準法の災害補償に対応する給付も多いが、その給付内容は労働基準法を上回っている。なお、**通勤災害給付**は、名称に「補償」が付かないが、給付内容は業務災害給付と同じになっており、以下で必要な範囲で触れることにする。

　1）療養補償給付　　業務上の傷病の治療のための給付である。労災病院、労災指定病院等での現物給付としての療養の給付とそれ以外の現金給付（償還払い）としての療養の費用の支給に分かれる。非業務災害の医療保険と異なり、業務災害の場合には、労働者の一部負担はない。ただし、通勤災害の療養給付については、一定の場合を除き一部負担（200円、日雇特例被保険者の場合は100円）がある。

　2）休業補償給付　　業務上の傷病の療養のため労働できず、賃金を受けられない場合に、4日目から支給される[6]。給付額は、原則として給付基礎日額（平均賃金相当額）の60％である。休業補償としては、これ以外に休業特別支給金が20％付加されることから、休業補償給付と合わせて給付基礎日額の80％が補償されることになる。

　3）障害補償給付　　業務上の傷病が治癒した後に障害が残った場合に、障害の程度（1～14級）に応じて支給される。障害が重い（1～7級）場合に支給されるのが障害補償年金であるのに対して、比較的軽い（8～14級）場合に支給されるのが障害補償一時金である。何れの場合も、給付基礎日額に日数を乗じて計算される。この給付基礎日額には、ボーナス等の特別給与は含まないため、年間の特別給与（算定基礎年額）から計算された1日当たりの算定基礎日額を基準に障害特別年金又は障害特別一時金が社会復帰促進等事業により支給される。更に社会復帰促進等事業からは、障害の程度に応じた一時金として障害特別支給金が支給される。

　なお、受給権者の希望により一定額まで年金を一括で前払いする前払一時金制度、受給権者が死亡した場合に既支給額が所定額に満たない場合にその差額が遺族に支給される差額一時金制度がある。

　4）遺族補償給付　　業務上の事由により労働者が死亡した場合に、一定の要件に該当する遺族に対して支給される。例えば、一定要件に該当する遺族が

生計維持関係にあった配偶者、子、父母、孫、祖父母又は兄弟姉妹の場合には、受給資格者の数及び給付基礎日額に応じた遺族補償年金が支給される。遺族補償年金の受給資格者がいないか、失権した場合には、遺族補償一時金が支給される。遺族補償給付の場合にも、社会復帰促進等事業による遺族特別年金又は遺族特別一時金、遺族特別支給金が存在する。

　5）葬祭料　　業務上の事由により死亡した労働者の葬祭を行う者に対しては、通常葬祭に要する費用を基準に設定された額が支給される。

　6）傷病補償年金　　1年6か月経過しても業務上の傷病が治癒しない場合に、傷病の程度（1～3級）に応じた傷病補償年金が支給される。この場合には、被災労働者が受給していた休業補償給付は、傷病補償年金に切り替えられる。なお、傷病補償年金の場合にも、社会復帰促進等事業による傷病特別年金と傷病特別支給金が存在する。

　7）介護補償給付　　障害補償年金又は傷病補償年金の受給権者で常時又は随時介護を要する状態のものが常時又は随時介護を受けている期間、上限額までの介護費用が介保補償給付として支給される。

　8）二次健康診断等給付　　一次健康診断（定期健康診断）の結果に基づく脳血管疾患、心疾患等の所見がある場合に、**二次健康診断等給付**として二次健康診断及び特定保健指導が行われる。

4．社会復帰促進等事業

　社会復帰促進等事業は、被災労働者の社会復帰の促進、被災労働者及び遺族の援護、労働者の安全衛生の確保、適正な労働条件の確保等を図るため事業である。具体的には、①労災病院等の設置・運営、義肢等補装具費の支給など被災労働者の社会復帰促進のための社会復帰促進事業、②保険給付に付加して支給される特別支給金、労災就学援護費及び労災就労保育援護費の支給など被災労働者とその遺族の援護のための被災労働者等援護事業、③産業保健推進センター等の設置・運営、未払賃金の立替払いなど労働者の安全衛生のための安全衛生確保等事業である。

　このうちの特別支給金は保険給付ではないが、付加的給付として保険給付に準ずる性格を有する。

5. 財　政

(1) **保険料**　保険料は全額事業主負担であり、労働者の負担分はない。保険料額は、総報酬に労災保険率を乗じて算定される。この場合の労災保険率は、過去3年の災害率等の事情を考慮して業種別に設定されている。公費としては、若干の国庫補助があるのみである。

(2) **メリット制**　一定規模以上の事業ついて、過去3年間の労災の発生状況（災害率）に応じて一定範囲内で保険料が増減するメリット制の存在が、労災保険の特徴である。制度の狙いには、事業主の保険料負担の公平の確保とともに、事業主の災害防止努力のインセンティブの付与がある。なお、労災発生による保険料の上昇を回避するために労災発生の労働基準監督署への報告を行わない労災隠しが起きる可能性もある。[7] 仮に労災隠しの結果、労災保険でなく健康保険等で治療が行われれば、その給付の返還も必要となる。

第3節　雇用保険

1. 目的と機能

(1) **目　的**　雇用保険の目的の中心には、失業者に対する求職活動支援のための求職者給付がある。すなわち、失業による所得喪失に対する失業補償機能を備えた失業給付である。このことは、1974年の改正まで雇用保険法が失業保険法（1947年制定）と言われ、失業給付を行ってきたことにも表れている。

ところが現在の雇用保険法は、名称だけでなく目的という点でも変質してきている。失業給付が失業に対する消極的・受動的性格を有するとすれば、現行制度には、それとは性格を異にする教育訓練、育児等に係る給付や諸事業が用意されている。いわば積極的・能動的性格を有する給付への転換であり、それは雇用に関する総合的機能をもった制度である。[8] そのことは法目的（1条）にも反映され、「労働者の生活及び雇用の安定」のみならず、「失業の予防、雇用状態の是正及び雇用機会の増大、労働者の能力の開発及び向上その他労働者の福祉の増進」を図ることが目的とされている。

このような流れは、積極的労働市場政策とも軌を一にする。単なる失業手当の支給が消去的労働市場政策であるとすれば、職業訓練等の職業能力開発等に

よる失業者の労働市場への再統合は積極的労働市場政策と言える。

(2)　**機　能**　　社会保障の機能に所得再分配がある。雇用保険の場合にも、事業主拠出も含む応能負担による保険料拠出と上下限付きの保険給付を通じて所得再分配が起こる。これは、強制加入という制度設計から生まれる機能である。

それに対して、失業という社会・経済的現象を保険事故に取り込んだ雇用保険固有の機能もある。まず失業は、一般的な傷病と異なり、解雇等の離職には人の意思が介在する（このため、フランスでは失業保険は社会保険に含まれない）。実際、労働の意思がなく無職の場合もある。しかし、失業の背景には、経済や景気変動のように個々の企業や労働者には制御困難な事態がある。しかも、不況等の発生は予見困難であり、かつ、社会・経済、更に国家全体に大きな影響を与える。その点では、私保険では対処しようもなく、社会保険とする立法事実が存在する。

このため失業給付は、景気悪化時に給付規模が増大することから、給付を通じた消費支出は経済の下支えとなる。また、労働力の維持という点でも、失業給付は、景気回復後の労働力の供給を可能にする。そのほか、失業の予防、能力開発等の機能を併せて考えるなら、雇用保険には、国民経済との深い関連性を見出すことができる。

2．適用関係

(1)　**保険者と被保険者**　　雇用保険は政府管掌保険であることから、保険者は国と言える。一方、保険料の拠出と給付の対象者としての被保険者は、適用事業に雇用される労働者である。このことから対象は、大きく適用事業と労働者に分けて考えることができる。

まず適用事業は、業種又は規模に関係なく、原則全ての事業である。例外は、農林・畜産・水産事業の雇用労働者5人未満の個人事業は、当分の間任意適用となっている。また、労働者については、労働基準法や労働契約法が規定する労働者と理解されている。ただし、短時間労働者等の一定の労働者は適用除外となっている。このほか、国家公務員、現業・非常勤を除く地方公務員も適用除外である。

(2) **被保険者の種類**　　適用除外に該当しない限り、パート、有期雇用、派遣等の非正規労働者も被保険者となる。被保険者は、①**一般被保険者**（②～④以外の者）、②**高年齢被保険者**（③と④を除く65歳以上の者）、③**短期雇用特例被保険者**（季節的労働者又は短期の雇用に該当する者）、④**日雇労働被保険者**（日々雇用される者等）の４種類である。

　社会・経済を反映する雇用保険においては、被保険者範囲の見直しが行われてきている。非正規労働者に関しては、拡大方向で来ている。現在では、所定労働時間が週20時間以上であれば、パート等でも適用される。また、高齢者に関しても、高齢者雇用の政策を反映する。従来は65歳以上の新規採用は適用除外であったが、現在は65歳以上の労働者は高年齢被保険者として適用される。更に、2020年の改正により、２以上の事業主に雇用されている者（マルチジョブホルダー）に対する特例が設けられた。これは、副業を促進する方向での改革である。総じて言えば、対象者の範囲は、健康保険・厚生年金→雇用保険→労災保険の順番で広くなる。

３．給　　付

(1) **失業等給付等**　　失業状態に着目した失業手当ともいうべき給付以外の多様な給付を取り込んでいるのが、現行制度である。給付は、失業等給付と育児休業給付に二分される。このうち失業等給付には、①失業状態に着目する求職者給付と、②再就職の援助や職業生活の継続等に関わる就職促進給付、③教育訓練給付、④雇用継続給付がある。[9]

(2) **求職者給付**

　1）**一般求職者給付**　　**求職者給付**は、被保険者の類型に対応して、一般求職者給付、高年齢求職者給付、短期雇用特例求職者給付、日雇労働求職者給付に分かれる。名前の通り一般的な一般求職者給付の中でも重要なのが、失業に着目した基本手当である。手当の受給には、離職前に一定の被保険者期間が必要である。手当は、離職前の賃金に応じて決まる日額に置き換えた賃金日額の一定割合である基本手当日額が一定の受給期間の間の所定給付日数について支給される。敷衍すると、基本手当は、受給期間内の失業している日について、所定給付日数を限度として支給される。このため、受給期間を過ぎると、たと

え所定給付日数が残っていても、それ以後は基本手当は支給されない。

　この制度設計には、社会保障としての要保障性が反映している。例えば、賃金日額の8〜5割（60〜65歳の場合は8〜4割5分）で計算される基本手当日額は、賃金日額が低いほど高くなる。また、離職寺の年齢別に上限額があると同時に、給付の下支えとなる下限額が各年齢共通の水準に設定されている。

　そのほか給付日数については、離職理由、被保険者期間及び年齢によって変わってくる。そこでは就職の難易度も考慮要素となっており、心身障害等の事情がある場合も給付日数が長くなる。給付日数自体を延長する制度として、公共職業訓練等の受講の場合の訓練延長給付、倒産・解雇等による離職者で難治性疾患罹患者・発達障害者等、激甚災害・災害救助法の適用対象者等を対象とした個別延長給付、失業多発地域の広域職業紹介活動対象者に対する広域延長給付、全国的な雇用情勢の悪化の際の全国延長給付がある。

　求職者給付には、失業を保険事故とする関係での特徴がある。失業認定と待期期間である。失業状態とは単に無職ではなく、求職活動等が要件となる。制度上も、4週間に1度、**失業認定**を受ける必要がある。このことは、結果的に就労のインセンティブを付与することにもなる。また、**待期期間**は、離職票を提出し、求職申し込みをしてから7日間の待期が経過するまで基本手当は支給されない（自己都合と懲戒解雇の場合には、それぞれ2か月と3か月の給付制限が加わる）。このような待期期間が存在する理由は、失業に対する所得補償の必要性を確認するためと、給付の濫用防止にあるとされる。¹⁰⁾

　基本手当以外にも、失業に関連する一般求職者給付として、①公共職業訓練等の受講のための受講手当と通所手当から成る技能習得手当、②公共職業訓練等の受講に必要な寄宿に係る寄宿手当、③傷病のための傷病手当等がある。

　2）一般求職者給付以外の求職者給付　　一般求職者以外の求職者に対する給付として、①高年齢求職者給付（一時金である高年齢求職者給付金の高年齢被保険者への支給）、②短期雇用特例求職者給付（特例一時金の短期雇用特例被保険者への支給）、③日雇労働求職者給付（日雇労働求職者給付金の日雇労働被保険者への支給）がある。

　(3)　**就職促進給付**　　就職促進給付は、①就業促進手当（再就職手当、就業促進定着手当、就業手当、常用就職支度手当）、②移転費、③求職活動支援費である。

このうち就業促進手当は、基本手当受給中の再就職による支給残日数や安定した職業に就いているかどうか等に着目して支給される。これにより、失業者に早期の再就職へのインセンティブを付与する狙いがある。[11]

　移転費は、職業紹介による再就職又は公共職業訓練等の受講のための住所変更に伴う交通費である。また、求職活動支援費は、就業を促進するための広域求職活動費（公共職業安定所の広域職業紹介による面接等のための交通費及び宿泊費）、短期訓練受講費（公共職業安定所の職業指導による教育訓練のための経費）、求職活動関係役務利用費（面接、教育訓練等の間の育児のために必要な保育等サービスの費用）である。

　(4)　**教育訓練給付**　　**教育訓練給付**は、労働者が自ら教育訓練を受けるのに要した費用の一部を支給するものである。企業主導ではなく労働者主導の教育訓練にインセンティブを付与する積極的労働市場政策の性格を有する。給付には、雇用の安定及び再就職の促進に必要な教育訓練を対象とする一般教育訓練給付金が従来からある。現在は、より専門的・実践的な資格取得等を目指した専門実践教育訓練給付金も登場している。この専門実践教育訓練給付金は、中長期的なキャリア形成が念頭に置かれている。

　(5)　**雇用継続給付**　　**雇用継続給付**は、円滑な職業生活の継続の援助・促進を目的とする。給付には、①高年齢雇用継続給付と②介護休業給付がある。

　このうち高年齢雇用継続給付は、高年齢雇用継続給付金と高年齢再就職給付金に分かれる。高年齢雇用継続給付金は、60歳時点と比べて賃金が一定程度低下した60〜65歳の一般被験者に賃金の低下分を一定割合を補填する形で支給される。支給年齢が示すように、この給付は定年後の再雇用制度や年金の支給開始年齢と関係している。もう一つの高年齢再就職給付金は、離職により求職者給付の基本手当を受給した者が支給日数を残して60歳以降に再就職した場合に、再就職後の賃金の低下を補填する形で支給される。

　介護休業給付は、家族介護のため介護休業を取得した被保険者に支給される。類似の制度に育児介護休業法（育児休業、介護休業等育児又は家族介護を行う労働者の福祉に関する法律）に基づく介護休暇がある。介護休業が一定の被保険者期間等を要件として一定期間給付が支給されるのに対して、介護休暇は無給（会社によっては有給）の単発の休暇である。いずれも介護ニーズの増大の中で、

仕事と家庭の両立を図る制度である。

　⑹　**育児休業給付**　　**育児休業給付**は、原則1歳未満の子を養育するための育児休業を取得した場合に支給される育児休業給付金である[12]。この給付金により、休業前の賃金の一定割合に相当する給付が育児休業期間中支給される。育児に関しても、育児介護休業法は、子の看護休暇を規定する。子の看護休暇は、子の病気等で看護が必要な場合の休暇である。

4．雇用保険2事業

　雇用保険法は、失業等給付等の給付とは別に、①雇用安定事業と②能力開発事業を規定している。いわゆる**雇用保険2事業**である。このうち雇用安定事業は、失業の回避、雇用改善、雇用機会増大等の雇用安定のための事業である。また、能力開発事業は、技術進歩、産業構造の変化等に対応するための労働者の職業能力の開発・向上のための事業である。いずれも雇用保障のための積極的労働市場政策と位置付けられる。このための費用は、失業等給付等と異なり、全額事業主負担とされている。その点で、企業間の連帯を体現する制度と言える。

5．財　　政

　⑴　**保険料**　　雇用保険の費用は、労使の保険料と国庫負担により賄われる。雇用保険2事業の保険料が全額事業主負担であるのに対して、失業等給付等の保険料はは労使折半による。保険料率は、農林水産・清酒事業、建設業等とその他の事業で異なっている。農林水産・清酒事業と建設業等は、季節的労働者を多数雇用することから、その他の事業より高い保険料率となっている。

　保険料は、保険料率に賃金総額を乗じて算定される。賃金総額は、事業主が労働者に支払う賃金の総額であることから、総報酬制と言われている。なお、日雇労働被保険者の場合には、定額制の印紙保険料が別途存在している。なお、雇用保険の保険料は、原則として労災保険の保険料とともに労働保険の保険料として一括徴収される（労働保険の保険料の徴収等に関する法律）。

　⑵　**国庫負担**　　国庫負担は、日雇労働求職者給付金、それ以外の求職者給付（高年齢求職者給付金以外の給付）、雇用継続給付（高年齢雇用継続給付以外の給付）

に要する費用の一定割合となっている。

1） 社会保険は労働法との関係が深い。労働法については、中窪裕也・野田進『労働法の世界［第13版］』（有斐閣、2019年）がある。
2） 厚生労働省『平成24年版厚生労働白書』24頁
3） フランスの最低所得保障制度（RMI、その後のRSA）の議論からすると、ワークフェアには、思想や主義の問題だけではなく、給付・反対給付（市民法原理）を欠く無拠出制給付に付随する対価性の問題が潜んでいる。
4） 不法行為の損害賠償の場合には、加害者に故意又は過失が存在することが原則である。この過失責任主義を労働基準法は修正し、使用者の無過失責任を規定している。
5） 西村健一郎『社会保障法』（有斐閣、2003年）326-328頁
6） 休業3日目までは、労働基準法の休業補償として、使用者は平均賃金の60％を支給しなければならない。
7） 労災の発生に関する労働者死傷病報告の懈怠又は虚偽報告は犯罪であり、安全衛生法（120条5号）により50万円以下の罰金に処する旨を規定している。
8） 財団法人労務行政研究所『雇用保険法（コンメンタール）』（労務行政、2004年）77頁、274頁
9） 従前（2020年改正前）は、育児休業給付も雇用継続給付の一つであった。
10） 財団法人労務行政研究所・前掲注8）77頁、481頁
11） 所定の給付期間満了の近くになると就職し、失業状態から離脱する人が増える現象をスパイク効果という。就職促進給付は、スパイク効果との関係でも重要である［第2章第4節1参照］。
12） パパ・ママ育休プラス制度（父母ともに育児休業を取得する場合の育児休業の延長制度）を利用する場合は1歳2か月、雇用継続のための特に必要な場合は1歳6か月、保育所等に入所できない場合は2歳まで延長が認められる。

おわりに

　政策において、それを支える学問的裏付けは重要である。とりわけ社会保障の世界では、そのことを痛感させられる。予算を要し、経済とも関係する社会保障は、他の政策分野との関係性を抜きには存立し得ない宿命を負っている。政策形成は、価値と価値の対立である神々の闘争と似た面がある。政策の優劣は、最終的には政治過程で決せられるとしても、それまでの過程では、政策を支える学問の説得力が重要となってくる。財政や経済の論理には、それを支える財政学、経済学、税法等がある。もちろん社会保障にも、社会保障論、社会福祉学、社会保障法等の多様な学問分野が存在する。これら学問分野は専門分化しており、それぞれが深化することで発展する。それに対して、政策は一体的であり、社会保障政策も他の政策との間で孤高の存在であることは許されない。

　確かに学問と実務の世界には乖離あるのが常だが、政策の分野は特に乖離が大きい印象を受ける。本書は、その乖離幅を減らすことを意識している面がある。現実の政策が法律に結実するまでには、多くの労力と時間を要する。このプロセスは、これまで公務員の知識と経験に委ねられてきた面がある。言い換えれば、職人的政策形成である。しかし、21世紀の情報化の時代、政策形成も近代化の必要がある。

　本書は、政策形成をできるだけ客観視することに努めた。そのこともあり、政策内容の善し悪しではなく、政策経営の善し悪しを決める核心を抽出することを意識した。それと同時に、筆者の能力を超える理論的な純化よりも、体験に根差した経験知を生かした理論化に努めた。

　未来永劫不変の政策はないかもしれない。現実社会の変化に対応するため、政策は常に変化する運命である。しかも、政策の選択肢は一つではない。熟議の必要性も、この辺りにある。政策を方程式に喩えれば、数多くの変数と式がある連立方程式の世界である。場合によれば、式より変数が多かったり、解が一意で決まらないこともある。それ故、解を得るために、ある変数を捨象すれ

ば、結論（解）が変わる可能性もある。政策形成は難儀な作業であり、正解も一つとは限らない。何を選択し捨象するかの難しさが、そこにはある。ところが、できあがる法律は、無謬性に満ちた世界である。解が不定や不能であることは想定されておらず、一意的である。それだけに、できあがりの法律もさることながら、政策形成の正しさが重要となる。

政策には、明晰性や明確性も重要である。フランスの判決文は、ピリオドが一つしかない。また、1789年の人権宣言も一文は短い。そのようなスタイルの根底には、真実は短い一文で言い表せるという確信がある。利害調整は制度を複雑化させ、制度の分かりやすさを低下させる。政策にとって、普遍的な原理原則を打ち立て、その基礎の上に制度を構築することが重要であろう。

かつて、末弘厳太郎が官僚主義の弊害を『役人学三則』として著したが、それは戒めである[1]。必要なのは、法律を楯にとることではなく、法律が国民の楯になることである。その点でも、政策形成とその学問が国民に開かれることが必要である。

以上の問題意識から、本書が学問と実務の架け橋となることに些かでも寄与できるなら望外の幸せである。

1）　末弘厳太郎『役人学三則（岩波現代文庫）』（岩波書店、2000年）

索　　引

［著者紹介］

伊奈川秀和 （いながわ　ひでかず）

1959年　長野県生まれ
1982年　東京外国語大学外国語学部卒業、厚生省（現厚生労働省）入省
　　　　（その後、経済協力開発機構日本政府代表部一等書記官、保険局国民健康保険課課長補佐、保険局企画課課長補佐、大臣官房政策課課長補佐、九州大学法学部助教授、年金資金運用基金福祉部長、内閣府参事官、内閣官房内閣参事官、社会・援護局保護課長、年金局総務課長、参事官(社会保障担当)、内閣府大臣官房少子化・青少年対策審議官、中国四国厚生局長等）
2014年　全国健康保険協会理事
2016年　東洋大学社会学部社会福祉学科教授
　　　　博士（法学）（九州大学）

［主要著書］

『フランスに学ぶ社会保障改革』（中央法規出版、2000年）
『フランス社会保障法の権利構造』（信山社、2010年）
『社会保障法における連帯概念—フランスと日本の比較分析』（信山社、2015年）
『〈概観〉社会保障法総論・社会保険法［第2版］』（信山社、2020年）
『〈概観〉社会福祉法［第2版］』（信山社、2020年）
『〈概観〉社会福祉・医療運営論』（信山社、2020年）

Horitsu Bunka Sha

社会保障の原理と政策
──アドミニストレーションと社会福祉

2021年10月20日　初版第1刷発行

著　者　伊奈川秀和
いながわひでかず

発行者　畑　　　光

発行所　株式会社 法律文化社

　　　〒603-8053
　　　京都市北区上賀茂岩ヶ垣内町71
　　　電話 075(791)7131　FAX 075(721)8400
　　　https://www.hou-bun.com/

印刷：西濃印刷㈱／製本：㈱藤沢製本
装幀：白沢　正

ISBN978-4-589-04176-0

ⓒ2021 Hidekazu Inagawa Printed in Japan

河野正輝・江口隆裕編

レクチャー社会保障法〔第3版〕

A 5 判・326頁・3300円

社会保障法の基本的な法制度を概説した標準的教科書。各制度のしくみや機能について原理・原則を踏まえ概説。継続的に改革し続ける制度が抱える課題にも言及。旧版刊行以降の法改正や動向を踏まえ全面改訂。

古橋エツ子編

新・初めての社会保障論〔第3版〕

A 5 判・226頁・2530円

わが国の社会保障・社会福祉制度を、定義・理念、歴史的背景・経緯、今後の課題について、初学者むけにわかりやすく解説。社会福祉士・精神保健福祉士などの国家試験にも対応できるよう配慮。好評の書を2018年以降の法改正・動向を踏まえ改訂。

日本年金学会編

人生100年時代の年金制度
—歴史的考察と改革への視座—

A 5 判・258頁・4290円

歴史的経緯としての年金制度改革の展開を踏まえ、年金制度のあり方につき、主要論点に絞り込み実証的・理論的に考察。公的年金制度7論考、私的年金制度6論考の2部構成。日本年金学会創立40周年記念論文集。

加藤智章編

世界の病院・介護施設

A 5 判・194頁・3960円

日独仏英豪韓の医療、日独仏の介護の供給体制の国際比較を通して、日本への示唆を得る。医療費・介護費の抑制の一方で、質とアクセスの担保という相矛盾する課題を抱える。現況と課題を整理し、課題克服への政策を包括的に検証する。

河野正輝著

障害法の基礎理論
—新たな法理念への転換と構想—

A 5 判・274頁・5940円

障害者権利条約の批准にともない、社会福祉法から障害法への転換点をむかえている。障害法の生成過程にある現在、法が対応すべき基本問題を解明するために、障害法の構成する範囲・部門・法原理など基礎理論を考察する。そのうえで現行の障害者総合支援法および障害年金法制の課題も検討する。

—— 法律文化社 ——

表示価格は消費税10%を含んだ価格です